Holly Pierlot

Für Mütter

Mit Gott den Alltag meistern

Deutsche Ausgabe
mit Praxiskommentaren

Übersetzt von Katja Macova

Fe-Medienverlag

fe

Der allerseligsten und unbefleckten
Gottesmutter gewidmet.

Sechstes Kapitel

Siebtes Kapitel

Achtes Kapitel

Neuntes Kapitel

Zehntes Kapitel

Einführung

Was bedeutet es, sich um christliche Vollkommenheit zu bemühen? Früher war ich davon überzeugt, dass damit vorbildliches Verhalten gemeint ist: Ich dachte, ich müsste nur tun, was man von mir erwartet, mich streng an alle Regeln halten, innig alle Gebete verrichten und sehr viel Zeit in einer stillen Kapelle auf den Knien verbringen. Dann würde ich bestimmt „perfekt" werden! Ich dachte, dass ich mir auf diese Weise den Himmel verdienen würde, weil ich so gut war!

Ja, so haben auch die Pharisäer gedacht. Jesus richtete jedoch harte Worte an alle, die bloß äußere Regeln und religiöse Praktiken einhielten. Nein, christliche Vollkommenheit erschöpft sich nicht darin, dass man bestimmte Regeln und Gesetze befolgt. Zwar hat dies seinen Platz im christlichen Leben und ist sogar sehr wichtig, doch ist es nicht der Kern der Vollkommenheit.

Später habe ich einen völlig neuen Blick auf christliche Vollkommenheit entwickelt: Ich dachte, man müsste dafür ein „Heiliger" sein, in Ekstase geraten, beim Beten über der Erde schweben und regelmäßig Erscheinungen und Visionen haben. Wie enttäuscht ich doch war, als ich schließlich herausfand, dass eine normale christliche Berufung anders aussieht! Solche Erfahrungen sind außergewöhnliche Erscheinungen, über die Gott entscheidet und die er auserwählten Menschen an auserwählten Orten und zu einer von ihm bestimmten Zeit gewährt. Christliche Vollkommenheit bedeutet jedoch nicht, dass man außerordentliche mystische Erlebnisse hat, auch wenn sie diese einschließen kann.

Dann wiederum stellte ich mir als Beispiel christlicher Vollkommenheit eine Ordensschwester vor. Ich begann, das Buch „Die innere Burg“ der heiligen Teresa von Ávila zu lesen, doch bald klappte ich es zu und ließ es jahrelang liegen, weil ihr Leben von meinem meilenwert entfernt war. Ehefrau und Mutter zu sein passte nicht zu der Art von Heiligkeit, die ich dort kennengelernt hatte.

Nach und nach erkannte ich jedoch, dass mit christlicher Vollkommenheit etwas anderes gemeint sein muss. Es *musste* etwas sein, was für jeden möglich ist, denn Jesus hatte gesagt: „Ihr also sollt vollkommen sein, wie es auch euer himmlischer Vater ist.“ *(Mt 5, 48)*. Und diese Worte waren an uns alle gerichtet!

Bei meiner Suche stieß ich schließlich auf eine Definition der *Vollkommenheit*, die mir einleuchtete. Vollkommenheit ist „jene Verbindung mit Gott, die in dieser Welt möglich ist. Sie besteht aus und ist proportional zu dem Maß an Liebe, das wir besitzen und weitergeben … Wenn ein Mensch Gott mit ganzem Herzen, ganzer Seele, all seinen Gedanken und all seiner Kraft liebt und seinen Nächsten wie sich selbst, dann ist er vollkommen“.[1]

Vollkommenheit in diesem Leben anzustreben bedeutet, *sich wirklich um die Einheit mit Gott in der Liebe zu bemühen.*

Deshalb kann christliche Vollkommenheit tatsächlich das Ziel aller Christen sein. Weder ist sie wenigen vorbehalten, noch ist sie verknüpft mit unrealistischen Vorstellungen darüber, was es bedeutet,

---

[1] Donald Attwater (Hrsg.), A Catholic Dictionary, New York: The Macmillan Company, 1943, S. 399 (Übersetzung KM).

ein Heiliger zu sein. Man muss also nicht eine Ordensschwester oder ein Priester, der Gründer einer großen Ordensgemeinschaft oder ein schweigender kontemplativer Mönch in einem versteckten Kloster in den Bergen sein. Weder muss man ein Wundertäter sein noch im öffentlichen Leben stehen.

Vollkommenheit ist für alle möglich, sogar für ständig beanspruchte Mütter, die in ihren vier Wänden eingesperrt sind: Denn wir sind alle zur Liebe berufen. Wir *alle* sind zur Heiligkeit berufen (auch wenn wir nicht alle zur Heiligsprechung berufen sind). *Alle* sind wir eingeladen, Heilige zu werden, was nicht mehr bedeutet, als eine vollkommene Liebe im Herzen zu haben. Und als Mütter haben wir viele Menschen, die wir lieben können!

Wir müssen nicht warten, bis wir in den Himmel kommen, um uns mit Gott zu vereinen. Auch wenn die Ewigkeit im Himmel die *Vollendung* unseres christlichen Lebens ist, soll dieses Leben hier schon ein Prozess ständigen Wachstums in unserer Beziehung zu Gott sein. Wir sollen ihn *jetzt* kennen lernen, mit ihm *jetzt* in Kontakt sein und nicht irgendwann in der Zukunft, nach dem Fegefeuer!

Dies gilt auch für Mütter. Nichts an unserer Berufung schließt uns von einer tiefen, vertrauten Beziehung zu Gott aus. In Wirklichkeit ist es genau umgekehrt: Da das Leben einer Ehefrau und Mutter eine wirkliche *Berufung* ist, also ein Ruf von Gott an uns, verlangt Gott von uns mit Sicherheit, dass wir ihn in unserem Familienleben finden.

Auch wenn alles Gnade, ein Geschenk Gottes, ist, müssen wir doch in dem Bestreben um christliche Vollkommenheit viel tun: nicht mehr und nicht weniger, als die frommen Menschen, Priester und Heiligen in der Vergangenheit und Gegenwart getan haben. Wir können uns Gott zur Verfügung stellen, so gut es geht, und Wege finden, wie wir uns ihm anvertrauen und uns ihm überlassen, gerade jetzt in diesem Moment, umgeben von Windeln, Rechnungen und Kindern mit Magen-Darm-Grippe.

Das ist das Ziel einer Lebensregel für Mütter.

Erstes Kapitel

Am Limit

Samstag, der 1. Januar 2000. Während der Rest der Welt den Anbruch des neuen Jahrtausends feierte, schlug ich mit der Faust auf den Küchentisch und stellte meinem Mann Philip ein Ultimatum.

„Wir schicken die Kinder in die Schule ... ab Montag!" Ich war fest entschlossen. So wie es war, konnte ich es nicht mehr länger ertragen, und auch mein Mann würde mich nicht umstimmen können.

Seit etwa vier Jahren unterrichteten wir die Kinder zuhause.[2] In der letzten Zeit hatte sich die Situation jedoch verschlechtert und ich war völlig ausgepowert. In den letzten Monaten, seit unser jüngstes Kind auf der Welt war, fühlte ich mich immer mehr von meinen Pflichten erdrückt. Ich hatte weder genug Zeit noch Kraft, um allen Anforderungen gerecht zu werden.

Mit unserer Tochter Anna ging ich den Stoff der vierten Klasse durch, und sie war an einem Punkt angekommen, wo sie die ganze Welt entdecken wollte. Ich wollte sie auf dieser Reise begleiten, mit ihr zusammen das Wunder erleben, dass sich ein neuer Wissenshorizont eröffnete, und die Freude, die eine solche Erfahrung begleitet. Ich hatte einen sechsjährigen Sohn, Nicholas, der gerade lesen lernte, und ich wollte Zeit haben, um mit ihm in einem großen, bequemen Sessel zu kuscheln, zu lesen und zu reden. Meine vierjährige Tochter Jessica brauchte mich, geduldig musste ich ihr beibringen, wie man seine Schnürsenkel bindet, und mein abenteuerlustiger zweijähriger Sohn Luke brauchte seine Mama dringend, damit sie mit ihm auf

---

[2] Homeschooling ist in vielen Ländern, auch in den USA und Kanada, als Alternative zu den öffentlichen Schulen weit verbreitet. In der Regel werden dabei die Kinder von den Eltern zuhause unterrichtet. Die Eltern erhalten von Fernschulen oder Heimschulwerken fachliche Unterstützung und Unterrichtsmaterialien.

dem Fußboden herumkrabbelte, ihn kitzelte, mit ihm herumtobte und schmuste. Außerdem wollte ich auch in Ruhe mit meiner vier Monate alten Virginia kuscheln, meinem süßen Baby, das mich immer anlachte und zufrieden brabbelte, wenn ich bei ihr war.

Tief in meinem Herzen sehnte ich mich danach, mit jedem Kind genug Zeit zu verbringen. Irgendwie gelang es mir aber nicht. Mein Haus war ein einziges Chaos, die Hausarbeit blieb liegen und nahm kein Ende. Auch wenn ich gründlich aufräumte, sah mein Haus schon vor dem Abendessen wieder aus wie nach einer Explosion. Wenn ich mich um eines der Kinder kümmerte, schienen die übrigen gerade dann ebenfalls Zuwendung von mir zu brauchen. Ich fühlte mich, als hätte ich drei Fulltimejobs, Mutter, Hausfrau und Lehrerin für die Kinder, drei Vollzeitbeschäftigungen, und keine gelang mir richtig.

Und damit nicht genug: Wir hatten auch immer zu wenig Geld. Unsere siebenköpfige Familie versuchte, von einem bescheidenen Lehrergehalt zu leben. Es war für mich normal, fünf oder sechs Monate zu warten, um notwendige Anschaffungen machen zu können. Unser Kleinbus war kaputt und ich sah einem langen, kalten kanadischen Winter entgegen, in dem ich keine Möglichkeit haben würde, aus dem Haus zu gehen, Freunde zu besuchen oder mit den Kindern für kurze Zeit dem Alltag zu entfliehen.

Ich fühlte mich sehr allein. Philip war den ganzen Tag auf der Arbeit und fehlte mir. Ständig schaute ich auf die Uhr, um zu sehen, wann er endlich nach Hause käme, und kämpfte mit einem unverständlichen Gefühl von Zorn, wenn er nur eine Minute zu spät war. Tagsüber waren die meisten Nachbarn auf der Arbeit, in der Schule oder unterwegs, also hatte ich niemanden, zu dem ich mal gehen konnte, und schon gar nicht mit fünf Kindern. Nicht einmal die Post kam. Noch nicht einmal mit dem Briefträger konnte ich mich also unterhalten! Und um dem Ganzen die Krone aufzusetzen: Ich hatte zu dieser Zeit auch keinen Babysitter.

Trübe Aussichten

Ich erinnere mich, wie ich jeden Tag in der Küche auf und ab ging und mir sagte: „Wenn ich nur jemanden finden könnte, der mir hilft, den Haushalt in Ordnung zu bringen ...“, „Wenn doch jemand für ein paar Stunden auf die Kinder aufpassen könnte, damit ich im oberen Stockwerk aufräumen kann ...“ „„Wenn wir uns doch nur mehr Fertigprodukte leisten könnten, damit ich weniger Zeit in der Küche verbringen muss ...“, „Vielleicht sollte ich wieder arbeiten gehen...“ Diese Gedanken ließen mir keine Ruhe. Ich fühlte mich wie in einem Labyrinth mit hohen Ziegelmauern. Fieberhaft lief ich durch die Gänge, um die Lösung für zumindest eines der Probleme zu finden. Aber hinter jeder Biegung stieß ich wieder nur auf eine andere Mauer. Ich fand keinen Ausweg aus diesem Labyrinth.

Die Schuld an diesem unmöglichen Zustand gab ich dem Hausunterricht für unsere Kinder. Ich sah nur eine Lösung: die Kinder zur Schule zu schicken. Doch es käme nur eine weltliche Schule in Frage (dort, wo wir leben, auf Prince Edward Island, gibt es keine katholischen Schulen), und dies widersprach meiner Überzeugung, denn eine christliche Bildung war mir wichtig. Normalerweise hielt ich an meinen Überzeugungen fest, aber ich war einfach an meine Grenzen angelangt.

Deshalb saß ich also an diesem ersten Samstag des neuen Jahrtausends in der Küche, schlug mit der Faust auf den Tisch und stellte meinem Mann ein Ultimatum. Ich sagte zu Philip, dass mich nichts mehr aufhalten könne – auch er nicht, nicht einmal Gott! Philip saß still da – ich glaube, dass er schockiert war und sich sehr zusammenriss – und sagte nur ruhig: „Gut, dann schicken wir die Kinder eben zur Schule. Ich denke trotzdem, dass du dir noch einmal überlegen solltest, ob das für unsere Familie wirklich das Beste ist."

„Nein! Nein! Ich will nicht noch einmal überlegen! Das habe ich schon getan!", schrie ich. Philip schlug mir vor, ich sollte dies alles im Gebet vor Gott bringen, um herauszufinden, was sein Wille war. Sehr zögerlich stimmte ich zu, obwohl ich überzeugt war, dass sich dadurch nichts mehr ändern würde. Schließlich war bisher trotz meiner vielen Gebete nichts geschehen.

Ich begann also zu beten, oder vielmehr: Ich öffnete mich ein *kleines bisschen* für alles, was Gott mir zeigen wollte. Und am Dienstag sprach in einer Bibelstelle Jesus zu mir, oder besser gesagt: Es traf mich wie ein Blitz aus heiterem Himmel.

„Als er ausstieg und die vielen Menschen sah, hatte er Mitleid mit ihnen und heilte die Kranken, die bei ihnen waren. Als es Abend wurde, kamen die Jünger zu ihm und sagten: Der Ort ist abgelegen, und es ist schon spät geworden. Schick doch die Menschen weg, damit sie in die Dörfer gehen und sich etwas zu essen kaufen können. Jesus antwortete: Sie brauchen nicht wegzugehen. Gebt ihr ihnen zu essen! Sie sagten zu ihm: Wir haben nur fünf Brote und zwei Fische bei uns. Darauf antwortete er: Bringt sie her! Dann ordnete er an, die Leute sollten sich ins Gras setzen. Und er nahm die fünf Brote und die zwei Fische, blickte zum Himmel auf, sprach den Lobpreis, brach die Brote und gab sie den Jüngern; die Jünger aber gaben sie den Leuten, und alle aßen und wurden satt. Als die Jünger die übriggebliebenen Brotstücke einsammelten, wurden zwölf Körbe voll. Es waren etwa fünftausend Männer, die an dem Mahl teilnahmen, dazu noch Frauen und Kinder.“ *(Mt 14, 14–21)*.

Die Jünger standen also vor dieser Menschenmenge, und sie sahen deutlich, was diese Leute alles brauchten. Sie wussten, dass sie ihre Bedürfnisse nicht würden stillen können. Ihnen fiel nur eine einzige Lösung ein: die Leute alle wegzuschicken. In dieser Bibelstelle fand ich mich wieder. Ich sah immer genau, was ich tun musste und was zuhause gebraucht wurde, kannte die Bedürfnisse meiner Kinder und meines Mannes sowie die Anforderungen des Hausunterrichtes, und ich selbst hatte ja auch noch Wünsche – und die einzige Lösung, die ich fand, war, *die Kinder wegzuschicken*.

Als die Jünger ihre Sorgen Jesus vortrugen, sagte er zu ihnen, dass sie den Menschen zu essen geben sollten. Die Jünger mussten völlig verwundert gewesen sein, denn ihnen war bewusst, dass sie diese

Aufgabe nicht würden erfüllen können. Ebenso erkannte ich, dass ich meine Aufgaben nicht erledigen konnte. Jesus verlangte es aber trotzdem von mir.

Plötzlich wurde mir klar: Die Menschenmenge war nicht von den bescheidenen fünf Broten und zwei Fischen der Jünger sattgeworden, sondern von ihrem Angebot in Verbindung mit dem Segen von Jesus. Und Jesus sagte mir, *ich solle ihm meine fünf Brote und meine zwei Fische, meine bedeutungslosen Anstrengungen, geben und er werde sie segnen und die Bedürfnisse meiner Familie würden befriedigt.*

In diesem Moment schwebte ich hoch in der Luft und war wieder davon überzeugt, dass ich mit Gottes Gnade die Herausforderung, mit meinen fünf Kindern zuhause zu bleiben und sie zu unterrichten, bewältigen könnte. An diesem Tag vollzog sich in meinem Herzen eine wichtige Veränderung. Mit meiner veränderten Einstellung konnte ich nun alles annehmen. Ich dachte, dass jetzt alles gut werden würde.

Dem war aber nicht so.

Es vergingen einige Monate und die Situation änderte sich nicht. Unentwegt fühlte ich mich von meinen Pflichten überlastet. Noch immer konnte ich mich dem Hausunterricht der Kinder nicht in dem Maße widmen, wie ich es geplant hatte. Im Haus war ständig Unordnung. Wir hatten immer zu wenig Geld. Die Dinge waren genauso unmöglich wie vorher. Ich war verwirrt. „Jesus, du hast gesagt, dass du meine Bemühungen segnen wirst!" Ich kämpfte mit der Enttäuschung und fühlte mich von Gott betrogen. Ich wusste, dass das nicht möglich war, aber ich war blind. Ich war wieder entmutigt. „Jesus, warum hilfst du mir nicht?"

Der Unordnung die Stirn bieten

Es war Mai und somit Zeit für die Jahreskonferenz über Hausunterricht, die bei uns in der Nähe stattfinden sollte. Ich sollte zum Thema „Säuglinge, Kleinkinder und Hausunterricht" sprechen. Ich hatte sorgfältig eine Rede ausgearbeitet – die ich dann natürlich zuhause liegen ließ. Als ich morgens bei den Vorträgen saß, wurde mein Herz schwer. „Wer bin ich, dass ich mich dort vorne hinstellen und den Leuten etwas über Hausunterricht erzählen will? – Ich, die ich dabei völlig versage? Was kann ich dazu schon sagen?" Die Punkte meiner sorgfältig vorbereiteten Rede, die ich mir gemerkt hatte, hielt ich plötzlich alle für bedeutungslos: diese ganzen logischen Ratschläge und praktischen Tipps, die jedoch noch nicht einmal eine Antwort auf meine *eigenen* Fragen lieferten.

Und dann kam ich an die Reihe, um meinen Vortrag zu halten. Ich stellte mich vor das anwesende Publikum und sagte zur Einführung: „Ich stehe vor Ihnen als Gescheiterte." Ich sprach dann weiter über die ganzen Probleme, mit denen ich konfrontiert war, über Zweifel und Ernüchterungen. Als ich meinen Blick über die Gesichter schweifen ließ, entdeckte ich verwirrtes Stirnrunzeln bei einigen Frauen, die nicht nachvollziehen konnten, was ich gerade durchmachte. Andere nickten mir jedoch zustimmend zu – ein sehr berührendes Zeichen dafür, dass sie meine Erfahrungen teilten. Einige Frauen hatten sogar Tränen in den Augen. Ich sah Frauen, die meine Kämpfe und mein Leid kannten. Ich bemerkte, dass allein schon die Erkenntnis, dass sie damit nicht allein waren und dass jemand ihre Probleme verstand, ihnen Erleichterung und Trost brachte.

Ich beendete meine Rede mit den Worten: „Und so gab mir der Herr das Versprechen, mein Bemühen zu segnen, und nun stehe ich vor Ihnen und warte darauf, dass er es auch einlöst." Leise kehrte ich an meinen Platz zurück.

Danach kam die nächste Rednerin zu Wort, es war Alice, die vor Begeisterung und Energie übersprudelte – eine solche Energie hatte ich schon seit Jahren nicht mehr und glaubte ich nie mehr zurückgewinnen zu können. Ich wurde sofort misstrauisch!

Sie begann mit einer energischen Präsentation, in der sie über die Freuden bei der Organisation des Haushalts sprach, basierend auf einem Programm, das „Managerin des eigenen Haushalts" hieß (*Managers of their homes* MOTH). Sie schien alles im Griff zu haben. Die einzige Sache, wofür sie noch nicht richtig Zeit gefunden hätte, wäre, auf dem Klavier Staub zu wischen! Den Zuhörern standen die Münder offen, vor lauter Erstaunen und Ungläubigkeit. Ich saß da und versuchte in Gedanken, ihren Vortrag schlechtzumachen. „Sie hat bestimmt nicht viele Kinder", vermutete ich. Das war keine gute Idee: Denn sie hatte vier. „Ihre Kinder sind bestimmt alle älter als meine", konterte ich. Aber nein, ich stellte fest, dass ihre Kinder ungefähr im selben Alter waren wie meine. „Das Programm hat sie bestimmt neu entdeckt und lässt sich jetzt von der ersten Begeisterung hinreißen", dachte ich weiter. Wieder lag ich daneben, sie verfolgte es schon seit mehr als drei Monaten mit Erfolg, was meiner Einschätzung zufolge einer Heldentat gleichkam. Jeder meiner Versuche, sie zu kritisieren, schlug fehl, und so begann ich, ihr widerwillig zuzuhören.

Als Nächstes sprach sie über Tagespläne. Sieh mal einer an! Ich hatte schon so oft versucht, einen Tagesplan zu erstellen, und war jedes Mal gescheitert. Zudem war ich kein Mensch, der alles plant. Ich will nicht jeden Tag das Gleiche erleben, dabei werde ich verrückt. Das MOTH-Programm enthielt jedoch einen interessanten Punkt, den ich vorher nie in Erwägung gezogen hatte. Ich plante immer für mich und die Kinder die gleichen Tätigkeiten ein, sodass wir das Haus zusammen aufräumten oder gemeinsam eine Pause einlegten, Märchen erzählten usw. MOTH jedoch erstellt für jedes Familienmitglied einen eigenen Plan, damit zur gleichen Zeit jeder etwas anderes tun kann. Dabei werden die individuellen Tagespläne aufeinander abgestimmt.

Das war für mich eine neue und kreative Idee! Ich hatte jedoch noch immer kein Interesse daran, weil irgendwo tief in meinem Herzen das Misstrauen überwog und der Glaube, dass es sowieso nie funktionieren würde. Ich hatte ohnehin keine Energie übrig, um etwas Neues auszuprobieren.

Der nächste Tag war ein Sonntag und ich saß wieder frustriert im Wohnzimmer im Sessel, um mich herum die Kinder, die alle meine Aufmerksamkeit wollten: „Mami, spielst du mit mir Karten?" „Nein, ich möchte mit ihr spielen!" „Mami, du hast mir versprochen, dass du uns ein Märchen vorliest!" „Mami, können wir stattdessen nicht irgendjemanden besuchen?" Zudem war noch das ganze Haus in einem Stil dekoriert, den ich „Frühkoloniales Chaos" nannte: Strümpfe, Schuhe, Decken, Spielsachen, Papier, Kissen und Katzenhaare verzierten den Fußboden im Wohnzimmer, Teller mit Speiseresten des vergangenen Abends türmten sich in der Spüle neben einer Menge Geschirr vom Frühstück, die Wäsche bildete im Bad einen riesigen Berg, und in den Schlafzimmern ... Da wollte ich lieber nicht hinsehen.

„Vielleicht habe ich Pläne nicht gern", dachte ich mir. „Aber das hier halte ich auch nicht länger aus!" Ich überlegte weiter. Wenn Gott mir diese Arbeit gegeben hat und wenn er ein Gott der Ordnung ist und wenn ein Plan hilft, Ordnung zu schaffen, und wenn meine jetzigen Methoden unwirksam sind, dann sollte ich wohl tatsächlich über einen Plan nachdenken. Da tauchten in meinen Gedanken erneut meine alten Einwände auf: Ich bin zu spontan, um mich von Plänen einschränken zu lassen. Pläne sind so ... *einengend.*

Aber diesmal hatte ich eine Antwort darauf. *Pläne können einschränken*, dachte ich, *aber Chaos schränkt noch mehr ein.* Meine vielgeliebte Spontanität ist nutzlos, wenn ich keine Energie oder Zeit habe, um sie auszuleben. Ich nahm mir vor, dort Ordnung zu schaffen, wo

Chaos herrschte, und wenn dazu ein Plan notwendig war, dann sollte es so sein.

Bedingungslose Hingabe an die Berufung

Sonntagabend war ich soweit. Ich hatte überlegt, was ich brauchte. Ich hatte überlegt, was die Kinder brauchten. Ich hatte überlegt, was mein Mann, die Katzen und das Haus brauchten. Es war verwirrend und mehr als abschreckend. Aber am Montag begann ich mit einem sehr einfachen Tagesplan, der die wichtigsten Aufgaben abzudecken versuchte. Und es funktionierte! Gleich am ersten Tag!

Bis mittags war die Wäsche gewaschen, getrocknet und lag wieder in den Schränken. Alle Schulaufgaben der Kinder waren erledigt. Im Haus herrschte kein Chaos mehr, weil die Kinder sich konstruktiv anderen Dingen widmeten, und Luke schrie nicht den ganzen Vormittag, weil er zu wenig Aufmerksamkeit bekam. Als Zeit fürs Abendessen war, war das Haus noch immer sauber. Sogar noch sauberer als sonst.

Die fünfjährige Jessica wischte den Fußboden im Wohnzimmer, im Flur und in unserem „Klassenzimmer". Der sechsjährige Nicki schüttelte die Fußmatten aus, fegte und legte sie wieder an ihren Platz. Die achtjährige Anna bereitete Frühstücks-Muffins für die nächsten beiden Tage vor. Außerdem freuten sich die Kinder, weil sie eine halbe Stunde lesen durften, sie spielten am Computer, bauten mit Lego, waren eine Stunde draußen und jeder malte zudem noch ein kleines Kunstwerk. Zum Schluss gab es noch eine wohlverdiente Folge der Serie „Magic School Bus" – pädagogisch wertvoll!

Zur Schlafenszeit waren die Kinder, das Haus und auch die Mama sauber und zufrieden. Man stelle sich das vor! Doch der entscheidende Punkt war – und man erinnere sich: ich bin gern *spontan und frei* – folgender: Ich hatte stundenlang Zeit, um nachzudenken und meinen neuen Plan zu verbessern. Stunden freier Zeit, die in meinem Leben einen bleibenden Platz einnehmen sollten. Stunden, in denen ich mich ausruhen, mich meinen häuslichen Unternehmungen widmen, den Dachboden aufräumen, den Garten bepflanzen, mit den Kindern kuscheln … oder einfach spontan sein konnte.

Als ich an diesem Abend betete, kam mir eine Erleuchtung: Ich hatte die Antwort auf die Frage erhalten, warum mir Jesus nicht geholfen hatte, „wie er mir versprochen hatte“. Ich verstand nun, dass Jesus hundertprozentig bereit war, mein Bemühen zu segnen, aber er *brauchte mein Bemühen, um es segnen zu können*. Ich musste alles tun, um meine Pflichten zu erfüllen. Ich musste fünf Brote und zwei Fische geben – nicht drei Brote oder zwei. Ich musste für die Aufgabe und Sendung, zu der ich berufen war, alles aus mir herausholen, nicht halbherzig, sondern ganz und gar, systematisch und hundertprozentig *Jesus forderte von mir, mich meiner Berufung voll hinzugeben.*

Ich verstand, dass diese Hingabe die Hausarbeit überstieg und sich nicht nur auf die Leitung meines Haushalts beschränkte. Jesus wollte, dass ich alles miteinander verknüpfte, was ich von ihm, aber auch durch Lektüre und Beobachtung darüber gelernt hatte, was es heißt, Christin, Frau, Ehefrau, Mutter und zugleich Mitglied der Kirche und der Gesellschaft zu sein. Er wollte, dass ich über meine Berufung gründlich nachdachte, damit ich verstand, wozu er mich berufen hatte, und dies in meinem Leben umsetzte. Es ging dabei um eine Lebensregel, die einen Haushaltsplan weit überstieg und vollständig und angemessen jeden Aspekt meines Lebens ordnen sollte. Nun wusste ich zwar, was Jesus wollte. Ich hatte aber keine Ahnung, wohin mich das führen würde.

Leserstimmen von Müttern

Am Ende jedes Kapitels enthält diese Ausgabe Leserstimmen junger Mütter:

> „Endlich ein realistisches Buch über das Muttersein! Man muss es nur richtig verstehen: Es stellt ein Ideal vor, und man sucht sich Inspirationen und Tipps. Nicht alles lässt sich ganz auf den eigenen Alltag übertragen. Bei mir klappte nicht alles gleich am ersten Tag!"

> „Der Sinn des Buches ist nicht perfekte Organisation, sondern der Weg zu Gott. Es will Freude geben, wenn man zuhause bei den Kindern ist."

> „Holly hat etwas vergessen: Die Männer müssen uns unterstützen und ebenfalls Verantwortung übernehmen."

> „Der Schlüsselsatz für mich war: ‚Jesus wollte, dass ich alles miteinander verknüpfte, was ich von ihm, aber auch durch Lektüre und Beobachtung gelernt hatte: darüber, was es heißt, Christin, Frau, Ehefrau, Mutter und zugleich Mitglied der Kirche und der Gesellschaft zu sein. Er wollte, dass ich über meine Berufung gründlich nachdachte, damit ich verstand, wozu er mich berufen hatte, und dies in meinem Leben umsetzte.' Die Umsetzung kann jedoch bei jeder Mutter anders aussehen. Das Buch soll Anregungen geben, wie man es anpacken kann."

> „Mir gefällt an der Idee eines genauen Plans für alle(!) Lebensbereiche, dass man anfängt, ganz bewusst Entscheidungen zu treffen – angefangen übers Stillen bis hin zur Wahl der Schule, der Form des Unterrichts, Kindergarten ja oder nein – und man so nicht blind in bestimmte Situationen ‚hineingerät', sondern lernt, die beste Entscheidung für jeden Beteiligten bewusst zu treffen."

> „Es tut gut zu lesen, dass wir das alles nicht alleine schaffen müssen, sondern es – ganz im Gegenteil – eben nur mit dem Segen Gottes zu schaffen ist, und dass er unser Bemühen segnet, wenn wir ihm alles geben. Das Schwierige ist halt manchmal, ihm wirklich alle fünf Brote und zwei Fische und nicht weniger anzubieten."

> „Pläne können einschränken, dachte ich, aber Chaos schränkt noch mehr ein.' In diesem Satz erkenne ich mich selbst deutlich wieder, denn auch ich habe diese ‚Angst' in mir, dass mich ein Plan zu sehr einschränkt. Aber ich komme auch immer mehr zu dem Ergebnis: Das Chaos macht mich nicht wirklich frei, Ordnung schenkt mir größere Freiheit. Auch wenn es auf den ersten Blick nicht so scheint."

> „Es bedarf einer bewussten Entscheidung, um sich auf einen Plan einzulassen. Möglicherweise ist es auch sinnvoll, mit dem Ehemann zusammen einen Plan zu erstellen."

> „Meine erste Reaktion auf das Buch war: Wow, ich hätte auch gerne so ein geordnetes Leben und Zeit für alles, aber es ist völlig unrealistisch, dass ich das alles so schaffe wie Holly. Das geht ja gar nicht.

Nach und nach habe ich dann aber angefangen, Ideen und Tipps aus dem Buch in meinem Leben umzusetzen, und habe gemerkt: Es funktioniert wirklich!"

> „Als ich das Buch zum ersten Mal las, hatte ich das erste Kapitel übersprungen. Mein erster Eindruck war, dass mich diese vielen Pläne überfordern würden und dass das nichts für mich ist. Ich bin nicht der Typ für genaue Pläne, ich lebe im Jetzt und möchte spontan sein. Als ich schließlich das erste Kapitel las, erkannte ich mich in Hollys Situation wieder, bevor sie ihr Leben ordnete. Es war für mich ein großes Aha-Erlebnis, dass sie eine so chaotische Frau gewesen war, wie ich es bin. Ich hatte mich das ganze Buch lang gewehrt, mich auf Pläne einzulassen. Doch jetzt bekam ich richtig Lust, das auszuprobieren. Ein Plan soll kein Zwang sein, sondern eine Hilfe, das eigene Leben zu ordnen und auf Gott hin auszurichten."

Zweites Kapitel

Die Lebensregel

Eine vollständige und angemessene Ordnung für mein gesamtes Leben? Eine enorme Herausforderung! Wie sollte ich beginnen? Die Antwort fand ich im Konzept der Lebensregel.

Eine Lebensregel ist ein traditionelles christliches Mittel, mit dessen Hilfe man seine Berufung verwirklichen kann. Am häufigsten nutzen religiöse Gemeinschaften eine Lebensregel, aber auch Laien können dies tun – denn ihr Lebenstand ist nicht weniger eine Berufung von Gott. Zu einer Lebensregel gehören in erster Linie die Prüfung der eigenen Berufung und der damit verbundenen Pflichten und die Erstellung eines Plans, mit dessen Hilfe man diese Pflichten konsequent und systematisch erfüllen kann.

Wenn eine Frau dazu berufen ist, Ordensschwester zu werden und die Gelübde der Armut, der Keuschheit und des Gehorsams ablegt, erklärt sie sich damit einverstanden, die jeweilige Ordensregel einzuhalten. Darin sind Regeln und Abläufe festgelegt, die das gemeinsame und persönliche Gebet, die Mahlzeiten, die Hausarbeit, die Erholung, die Hausordnung und die Ausübung des für den Orden spezifischen Apostolates betreffen. Für den reibungslosen Ablauf des täglichen Lebens ist dies alles wichtig. Es wäre schließlich ungünstig, wenn sich Ordensschwestern darüber stritten, wer im Bad den Boden wischen oder wer Abendessen machen soll!

Die Lebensregel bringt Ordnung: „… eine glückliche Anordnung von Dingen … eine Vielzahl, die auf eine bestimmte Weise zu einer Einheit reduziert wird.“[3] Genau das wollte ich, eine „glückliche Anordnung“

---

[3] Donald Attwater, A Catholic Dictionary, S. 376 (Übersetzung KM).

und die Reduktion all der zermürbenden Aufgaben einer Mutter auf eine Einheit, die alle Arbeiten umfasste und mit der ich gut zurechtkommen könnte. Meinem Verständnis nach gab es keinen großen Unterschied zwischen einer Ordensgemeinschaft und einer Familie: Bei beiden gibt es eine Oberin (die Mutter), Postulanten und Novizen (die Kleinkinder, um die sich die Mutter ständig kümmern muss) und Profess-Schwestern (ältere Kinder, die mithelfen können). Alle Ordensschwestern müssen essen und schlafen, etwas anziehen, beten und ihre Arbeit verrichten. So war das auch bei uns in der Familie!

Doch noch etwas anderes faszinierte mich an der Idee der Lebensregel: dass sie mich auch zur *Heiligkeit* führen sollte.

Freilich ... das wäre was! Ein zufriedenes Zuhause haben und gleichzeitig näher bei Gott sein! Unsere Berufung ist ein besonderer Ruf Gottes, eine bestimmte Aufgabe, die uns in der Welt anvertraut ist. Daher bedeutet die Erfüllung dieser Aufgabe, Gottes Willen in unserem Leben umzusetzen. Gottes Willen zu tun – aus Liebe zu ihm – bedeutet, sich um Vollkommenheit zu bemühen, um so auf dem Weg zur Heiligkeit voranzukommen. So erkannte ich, dass eine Lebensregel für Mütter mir im besten Fall dazu dienen kann, sowohl mein Leben zu organisieren, als auch Heiligkeit zu erlangen durch meine Berufung als Ehefrau und Mutter.

Die praktische Seite der Lebensregel

Eine Lebensregel ist nicht nur ein Stundenplan oder eine Auflistung von Tätigkeiten, für die eine Reihenfolge festgelegt wird, damit sie effizient erledigt werden können. Eine Lebensregel plant *alles, was mit der persönlichen Berufung zusammenhängt*, und ist ausgerichtet an den **Prioritäten**, die die Berufung bestimmen. Sie dient der Absicht, Gott zu erfreuen. Sie betrifft die grundlegenden Pflichten des Lebensstandes. Diese sollen in eine Ordnung gebracht werden, damit sie erfüllt werden können. Die Tätigkeiten, die in die Lebensregel aufgenommen werden, sind bestimmt durch die spezifische Berufung einer Person, ihr Charisma und ihr Apostolat. Damit ist die praktische Seite einer Lebensregel benannt.

Werfen wir beispielsweise einen Blick auf den von der seligen Mutter Teresa gegründeten Orden der Missionarinnen der Nächstenliebe. Der Tagesablauf der Schwestern sieht so aus:

04.30-05.00 Uhr	Aufstehen und Ankleiden
05.00-06.30 Uhr	Gebet und Heilige Messe
06.30-08.00 Uhr	Frühstück und Aufräumen
08.00-12.30 Uhr	Arbeit für die Armen
12.30-14.30 Uhr	Mittagessen und Erholung
14.30-15.00 Uhr	Geistliche Lektüre und Meditation
15.00-15.15 Uhr	Teepause
15.15-16.30 Uhr	Anbetung
16.30-19.30 Uhr	Arbeit für die Armen
19.30-21.00 Uhr	Abendessen und Aufräumen
21.00-21.45 Uhr	Abendgebet
21.45 Uhr	Nachtruhe

Der Grundablauf ist unveränderlich, Tag für Tag und Woche für Woche. Die beiden wichtigsten Ziele der Missionarinnen der Nächstenliebe sind es, Gott zu lieben und den Nächsten zu lieben, den sie in dem Ärmsten der Armen erkennen. Ihre Zeit ist so eingeteilt, dass sie beide Ziele verfolgen können. So fällt es auf, dass täglich volle sieben Stunden dem Dienst an den Armen und vier Stunden dem Gebet vorbehalten sind. Außerdem ist in dem Zeitplan auch alles andere vermerkt, Mahlzeiten, Hausarbeit, Lektüre, ja sogar Erholung.

Ich verstand nicht, warum dies bei mir, einer Mutter und Hausfrau, nicht auch funktionieren sollte oder auch bei jemandem, der außer Haus arbeitet. Wir haben alle das gleiche Bedürfnis nach Schlaf und Erholung, Nahrung und Gebet, und wir arbeiten ebenfalls Tag für Tag. Warum sollte ich nicht meine spezifischen Pflichten als Hausfrau in einen Zeitplan eintragen – so wie die Schwestern die Zeiten für den Dienst an den Armen vermerken? So vieles stimmte doch sonst überein!

Mir fiel auf, dass viele Menschen in ihrem täglichen Leben bereits „Zeitpläne" nutzen. Erwachsene folgen auf der Arbeit ihrem Zeitplan, der die Arbeitszeit, Kaffeepausen, Reisezeiten usw. enthält (und es ist egal, ob sie sich der wiederkehrenden Abläufe bewusst sind oder nicht). Schulkinder haben einen Stundenplan mit festgelegten Zeiten für Lernen, Pausen, Essen, Freizeit und Busfahrten. Wenn sogar Schulkinder sich an einen Stundenplan halten können, dann war für mich noch nicht alle Hoffnung verloren. Die Frage war jetzt nicht mehr „Schaffe ich das?", sondern „Wie schaffe ich das?".

Ziele als Grundlage der Lebensregel

Kommen wir noch einmal auf Mutter Teresa und ihre Schwestern zurück. Wir haben gesagt, dass ihre Berufung in der Liebe zu Gott und zum Nächsten besteht, den sie im Ärmsten der Armen finden. Deshalb erklärt ihre Ordensregel, was dies bedeutet, und ihr Zeitplan spiegelt diese Berufung wider. Die Zeit ist nach den Prioritäten der Schwestern und ihrem Charisma eingeteilt.

Als Mutter Teresa die Ordensregel schrieb, begann sie nicht mit einem Zeitplan. Stattdessen formulierte sie die „Prinzipien und geistlichen Ziele", aus denen sich die Aufgaben der Missionarinnen der Nächstenliebe ableiten. „Unser Ziel ist es, den großen Durst der Liebe Jesu Christi durch unsere Gelübde zu stillen, uns freiwillig den Ärmsten der Armen nach dem Vorbild und der Lehre unseres Herrn zu widmen und so das Reich Gottes auf besondere Weise zu verkünden", erklärte sie. „Unser besonderer Auftrag ist es, für die Erlösung und Heiligung der Ärmsten der Armen zu arbeiten."[4]

Erst nachdem Mutter Teresa konkret definiert hatte, was sie tun wollte und warum, erstellte sie einen einfachen Zeitplan auf der Grundlage dieses Auftrags. So war die Zeit der Schwestern zu einem wesentlichen Teil von Gebet und Arbeit für die Armen ausgefüllt. Um eine Lebensregel erstellen zu können, muss man sich also zunächst über die *Ziele und Aufgaben der eigenen Berufung klar werden* – denn diese bestimmen, wie man seine Zeit nutzen soll.

---

[4] Lush Gjergji, Mother Teresa: Her Life, Her Works, Hyde Park, New York: New City Press, 1991, S. 49 (Übersetzung KM).

Schon in der Vergangenheit hatte ich verschiedene Pläne ausprobiert, jedoch vergeblich. Der Grund für das Scheitern war wahrscheinlich, dass ich mein Leben auf die falschen Ziele ausrichtete: Sie spiegelten nicht wider, was meine Berufung als Christin, Ehefrau und Mutter von mir verlangte. War der Stress, den ich dabei empfand, eine Folge des Ungleichgewichts meiner Prioritäten? Wenn ich zurückblicke, denke ich: Wie oft hatte ich überall Chaos! Wusste ich überhaupt, was meine grundlegenden täglichen Pflichten sind? Letztlich betrifft eine Lebensregel vor allem die *grundlegenden Pflichten*. Wie konnte ich wissen, ob ich ihnen den Platz eingeräumt hatte, der ihnen zustand?

Die fünf Prioritäten der Berufung „Ehe"

Ich suchte lange, doch ich fand kein Beispiel für eine Lebensregel, die nicht von einem Ordensmann, einem Priester oder einer Gemeinschaft geschrieben worden war. So musste ich mich selber fragen: Was ist an meiner Berufung das Spezielle, was ist das Einzigartige am ehelichen Leben? Wo könnte ich mir Hilfe holen, um eine Lebensregel speziell für Mütter zu definieren und zu erstellen? Ich erinnerte mich daran, dass ein alter Priester mir am Anfang meiner Ehe von den „fünf **P**s" erzählt hatte – den fünf Prioritäten der ehelichen Berufung:

Erste Priorität – Gebet (**P**rayer)
Zweite Priorität – eigene Person (**P**erson)
Dritte Priorität – Partner (**P**artner)
Vierte Priorität – Elternschaft (**P**arent)
Fünfte Priorität – Versorger (**P**rovider)

Der Priester sagte mir, dass Frauen, die dazu berufen sind, Ehefrau und Mutter zu sein, bestimmte Pflichten zu erfüllen haben; tatsächliche „Pflichten", die nicht vergessen bzw. vernachlässigt werden dürfen. Sie sind für verheiratete Frauen nicht optional, also frei wählbar, egal welchen Aktivitäten sie sonst noch nachgehen. Eine Mutter, die eine dieser fünf Prioritäten auszublenden versucht, ist wie ein Arzt, der seine Praxis verlässt, um eine Rechtsanwaltskanzlei zu eröffnen. Egal, ob uns bewusst war, wozu wir letztlich unser Jawort gegeben hatten: Diese Pflichten sind uns nun durch unsere eheliche Berufung auferlegt.

Der Priester erklärte mir, dass sie nach Wichtigkeit geordnet werden müssen und dass viele Ehen nicht funktionieren, weil eine niedrigere Priorität einer höheren vorgezogen wird. Zum Beispiel hatte er oft miterlebt, dass Ehemänner ihre Aufgabe als Familienernährer über alles andere stellen und zu viel Zeit (physisch und im Kopf) im Büro verbringen, während die Ehefrau hingegen die Mutterrolle an die erste Stelle setzt und oft nicht genug Zeit für ihre eigenen Bedürfnisse oder den Ehepartner hat.

Wir sollten aber in Betracht ziehen, dass die „fünf Ps" oft miteinander verknüpft sind. Daher können wir sie nicht mit mathematischer Genauigkeit voneinander trennen. Ich darf ein verletztes Kind nicht deshalb ignorieren, weil ich gerade den Rosenkranz bete, der höchste Priorität hat. Auf der anderen Seite dürfen mich aber Hausarbeit und Kinderziehung nicht mein Gebetsleben vernachlässigen lassen. Allgemein gesprochen zeigen die „fünf Ps", was Gott von uns als Müttern möchte. Wir sollen uns bewusst bemühen, allen Prioritäten ihren Platz zuzuweisen und vernünftig mit ihnen umzugehen.

Also begann ich damit, mein Leben nach der Reihenfolge meiner Prioritäten zu ordnen.

Erste Priorität: Gebet. Gott ruft mich dazu auf, Ordnung in mein persönliches Leben zu bringen. Daher soll ich die Sorge um meine Seele und meinen Körper an erste Stelle setzen. Mein Zeitplan sollte dies widerspiegeln: Wichtiges soll an der wichtigsten Stelle stehen, und die höchste Bedeutung hat Gott. Statt wie zuvor, inmitten meiner Beschäftigungen, nie genug Zeit für Gott zu finden, musste ich nun alles an ihm ausrichten. So überlegte ich mir, welche Gebete und Praktiken grundlegend für ein christliches Leben sind, und erstellte einen einfachen Zeitplan. Ich arbeitete auch ein festes Programm aus, das christliches Studium und geistliche Lektüre, die Heilige Messe, Anbetung, Beichte und geistliche Begleitung enthielt. Außerdem erstellte ich einen Plan für das Gebet in der Familie, um auch den Kindern zu helfen, Gott an erste Stelle zu setzen.

Zweite Priorität: die eigene Person. Als Nächstes musste ich sicherstellen, dass ich meine eigenen physischen Grundbedürfnisse erfüllte. Ich dachte darüber nach, wie viel Schlaf mein Körper zur Erholung braucht, wie viel Sport mir guttut, welche Nahrungsmittel und Vitaminpräparate usw. Ebenso dachte ich über meine geistige und emotionale Gesundheit nach.

Dritte Priorität: der Partner. Nun, Philip ist ein erwachsener Mann und dazu in der Lage, sich um sich selbst zu kümmern ... Ich verstand jedoch, dass eine feste und liebevolle Ehe die Grundlage des Familienlebens ist. Deshalb musste ich mich bei der weiteren Einteilung meiner Zeit und Energie auf meinen Partner, meinen Mann, konzentrieren. Also reservierte ich ihm einige Abende, an denen ich für ihn da sein wollte und die übrigen Aktivitäten zurückstellte.

Vierte Priorität: Elternschaft. Über die physischen und geistigen Bedürfnisse meiner Kinder hatte ich schon einmal nachgedacht, als ich mir über meine eigenen klarzuwerden versuchte. Nun musste ich mich vor allem darauf konzentrieren, wie ich sie unablässig und bewusst lieben konnte. Ich versuchte, tagsüber öfter für sie da zu sein. Schnell bemerkte ich, dass sie nicht nur meine physische Anwesenheit einforderten. Meine Kinder wollten, dass ich für sie auch geistig da war – dass ich ihnen meine ganze Aufmerksamkeit schenkte und mit ihnen zusammen war. Ich musste meine Ideen zu verschiedenen Projekten, die mir durch den Kopf gingen, zurückstellen, um öfter mit ihnen reden, lachen und einfach mit ihnen zusammen sein zu können.

Auch über meine Aufgabe, die Kinder zu unterrichten, dachte ich nach. Ich erkannte, dass das Gebet und die Heilige Messe, Gespräche über den Glauben und gute Geschichten über Heilige und Tugenden für meine Kinder zumindest ebenso wichtig waren wie ihre tägliche Stunde Mathematik. Ich begann, regelmäßiger an ihrem Glaubensleben zu arbeiten und sie zum Gebet und häufigen Empfang der Sakramente zu ermuntern.

Fünfte Priorität: Versorger. Wir beide, mein Mann und ich, sind berufen, unsere Familie zu versorgen. Philip erfüllt diese Aufgabe, indem er zur Arbeit geht und Geld verdient, ich kümmere mich um die Pflege und Instandhaltung unseres Zuhauses, um Reparaturen (sofern möglich) und die Einteilung unserer Mittel. Wenn es die Zeit erlaubt, könnte ich gelegentlich auch dazuverdienen, um finanziell etwas beizutragen. Die Arbeit berufstätiger Frauen hätte ebenfalls hier an diesem Punkt ihren Platz.

Ich entschied mich, das Haus in Ordnung zu bringen, und listete die grundlegenden Hausarbeiten auf, die täglich, wöchentlich und monatlich vorzunehmen waren. Es ist verblüffend zu beobachten, wie die Hausarbeit abnimmt und sich die Zeit fürs Aufräumen verringert, wenn der Haushalt regelmäßig in Ordnung gebracht wird und man nicht zulässt, dass die Unordnung immer größer wird!

Ich schuf mir Platz für einige Aufgaben in Haus und Garten, aber auch für ein paar Arbeiten, die etwas Geld einbringen könnten. Trotzdem konnte ich jeden Tag noch einige Stunden Freizeit einplanen, die ich mit freiwilliger Arbeit, Arbeit in der Familie oder irgendeinem anderen Dienst für die Kirche oder die Gemeinde ausfüllen konnte.

Die Anfänge meiner Lebensregel

Wie sah also meine Lebensregel aus, nachdem ich alles organisiert hatte? Es war eigentlich ganz einfach, es gab einen Tages- und einen Wochenplan.

Von Montag bis Freitag stand ich um 6.45 Uhr auf, fütterte die Katzen, setzte Kaffee auf und verbrachte die restliche Zeit, bis die Kinder um 7.30 Uhr aufstanden, mit Bibellektüre.

Von 7.30 bis 9.00 Uhr zogen wir uns an, wuschen uns, räumten die obere Etage auf, machten Frühstück, räumten die Küche auf, schalteten die Waschmaschine ein, nahmen unsere Vitamintabletten ein, wechselten dem Baby die Windeln und putzten die Zähne.

Von 9.00 bis 10.15 Uhr beteten wir und begannen mit dem Unterricht, zwei bis drei Mal pro Woche besuchten wir um diese Zeit die Heilige Messe.

Um 10.15 Uhr schickte ich die Kinder nach draußen in die Pause und schaltete die nächste Waschmaschine ein, trank eine Tasse Kaffee und betete meine Vormittagsgebete, meist Psalmen oder ein Gesätz des Rosenkranzes.

Um 10.45 Uhr kehrten die Kinder von draußen zurück und wir machten weiter mit dem Unterricht. Die kleinsten Kinder spielten zu dieser Zeit oder schauten sich ein Video an.

Von 11.45 bis 12.30 Uhr räumten die Kinder auf – jedes ein Zimmer im Erdgeschoss –, während ich das Mittagessen kochte; anschließend aßen wir und räumten die Küche auf.

Von 12.30 bis 13.30 Uhr lasen oder spielten die Kinder still in ihren

Zimmern, während ich den Rosenkranz betete oder mich geistlicher Lektüre oder Betrachtung widmete.

Ab 13.30 Uhr kümmerte ich mich, je nachdem, was auf dem Tagesplan stand, um die Hausarbeit oder andere Aufgaben, bereitete meinen Unterricht nach, plante Besuche oder Termine, arbeitete im Garten oder nähte. Die Kinder beschäftigten sich meist mit einem Lernprojekt, dann spielten sie mit den jüngeren Geschwistern, saßen am Computer, sahen Filme, nähten, malten oder spielten mit ihren Legosteinen.

Um 15.30 Uhr schickte ich die Kinder nach draußen und machte eine Kaffee- bzw. Erholungspause.

Um 16.00 Uhr ging ich in die Küche. Die Zeit bis zum Abendessen, das um 17.30 Uhr auf dem Tisch stehen sollte, verbrachte ich mit Kochen und Backen, legte Wäsche zusammen, räumte die Spülmaschine aus, deckte den Tisch und bereitete Philips Mittagessen für den nächsten Tag oder die Kaffeemaschine für den nächsten Morgen vor. Die älteren Kinder verbrachten ihre freie Zeit zusammen mit ihren kleineren Geschwistern. Um 17.15 Uhr räumte jedes Kind noch einmal ein Zimmer auf, und bevor wir uns an den Esstisch setzten, sortierten wir die saubere Wäsche in die verschiedenen Kleiderschränke ein.

Nach dem Abendessen hielten wir uns alle an eine kleine Vorschrift: Keiner verlässt die Küche, bevor sie nicht aufgeräumt ist – auch mein

Mann hielt sich daran. Die Küche war dann nach fünf bis zehn Minuten schon fertig. (Später erstellte ich für jedes Familienmitglied einen eigenen Hausarbeitsplan und hängte ihn an die Wand. Mit der Zeit bemerkten wir aber, dass die Arbeit auf diese Weise viel Zeit kostete, daher erledigten wir wieder schnell alles zusammen. Die Pläne hängen aber immer noch dort. So können die Kinder die Arbeiten, falls nötig, auch allein erledigen.)

Danach hatte ich Zeit für einen Spaziergang und besuchte das Allerheiligste. Dann kehrte ich zurück, um ein wenig Klavier zu spielen. Inzwischen hatten die Kinder ihre Kleidung weggeräumt, hatten freie Zeit oder waren im Bad und bereiteten sich auf die Nachtruhe vor.

Um 19.30 Uhr beteten wir gemeinsam, und um 20.00 Uhr war Schlafenszeit für die Kinder. Später brachte ich die Kinder je nach Alter zu unterschiedlichen Zeiten ins Bett.

Den Rest des Abends war ich für Philip da, nähte oder beschäftigte mich mit anderen Dingen. Ich fand auch Zeit, mein Glaubenswissen und meine beruflichen Kenntnisse zu vertiefen. Sehr selten sah ich mir im Fernsehen eine Sendung an.

An den meisten Abenden begann ich um 22.00 Uhr mit den Vorbereitungen für den nächsten Tag. Ich räumte die Spülmaschine aus, machte schnell Ordnung im Erdgeschoss, legte meine Wäsche in den Schrank, wenn das Philip nicht bereits getan hatte, und nahm mir

Zeit für Körperpflege. Ein paar Minuten betete und las ich noch und um 22.30 Uhr legte ich mich schlafen.

Samstags gestaltete ich den Plan etwas lockerer. Ich stellte sicher, dass die Gebetszeiten morgens, mittags und abends eingehalten wurden, hielt das Wichtigste in Ordnung und kümmerte mich um die Küche und die Wäsche. An ein oder zwei Samstagen im Monat gingen die Kinder zur Beichte. Den Rest des Tages hatte ich für mich zur Verfügung. Jeden zweiten Samstag verbrachte ich außerhalb der Familie. Das war mein „Muttertag".

Sonntags verfolgte ich, auf Anraten meines geistlichen Begleiters, nur drei Ziele: viel Gott, viel Familie und viel Ruhe! Das war einfach! Abends räumten wir vor dem gemeinsamen Gebet noch schnell alles auf.

Das war unser Tagesplan. Es existierten auch Wochenpläne. Montags und freitags hielt ich eine heilige Stunde in der Anbetungskapelle unserer Gemeinde. Freitags räumten wir im Erdgeschoss auf – putzten, saugten Staub und wischten den Fußboden – und danach folgte ein Filmabend mit Limonade und Kartoffelchips.

Jeden zweiten Samstag, wenn ich nicht außer Haus war, putzten wir oben im Obergeschoss und wechselten die Bettwäsche. Philip und ich besuchten zu dieser Zeit alle zwei Wochen einen Gebetskreis. Zur Beichte ging ich jede zweite Woche, wenn ich außer Haus war. Mit meinem geistlichen Begleiter traf ich mich einmal pro Monat.

Donnerstagabend rechnete ich das Scheckbuch ab und bezahlte alle Rechnungen. Am Mittwoch vor dem zweiwöchigen Zahltag taute ich unseren alten Kühlschrank und den Tiefkühlschrank ab und schrieb den Einkaufszettel. Mit Freunden, die ihre Kinder ebenfalls zuhause unterrichteten, hatten wir vereinbart, dass wir die Kinder ein bis zwei Mal pro Woche „austauschen". Wenn die Kinder an diesen Tagen außer Haus waren, nahm ich notwendige Termine wahr oder erledigte einige Dinge im Haushalt. Alles, was nur möglich war, ließ ich zur Routine werden. Dies ersparte mir das endlose Organisieren.

Außergewöhnliche Situationen brachten meinen Plan natürlich durcheinander, das war unvermeidlich. Wenn ein Kind krank war oder ich die ganze Nacht nicht schlief oder wir unerwarteten Besuch bekamen, wechselte ich in eine Art „Instandhaltungsmodus". Dann achtete ich nur darauf, dass die notwendigsten Dinge erledigt wurden, selbst wenn ich dafür meine freie Zeit reduzieren musste: Gebet, Essen, Wäsche und Aufräumen, und wenn die Kinder nicht krank waren, bekamen sie zumindest ihre Mathematik- und Lesestunden. Wenn ab und zu die ganze Familie gestresst war oder uns die Decke auf den Kopf fiel – und das passiert, wenn Kinder zuhause unterrichtet werden –, nahm ich darauf Rücksicht. Wir beschäftigten uns dann oft mit interessanten wissenschaftlichen Experimenten oder gingen aus dem Haus. Die persönlichen Interessen meiner Familie standen an erster Stelle.

Denn letztlich ist die *Lebensregel ein Werkzeug*, kein Tyrann. Die Regel dient der Familie, nicht die Familie der Regel. Ich achtete lediglich darauf, dass dieser „Instandhaltungsmodus" nicht zur Regel wurde. Ich musste lernen, flexibel zu sein, jedoch nicht so flexibel, dass ich Ausreden vorschob und meinen Plan vernachlässigte.

Die Zeiten, in denen wir uns um die Bedürfnisse des täglichen Lebens kümmerten, wurden für uns mehr oder weniger zur Gewohnheit, seit ich meine Lebensregel einzuhalten begann. Mein Zeitplan ist recht fest, auch wenn ich heute nicht mehr darauf bestehe, dass wir um Punkt zwölf Uhr zu Mittag essen – denn ich weiß, wie viel Zeit die Dinge in Anspruch nehmen. Es hat sich gezeigt, wie wichtig es ist, genügend Zeit für die verschiedenen Aufgaben einzuplanen; ansonsten geriet ich in Stress.

Anfangs brauchte ich ziemlich viel Zeit dafür, meinen Plan neu anzupassen, abzustimmen und zu überprüfen, was funktioniert und was nicht. Jeden Herbst änderte ich den Plan so ab, dass er den sich wandelnden Bedürfnissen und Fähigkeiten meiner Kinder entsprach. Als die Kinder größer waren, konnten sie mir zum Beispiel schon in der Küche helfen, wenn ich das Essen zubereitete. Während ich früher immer alleine kochte, konnte Anna mit ein wenig Anleitung ein paar Mal die Woche Abendessen für die Familie machen. Sie und die anderen Kinder halfen mir auch beim Mittagessen. Ich teilte ihnen Aufgaben zu, die sie bewältigen konnten. Ich kümmerte mich solange um die Angelegenheiten, die nur ich selbst erledigen konnte, etwa Arzttermine vereinbaren oder die Mathematikaufgaben benoten. So stand ich bei schwierigeren Aufgaben nicht so unter Druck.

Zeit für jede Aufgabe

Während der folgenden Monate arbeitete ich die praktischen Seiten der Lebensregel für Mütter aus und setzte sie Schritt für Schritt in die Realität um. Ich erinnere mich an den ersten Sommer, als für Philip die Ferien begannen und wir uns darüber unterhielten, wie er sie verbringen wollte. Ich hatte alle Dinge in Ordnung gebracht und konnte deshalb tatsächlich zu ihm sagen: „Du brauchst bloß nach dem Abendessen die Kinder zu baden, sonst bleibt für dich keine Arbeit übrig. Du könntest dir vielleicht etwas anderes hier im Haus vornehmen oder eine Veranda bauen." Können Sie sich das vorstellen? Kennen Sie irgendeine Hausfrau mit gesundem Menschenverstand, die ihrem Mann sagt, dass sie seine Hilfe im Haus nicht braucht? Es war aber so. Die Dinge liefen glatt, daher brauchte ich keine zusätzliche Hilfe.

Als Erstes fiel mir auf, dass Ordnung im Haus herrschte. (Philip hingegen fiel zuerst auf, dass seine Kleidung jeden Tag wieder in den Schrank zurückgelegt wurde und er nicht auf Sockensuche gehen musste!) Das Haus war sauber. Alles hatte seinen Platz. Alles hatte seine Zeit.

Dadurch wurde *mein Kopf von tausend Sorgen und Ängsten befreit*. Früher sah ich mich im Haus um und überlegte, womit ich beginnen sollte. Oder ich beschäftigte mich mit einer Sache und war nervös, weil mir hundert andere in den Sinn kamen. Nun hingegen wusste ich genau, wann was erledigt wird. Da ich wusste, dass wir kurz vor dem Abendessen aufräumen, kümmerte ich mich nicht tagsüber darum. Da ich wusste, dass die Wäsche morgens erledigt wird, belastete es mich nicht, abends schmutzige Wäsche im Korb zu finden. Da ich wusste, dass der Fußboden am Freitag gewischt wird, machte es mich nicht nervös, wenn er am Donnerstagabend schmutzig war. Da für alles eine Zeit und ein Ort vorgesehen waren, blieb für mich freie Zeit übrig, die nicht für die Hausarbeit verplant war. Ich hörte auf, über die ganzen Pflichten nachzudenken, die auf mir lasteten. So gelang es mir, mich vollkommen auf den gegenwärtigen Moment zu konzentrieren.

Ich stellte fest, dass die Lebensregel für Mütter *Ausgeglichenheit* in mein Leben brachte. Während es mir vorher so vorgekommen war, als hätte ich immer eine unendliche Liste von Aufgaben abzuarbeiten, merkte ich jetzt, dass ich genügend Zeit zum Lesen hatte oder für das Kartenspiel mit den Kindern. Da die fünf Prioritäten die wichtigen Bedürfnisse im Gleichgewicht hielten, konnte keines ein anderes überwiegen. Allen Bedürfnissen, die Teil meiner Berufung oder meines persönlichen Lebens waren, konnte ich einen angemessenen Zeitanteil widmen. Seitdem entwickelte ich in meinem täglichen Leben zahlreiche neue Interessen und fand heraus, was Freizeit *wirklich* ist. Das Leben war nicht mehr nur Arbeit oder nur Spiel, sondern beides war auf gesunde Weise miteinander verwoben. Somit senkte sich auch mein Stresspegel deutlich und dies wiederum führte dazu, dass ich mit meiner Arbeit zuhause zufriedener war.

Und die Kinder? Den Kindern ging es gut. Sie neigten nicht mehr zu dem – wie ich es nannte – „Fernsehserien-Syndrom“: Sie hörten auf, abends wahllos eine Serie nach der anderen zu gucken, weil nichts Sinnvolles geplant war. Nun hatten sie einen Plan für jeden

Tag: Hausunterricht, Hausarbeit, Freizeitaktivitäten, Gebet und Zeit für sich selbst, dies alles hatte darin Platz. Nicky, mein ältester Sohn, kam einmal zu mir und sagte: „Weißt du, Mami, ich habe wirklich ein gutes Gefühl, wenn ich meine Arbeit mache!“, und: „Weißt du Mami, wenn wir Ordnung *halten*, dann haben wir weniger Arbeit am Aufräumtag. Warum machen wir das nicht einfach so?“ Ja, das war mein kleines sechsjähriges Genie!

Eine weitere Verbesserung, die uns die Lebensregel brachte, hätte ich nie erwartet: Sie reduzierte das *Gezanke und die Diskussionen mit den Kindern*. Da jetzt für alles genug Zeit war, kollidierten ihre Aufgaben im Haus nicht mehr mit ihrer Freizeit: Ihre freie Zeit war tatsächlich Freizeit. Mit der Quengelei war Schluss, weil die Kinder nun genau wussten, was von ihnen erwartet wurde und wann sie es erledigen mussten. Die Regel und der Wechsel von Arbeit und Ruhe, Spiel und Gebet waren für sie ein Anreiz, ihre Aufgaben zu erledigen; und sie hatten genügend Zeit, um sie gut zu erledigen.

Da sie wussten, dass sie mit einer kleinen Arbeit nach einer Viertelstunde fertig waren, änderte sich ihre Sicht darauf. Sie wussten, dass eine lästige Aufgabe, die sie von mir bekamen, schnell vorbei war – Unannehmlichkeiten erträgt man schließlich leichter, wenn man weiß, dass sie nicht ewig dauern!

Der geistliche Nutzen der Lebensregel

Ich habe oft darüber nachgedacht, was Gottes Wille für mein Leben ist. Bei der Anwendung meiner Regel habe ich festgestellt, dass er wahrscheinlich gar nicht so ein großes Geheimnis ist. Ich glaube, dass es drei grundlegende Dinge gibt, die Gott von uns will: erstens, dass wir ihn lieben und seine Gebote einhalten; zweitens, dass wir die täglichen Pflichten verrichten, die zu dem Lebensstand gehören, in den wir berufen sind; und drittens, dass wir offen sind für die Eingebungen des Heiligen Geistes im Alltag.

Seit ich begonnen hatte, nach meiner Regel zu leben, konnte ich Tag für Tag versuchen, Gottes Willen in meinem Leben zu erfüllen. Das hat mich sehr froh gemacht. Wie eine Ordensschwester Gehorsam gegenüber der Oberin gelobt, übte ich mich im Gehorsam gegenüber den Anforderungen meiner Berufung, die sich in meinen täglichen Pflichten widerspiegelte. Ich gehorchte Gott, indem ich meine Aufgaben erledigte, selbst wenn ich nur die Spülmaschine einräumte oder die Katzen fütterte.

Ich erlebte dabei eine geistige Freiheit, die ich wunderbar fand. Wenn früher etwas schiefging, habe ich oft darüber nachgegrübelt, ob ich irgendetwas falsch gemacht hatte oder Gott auf irgendeine Weise missfiel. Aber nun wusste ich, dass ich das Beste gegeben hatte, um seinen Plan zu erfüllen, und empfand Frieden, auch wenn ich mit Prüfungen konfrontiert war. Wenn Probleme auftauchten, konnte ich sicher sein, dass nicht meine Bequemlichkeit daran schuld war!

Die Regel half mir auch, die Trockenheit zu ertragen, die ich beim Beten empfand. Ich tat alles, um genug Zeit für das Gebet zu haben. Daher lernte ich zu verstehen, dass ich auf diese geistliche Trockenheit keinen Einfluss hatte: Es lag in den Händen des Herrn. Nun fiel es mir leichter, darauf zu vertrauen, dass Gott mir Trost schicken wird, wenn ich wirklich welchen brauche.

Die Lebensregel für Mütter hilft uns, heilig zu werden, denn mit ihrer Hilfe *tun wir das*, was *wir tun sollen*. Sie ist ein ausgezeichnetes Mittel der Abtötung.

Was bedeutet es, sich abzutöten? Wegen der Erbsünde und zusätzlich durch unsere eigenen Sünden ist das Gleichgewicht unserer menschlichen Natur gestört. Wir haben ungeordnete Leidenschaften und verlangen nach Dingen, die für uns nicht gut sind. Wir neigen eher zur Sünde als zur Tugend. Auch wenn Gott immer durch seine Gnade wirkt, um wieder Ordnung in unsere gestörten Seelen und Körper zu bringen, müssen wir mit ihm zusammenwirken *(Kol. 1, 24)*. Wir antworten auf diese Gnade mit Abtötung – das ungeordnete Ich soll absterben. Wir versuchen, unseren Egoismus und unsere Sündhaftigkeit unter Kontrolle zu bekommen und so das wirklich Gute zu wählen, das Gott für uns vorsieht.

Es ist nicht unbedingt leicht zu verstehen, was Abtötung bedeutet. Ich hatte einmal gelesen, dass der heilige Franziskus sich in einen Dornbusch geworfen hatte, um gegen eine Versuchung zu kämpfen. Ich las über Rosa von Lima, die auf einem Bett mit Scherben schlief. Viele Heilige aus dem Mittelalter trugen Kleider aus Sackleinen, die ihnen ständig auf der Haut rieben. Diese Formen von Abtötung sind jedoch eine Ausnahme und deshalb für die meisten Christen nicht geeignet.

Wenn wir unsere Regel einhalten und tun, was wir für Gott und unsere Familie tun sollen, finden wir genug Wege der Abtötung. Mit ihrer Hilfe kann Gott uns reinigen! Wegen unserer sündhaften Natur fällt es uns schwer, zu tun, was wir tun sollen – morgens rechtzeitig aufzustehen, uns gesund zu ernähren, Sport zu treiben oder gar die hässliche kleine Ecke hinter der Toilette sauber zu machen. Wenn wir uns täglich bemühen, zu tun, was gut und wahr ist, und uns gegen ungeordnete Neigungen und Versuchungen zu wehren, ist das tatsächlich eine Form von Abtötung. Es gibt viele andere Bezeichnungen dafür: Selbstbeherrschung, Selbstdisziplin oder – wie es der heilige Johannes vom Kreuz nennt – die Nacht der Sinne. Unser Wille handelt dabei in aufopfernder Liebe und erfüllt, was Gott fordert, damit er unsere Herzen ändern kann und wir tiefer lieben können.

Dies ist ein Weg zur Tugend: Denn – *so der Katechismus der Katholischen Kirche* – „die menschlichen Tugenden, die man durch Erziehung, durch bewusste Taten und durch Ausdauer in Anstrengungen erlangt, werden durch die göttliche Gnade geläutert und erhoben. Mit der Hilfe Gottes schmieden sie den Charakter und geben Leichtigkeit im Tun des Guten. Der tugendhafte Mensch freut sich am guten Tun" (KKK 1810). Gerade wenn wir unsere Pflichten verrichten und Regeln einhalten, können wir also heilig werden. Letztlich fällt es dann auch leichter, Gutes zu tun. Denn wenn man gute Angewohnheiten entwickelt, ist das nicht mehr ganz so mühevoll. Ich erinnere mich daran, dass ich irgendwann gar nicht mehr sicher war, ob ich mich an die Regel hielt, weil sie mir so zu eigen geworden war. Da schaute ich dann auf meinem Plan nach, ob ich nicht irgendetwas vergessen hatte.

Ebenso stellte ich fest, dass die Lebensregel für Mütter auch meinen Kindern half. Sie brachte nicht nur Ordnung in ihr Leben, sondern sie konnten sich auch an mir orientieren. Wie Papst Paul VI. erklärte: Die wirksamste Form der Evangelisierung ist das „Zeugnis eines echt christlichen Lebens“[5], und erst dann folgen die Worte, die wir verwenden, um den Grund unserer Hoffnung zu beschreiben.

Die Regel ist mehr als ein Zeitplan

Die praktischen Vorteile einer Lebensregel sind leicht zu erkennen. Die Dinge sind geordnet und das Leben kann sehr effizient gelebt werden. Konzentrieren wir uns aber nur auf den Plan und suchen nur nach Effizienz, entgeht uns der wahre Sinn der Regel. Stellen wir uns zum Beispiel einen Geschäftsführer vor, der einen sehr genauen und durchdachten Plan hat und ihn sorgfältig einhält. Vielleicht läuft alles wie ein Uhrwerk, Punkt 9 Uhr hat er ein Treffen mit Beratern, 10.30 Uhr eine Finanzbesprechung, zu Mittag ein Treffen mit einem möglichen Kunden, und den Tagesgewinn wertet er jeden Tag um 13.00 Uhr aus. Können wir nun wirklich schon sagen, dass er sich an eine Lebensregel hält?

Nein, denn eine Lebensregel hat eine tiefergehende und grundsätzlichere Ebene, die sie von einem normalen Zeitplan unterscheidet: die Absicht, die ihr zugrundliegt, und das Ziel, weshalb man sie befolgt. Eine Regel, die auf Grund praktischer Vorteile eingehalten wird,

[5] Apostolisches Schreiben Evangelii Nuntiandi Seiner Heiligkeit Papst Pauls VI. an den Episkopat, den Klerus und alle Gläubigen der Katholischen Kirche über die Evangelisierung in der Welt von heute, Rom 1975, 41.

ist keine Lebensregel; sie ist lediglich ein Stundenplan. Pflichten, die wir unwillig oder nur zögernd erledigen, bilden keine Regel, denn eine Lebensregel muss als Antwort auf *Gottes Ruf* gelebt werden.

Wenn wir der Lebensregel für Mütter folgen, versuchen wir, alles zu tun, was Gott von uns will. Dies bedeutet, unsere Berufung bereitwillig anzunehmen. Anfangs möglicherweise nur aus Gehorsam zu Gott (weil er es so will), später aus Liebe zu ihm. Auch gehört ein – wahrscheinlich anhaltender – Kampf dazu, wenn man die eigenen Haltungen und Ansichten an Gottes Vision für das eigene Leben ausrichtet. Das ist das Herz der Regel. *Es geht darum, alles zu tun, was er von mir fordert, aus Liebe zu ihm und weil er mich darum bittet.*

Um also Gott in jeden Teil meines Lebens hineinzubringen, sprach ich jedes Mal, wenn ich auf den Plan schaute, ein kurzes Gebet und bat ihn, mir beizustehen und den nächsten Zeitabschnitt zu segnen. Dies und die weiteren eingeplanten Gebetszeiten halfen mir, mir seiner ständigen Anwesenheit bewusst zu werden. Bald war ich dazu in der Lage, die Dinge mit ihm und für ihn mit so großer Leichtigkeit zu tun, als ob ich bloß ein Strampelhöschen zusammenlegen würde.

Jetzt ist es Zeit, mit der Lebensregel zu beginnen

Ich war schon zehn Jahre verheiratet und hatte keine Zeit, lange Jahre meine Berufung gründlich genug zu prüfen, um eine perfekte Regel zu erstellen – eine Regel, die mich umgehend zu perfekter Ordnung und vollkommener Heiligkeit hinführen könnte. So entschied ich mich, irgendwo zu beginnen und dann einen Schritt nach dem anderen zu überprüfen. Ich erstellte einen anfänglichen Plan, der mir Ausgewogenheit und Ordnung brachte und es mir zugleich ermöglichte, meine Berufung eingehender zu verstehen.

Später stellte ich fest, dass auch Ordensschwestern ähnlich vorgehen. Wenn eine Novizin einem Orden beitritt, fängt sie sofort damit an, den Tagesplan, den die Regel vorgibt, einzuhalten, um ihre Tätigkeiten auf die der übrigen Schwestern abzustimmen. In den folgenden Jahren studiert sie die Regel, ihre Prinzipien und Ziele, um ihrer täglichen Routine eine geistliche Basis zu geben und auch den gewöhnlichen Dingen mehr Bedeutung zu verleihen.

Wie Mutter Teresa einmal sagte, als sie ihre Schwestern über die Regel unterrichtete: Man muss Wert legen auf den Geist der Lebensregel ... Nachdem ich einen grundlegenden Plan erstellt hatte, erinnerte ich mich daran, was ich in den vergangenen Jahren über die „fünf Ps" gelernt hatte. Ich begann, bewusst daran zu arbeiten. Ich musste den Geist hinter meiner Lebensregel für Mütter begreifen, um den Sinn dessen zu erfassen, was ich tat.

Ich möchte Ihnen gerne erzählen, was ich über meine Berufung als christliche Ehefrau und Mutter im Laufe meines Lebens gelernt habe. Vielleicht kann es Sie dazu anregen, eine eigene Lebensregel für Mütter aufzustellen. Die Kirche hat immer die Wichtigkeit der geistlichen Dimension der Regel – ihres wahren Wesens also – betont. Das Ziel der Berufung als Mutter ist Heiligkeit. Ich möchte Ihnen berichten, wie ich dies besser zu verstehen versuche.

Leserstimmen von Müttern

> „Mütter von ganz kleinen Kindern haben sicherlich mehr Probleme, ihre Zeit so zu organisieren. Also muss man spontaner sein."

> „Realistisch gesehen muss fast jeden Monat der Plan angepasst werden."

> „Jedes neue Kind wirft wieder alles über den Haufen und man muss wieder neu beginnen und mit wenig zufrieden sein."

> „Manchmal wünsche ich mir, wie eine Klosterschwester ein geordnetes und strukturiertes Leben zu haben, da müsste ich nicht ständig um Ordnung und Struktur ringen. Aber meine Berufung ist es, Mutter zu sein. Und das möchte ich leben, so gut ich kann."

> „Immer wenn ich ein paar Tage in einem Kloster verbracht habe, habe ich die Ruhe und Ordnung dort genossen, den geordneten Tagesablauf und die festen Gebetszeiten, und ich habe eine große Sehnsucht danach verspürt, diese Ordnung in meinen Alltag mit hineinzunehmen. Auch zuhause all meine Pflichten IN RUHE zu erledigen, Zeit fürs Gebet und für meine Kinder zu haben. Dieses Buch lässt mich hoffen, dass das möglich ist."

> „So eine detaillierte Planung, wie Holly sie hat, werde ich wohl nie schaffen. Aber ich merke, dass ich gelassener bin und – ähnlich wie sie berichtet – am Donnerstag keine Krise bekomme, weil der Boden nicht mehr sauber ist. Denn ich weiß, dass ich ihn am Freitag putzen will."

> „Das Gebet an erste Stelle zu setzen – das fällt mir sehr schwer. Wie sollte ich Zeit zum Beten finden, wenn in der Wohnung alles auf dem Kopf steht – das waren meine ersten Gedanken. Vielleicht wird es besser, wenn meine Kinder größer sind ... Und wie soll ich mich um meinen Mann kümmern, wenn meine Kinder mich so beanspruchen? Es ist mir zwar bewusst, dass die Reihenfolge der Prioritäten richtig und wichtig ist, doch wie soll ich das umsetzen? Meine Hoffnung ist, dass mir die Anstöße aus dem Buch dabei helfen."

> „Es tut gut zu lesen, dass man erst einmal den Fragen auf den Grund gehen sollte, was die eigene Berufung ist bzw. bedeutet und was das Ziel ist, wo man hin will – denn so einen detaillierten Plan zu schreiben, damit fühle ich mich noch etwas überfordert."

> „Aber damit beginnen, genauer entdecken, wer ich bin, was Gott für mich will in meinen Leben, meine Berufung und den großen Ruf der Heiligkeit entdecken – das will ich gern und dann werde ich auch den passenden Plan für mich finden mit mehr oder eben weniger Tabellen."

> „Den Gedanken über den Gehorsam und die Tugenden, die man eben einüben muss, damit sie wachsen und auch wir wachsen können, finde ich sehr spannend. Das gibt mir schon eine gewisse Motivation für manche langweilige Hausarbeit. Vielleicht gibt es tatsächlich einen größeren Sinn im regelmäßigem Abwasch, im Wäschewaschen, Staubsaugen usw. Vor allem, wenn man sich mal wieder fragt, wozu man das macht, etwa wenn schon nach dem Essen alles (Geschirr, Kleidung, Boden) wieder dreckig ist."

Drittes Kapitel

Erste Priorität:

Das Gebet

Als Mütter sind wir immer sehr beschäftigt und haben mit vielfältigen Problemen zu kämpfen. Deshalb konzentrieren wir uns im Alltag logischerweise auf die praktischen Dinge des Lebens. Wenn der Hund bellt, das Telefon klingelt, ein Kind weint etc., vergessen wir leicht, dass wir eigentlich eine viel tiefere Berufung haben, die weit über das Alltagsleben hinausgeht. Wir leben in der Welt und verlieren deshalb das endgültige Ziel unseres Lebens oft schnell aus den Augen. Außerdem können wir im Alltag oft keinen tieferen Sinn erkennen.

Der Weg zu Gott führt über viele Stufen. Gott führt jeden von uns auf einzigartige Weise zu sich. Oft zeigt er sich uns nach und nach, manchmal sehr intensiv. Bestimmte Dinge können wir tun, um unsere Beziehung zu Gott zu vertiefen. Alles andere ist Gottes Gnade. Die erste Priorität legt den Schwerpunkt auf drei Aspekte: Wir sollen unser Leben betrachten, uns bewusst werden, wohin uns Gott bisher geführt hat, und lernen, was wir tun sollen, damit wir für sein direktes und persönliches Eingreifen in unser Leben offener werden.

Manchmal bedeutet dies schlicht und einfach, dass wir uns darüber klar werden sollen, dass wir Gott brauchen.

Auf der Suche

Das Wetter war wunderschön. Die Sonne schien. An dem strahlend blauen Himmel war weit und breit kein Wölkchen zu sehen. Ich war auf der Kap-Breton-Insel in Neuschottland und saß auf einer Kinderschaukel, auf einem Hügel. Ein warmer Wind streichelte meinen Rücken und umwehte meine Beine. Ringsherum tanzte hohes Gras.

Die Sonne spiegelte sich unten im Hafen, sodass das Wasser glänzte, als würden darin glitzernde Diamanten schwimmen. Ein paar Vögel zwitscherten und sammelten sich zum Abflug nach Süden, wo sie regelmäßig überwintern. Das Panorama war wie aus einer Ansichtskarte ausgeschnitten.

Die Stimmung draußen war herrlich, aber in meinem Inneren war ich vor Verzweiflung gebrochen.

Ich war zwar erst einundzwanzig Jahre alt, aber ich fühlte mich alt, abgenutzt, ausgenutzt und so leer wie eine alte Trommel. Irgendetwas fehlte mir in meinem Leben, doch ich wusste nicht, was. Ganze fünf Jahre bemühte ich mich schon, etwas zu finden, was mein Herz erfüllte. Das Leben meiner Eltern lehnte ich ab, weil es mich nicht zufriedenstellte. Stattdessen stürzte ich mich Hals über Kopf in alle möglichen Vergnügungen und amüsierte mich, wo es nur ging. Doch je mehr ich mir selbst Erfüllung zu verschaffen versuchte, desto leerer wurde ich.

Mit einer Rock´n Roll-Band ging ich einige Jahre lang als Sängerin auf Tournee. Ich war zwar im katholischen Glauben erzogen worden, doch Gott hatte ich bisher nie getroffen. Ich glaubte zwar daran, dass er existiert, und glaubte sogar an die Katholische Kirche, aber ich konnte den Zusammenhang zwischen beidem nicht begreifen. Für mich war das Christentum lediglich ein Verzeichnis von Regeln und Einschränkungen meiner Freiheit. Ich war es satt, dass mir andere vorschrieben, wie ich leben sollte. Die Sätze „Das darfst du nicht“,

„Das musst du“ und ähnliche konnte ich schon lange nicht mehr hören. Die tiefsten Bedürfnisse meines Herzens konnten so nicht befriedigt werden.

Vor einigen Jahren ging ich zur Beichte, und zwar in der Annahme, dass es bestimmt das allerletzte Mal wäre. „Herr Pfarrer“, erklärte ich, „ich sehe im Beichten überhaupt keinen Sinn.“ Der Priester bat mich, dies zu erklären. Ich fuhr fort: „Ich komme immer und immer wieder zur Beichte und bekenne ständig die gleichen Sünden. Das alles bringt mich keinen Schritt weiter. Tatsache ist, dass ich gar nicht die Absicht habe, nicht mehr zu sündigen, da ich dafür keinen triftigen Grund sehe. Deshalb werde ich auch nicht mehr hierherkommen.“ Der Priester seufzte still und sagte: „Sie sind wenigstens aufrichtig.“ Er segnete mich. Ich ging weg und dachte, dass das Thema „Beichte“ damit für mich für alle Zeiten erledigt ist.

In den folgenden Jahren tat ich nur, was mir gefiel. Die moralischen und gesellschaftlichen Regeln zum Thema „Freiheit“, die ich in meiner Kindheit kennengelernt hatte, warf ich über Bord. Beruflich war ich in der Musikbranche tätig, wo es bekanntlich nicht gerade tugendhaft zugeht. Ich gönnte mir jedes Vergnügen, das mich gerade lockte und von dem ich annahm, das es mich glücklich machen könnte. Nichts konnte jedoch das Loch in meinem Herzen ausfüllen.

An diesem warmen Nachmittag auf der Schaukel passierte etwas Entscheidendes: Ich kam zu der Überzeugung, dass es keinen Sinn hat, sich weiter um irgendetwas zu bemühen. Auf meiner Suche nach dem „Etwas“ konnte ich keine Antwort finden.

Ein paar Wochen später schloss ich mich einer neuen Band in Halifax an. Ich wohnte in der Wohnung des Schlagzeugers und schlief im Flur auf einer Matratze. In einer Nacht, als ich im Dunkeln dalag und durch die Tür auf den Hof sah, der in Nebel getaucht war und von den Straßenlaternen orange gefärbt wurde, kam ich zu dem Ergebnis, dass ich nichts mehr zu verlieren hätte. Ich drehte mich auf den Rücken und sagte Richtung Decke:

„Gott, wenn du da bist, denke ich, dass es deine Pflicht ist, dich mir zu zeigen. Ich habe schon alles, was ich konnte, versucht, um dich zu finden. Wenn du willst, dass ich dich kennenlerne, musst du dich mir zeigen. Es liegt an dir, denn wenn du Gott bist, dann findest du bestimmt einen Weg." Dann drehte ich mich um und legte mich schlafen.

Wochen vergingen. Zuhause sah ich einen Film über die Folgen eines Atomkrieges. Er war so deprimierend, beklemmend und hoffnungslos, dass ich mir nicht vorstellen konnte, dass die Welt auf diese Weise zu Ende gehen sollte. Plötzlich fiel mir etwas ein. Ich ging die Treppe hoch in mein Zimmer, zog die Bibel hervor, die meiner Tante gehörte, schlug das Buch der Offenbarung auf und begann darin zu lesen. Ich las die ganze Nacht, bis in die frühen Morgenstunden, und als ich die Augen schloss, um zu schlafen, hatte ich das „Etwas" gefunden, das ich so lange gesucht hatte.

Als ich in dieser Nacht in der Bibel las, begegnete mir Gott ganz real und persönlich. Ich schlief zufrieden ein, da ich ihn gefunden hatte. Nach meiner langen und schwierigen Suche wusste ich nun endlich, dass Gott mir zuhörte und zu mir sprach. Erst später wurde mir bewusst, dass schon mein langes Suchen ein Gebet gewesen war. Mein Herz hatte sich zu meinem Schöpfer aufgerichtet, ohne dass mir bewusst gewesen war, an wen ich mich dabei wandte. Ich glaube, dass Gott in mir immer gewirkt hatte, auch in der Zeit meiner größten Unzufriedenheit.

Der religiöse Impuls in uns

Was ist das? Was fehlt uns in unserem Leben? Viele Menschen empfinden heute eine innere Leere. So wie ich damals, versuchen sie, sie mit weltlichen Ablenkungen auszufüllen: mit Geld, Reisen, Macht, Genuss, menschlicher Anerkennung, Berühmtheit, einer erfolgreichen Karriere, Sex, Drogen, Hobbys, Vergnügungen oder Ehrenämtern. Die Liste möglicher Ablenkungen ist damit noch lange nicht zu Ende. Sie helfen jedoch alle nicht weiter, da diese grundlegende Unzufriedenheit und Leere von einer Sehnsucht in den Herzen herrührt, die nur Gott allein ausfüllen kann. Der heilige Augustinus schrieb: „Denn zu dir hin hast du uns geschaffen, und unruhig ist unser Herz, bis es ruhet in dir.“[6]

Auch Mütter können sich in die Ablenkungen des alltäglichen Lebens verstricken, ohne zu merken, wie die Beziehung zu Gott immer mehr darunter leidet. Auf einmal fällt uns auf, dass wir in letzter Zeit nicht einen Moment lang wirklich gebetet haben. Selbst wenn man die besten Absichten hat: Wenn man keine festen Zeiten dafür einplant, kann es passieren, dass man das Gebet oft vergisst. Und dann

---

[6] Aurelius Augustinus, Bekenntnisse, aus dem Lat. übertr. u. mit einer Einf. v. Wilhelm Thimme, München, 9. Aufl. 2000, S. 31.

wundert man sich, warum einen der Alltag so anstrengt und es an der nötigen Energie fehlt und dem Elan, den man braucht, um seine Pflichten zu erfüllen.

Wenn man diese Unzufriedenheit spürt, ist die Versuchung da, den Sinn des Lebens außerhalb der eigenen Berufung zu suchen. Auch ganz normale Aufgaben und Sorgen, die zu dem Leben einer Mutter gehören, können dazu führen: wenn plötzlich immer mehr Zeit, Aufmerksamkeit und Kraft in Gartenarbeit, Malen, Jugendgruppen oder politische Meetings fließen. Ich hatte z. B. schon sehr viele Lieblingsbeschäftigungen – vorübergehende Projekte, die meine Aufmerksamkeit immer wieder einforderten. Solche Aktivitäten lassen jedoch die häuslichen Pflichten und zwischenmenschlichen Beziehungen leicht an die zweite Stelle rücken. Am Ende spielt dann auch Gott nur noch die zweite Geige, da er nicht aufdringlich ist und die Aufmerksamkeit nicht so beansprucht wie die Kinder oder ein unordentlich geführtes Haus.

Deshalb sollte die Zeit für Gott im Lebensplan die erste Priorität einnehmen. Dann können wir sicher sein, ihm den gebührenden Platz im Leben eingeräumt zu haben. Er gibt uns im Gegenzug die erforderliche Kraft, um die eigene Berufung leben zu können.

Das Sakrament der Busse

In den folgenden Monaten ging ich zurück auf Tournee. Meiner Mutter schrieb ich einen Brief, in dem ich mich für meinen Starrsinn entschuldigte und auch für alle anderen Dinge, mit denen ich ihr wehgetan hatte. Mein Vater hatte uns verlassen, als ich siebzehn war. Wir verloren unser Haus. Kurz darauf fing ich an, gegen den Lebensstil meiner Eltern zu protestieren, und ging von zuhause fort. Für meine Mutter war dies eine schwierige Zeit. Ich weiß, dass sie damals viel geweint hat. In meinem Brief bedankte ich mich bei ihr für ihre Ehrlichkeit. Nie hatte sie die Augen über meine Sünden verschlossen. Da sie mich liebte, hatte sie nie Angst, mir die Wahrheit zu sagen. Nie kehrte sie Dinge unter den Teppich. Nie zögerte sie, mit mir offen über meinen Lebensstil zu sprechen, wenn dies nötig war. Als wir eines Abends in einem Club alles für die nächste Veranstaltung vorbereiteten, rief ich zuhause an, um meiner Mutter zu sagen, dass ich in dieser Woche zur Beichte gehen wollte. Am nächsten Tag verließ ich um vier Uhr das Haus, in dem sich die Band immer traf. Ich umklammerte den Rosenkranz und hielt mein Skapulier nah am Herzen (beides Überbleibsel meiner Kindheit, die ich wieder hervorgesucht hatte). Ich hatte Angst: nicht etwa davor, zur Beichte zu gehen, sondern davor, dort nicht anzukommen! Nun wurde mir die Radikalität des Schrittes bewusst, zu dem ich mich entschlossen hatte. Mir war vollkommen klar, dass mein „Ja" zu Gott ein entschiedenes „Nein" zum Teufel war, der versuchen könnte, mich auf diesem Weg aufzuhalten oder gar von diesem Schritt abzuhalten. Ich hatte tatsächlich Angst um mein Leben, als ich an den drei langen Blöcken vorbei zur Kirche ging. An den Kreuzungen blieb ich sehr vorsichtig stehen, um nicht vor ein Auto zu laufen, und ich versuchte so schnell wie möglich die Kirche und den Beichtstuhl zu erreichen: zum ersten Mal seit fünf Jahren.

Ich kannte Leute, die vor der Beichte Angst haben. Auch mir ging es so. Dabei hat Gott doch in diesem Sakrament seine ganze Liebe und Gnade über mich ausgegossen. Dies bedeutet jedoch nicht, dass es immer leicht für mich war, zur Beichte zu gehen. Ich erinnere mich z. B. an eine Beichte, in der ich eine wirklich peinliche Sünde zu bekennen hatte. Ich sagte zu dem Priester, der mir die Beichte abnahm, dass ich diese Sünde nicht aussprechen möchte. „Sie müssen das aber", antwortete er mir. So sammelte ich meinen ganzen Mut und bekannte diese Sünde konkret. Ich wurde rot vor Scham, doch schnell folgten Erleichterung und eine wirkliche Erfahrung der Gnade Gottes, als der Priester sagte: „Sehen Sie! Man muss ehrlich und offen seine Sünden bekennen. Das ist die einzige Art und Weise, wie man mit den bösen Dingen, die man getan hat, fertig werden kann."

Gott kennt auch unsere Schwächen. Er fordert von uns nichts, was wir nicht vollbringen können oder wozu er uns nicht die erforderliche Gnade gibt.

Zu Zeiten des Kampfes wurde der Beichtstuhl für mich ein Ort für Gottes Trost und Rat. Einmal legte ich dem Priester darin mein ganzes Chaos und meinen Überdruss dar. Er antwortete darauf mit einer wunderschönen Analogie, die mir eine ganze Weile half, damit zurechtzukommen: Er verglich die Sünde mit einer Glocke. „Wenn Sie aktiv sündigen", erklärte er, „ist das so, als ob Sie absichtlich am Seil der Glocke ziehen, damit die Glocke läutet. Jetzt, nach Ihrer Bekehrung haben Sie aufgehört, am Seil zu ziehen, aber die Glocke schaukelt immer noch hin und her. Wenn Sie aber genau hinhören, merken Sie, dass ihr Ton schwächer wird und sich immer mehr entfernt. Am Ende hört das Läuten ganz auf. Haben Sie Geduld mit sich selbst."

Bei der Ausarbeitung der Lebensregel braucht man Hilfsmittel, um die Beziehung zu Gott zu vertiefen. Das Sakrament der Versöhnung ist eines der besten Hilfsmittel, die es gibt.

Natürlich kann es vorkommen, dass man manchmal Angst vor der Beichte hat oder keinen Grund sieht, (gerade jetzt) zur Beichte zu gehen – weil man glaubt, keine „großen" Sünden begangen zu haben. Die Beichte ist allerdings eine wirklich brillante Erfindung Gottes, bei der die persönlichsten Angelegenheiten auf direkte und einzigartige Weise zur Sprache kommen. Die bei der Beichte geschenkten Gnaden sind auf die unmittelbaren Bedürfnisse des Einzelnen konkret ausgerichtet. In der Beichte handelt Gott auf dreifache Weise an uns: Er vergibt die Sünden, heilt sündhafte Gewohnheiten und stärkt uns, damit wir das Leben meistern können – mit einer noch größeren Gnade ausgerüstet, die speziell auf die eigenen Lebensumstände zugeschnitten ist.

Wenn es so scheint, als würde Gott einen in irgendeiner Angelegenheit nicht erhören – und das kann durchaus passieren –, spendet seine hörbare Stimme durch den Priester Trost. In der Lebensregel sollte deshalb das Sakrament der Buße regelmäßig einen Platz bekommen.

Die Kraft der Eucharistie

Nach meiner Bekehrung verbrachte ich viele Monate damit, das Wort Gottes in mich aufzunehmen – nach einer langen Zeit der Entbehrung. Als reisende Musikerin hatte ich viel Freizeit. So war es für mich nicht ungewöhnlich, sechs Stunden täglich die Bibel zu lesen. Diese Zeit war wie ein Blitzkurs im Christentum, und ich bekam viel Segen.

Auf meinen Reisen traf ich ab und zu auf Christen – meist auf Protestanten. Daher begann ich, protestantische Bücher zu lesen. Dabei erlebte ich das, was oft als Erfahrung der „Wiedergeburt" bezeichnet wird. So entschied ich mich, der katholischen Kirche den Rücken zuzukehren. Da ich dort Gott nie „persönlich" erlebt hatte, sah ich keinen Grund, dorthin zurückzukehren. In meinem Umfeld waren Protestanten, die sich für Jesus begeisterten und ihr Leben in einer echten Beziehung mit ihm lebten. Protestanten sprachen mit mir über Jesus und ermunterten mich auf meinem Glaubensweg. Bestimmt hatten sie recht!

Diese Entwicklung beunruhigte jedoch meine Mutter. Als ich zwischen zwei Konzerten wieder eine Pause hatte, war ich zuhause und meine Mutter trieb mich in die Enge:

„Holly, ich möchte, dass du wieder die Heilige Messe besuchst."

„Ich habe nicht vor, wieder die Heilige Messe zu besuchen!", widersprach ich.

„Holly, ich möchte aber, dass du wieder zur Heiligen Messe gehst", drängte sie weiter.

Da hatte ich eine schnelle Antwort parat: „Ich lese die Bibel sechs Stunden täglich. Wie oft liest du darin?"

Sie antwortete: „Ich lese in der Bibel jeden Tag bei der Heiligen Messe."

Ich konterte: „Mami, ich bin glücklich. Ich liebe Jesus. Ich möchte nicht zur Messe gehen. Ich brauche keine Messe."

Das war die Herausforderung, die meine Mutter brauchte. Jetzt begann sie, mir zu erklären, wie wichtig das Sakrament der Eucharistie ist:

„Lass mich dir die Bedeutung der Messe erklären. Die Frage ist: Warum sollte ein gesunder Mann, der sehr glücklich verheiratet sein und eigene Kinder haben könnte, auf all das für ein Stück Brot verzichten – nur um dieses Stück Brot, die Eucharistie, den Menschen anzubieten? Würde er das tun, wenn dieses Brot nicht mehr wäre als nur Brot?"

Ich antwortete nicht, aber durch meinen Kopf schoss der Gedanke: „Vielleicht spricht jetzt der Heilige Geist durch sie."

Meine Mutter bat mich, es mit der Heiligen Messe wenigstens zu versuchen. Das tat ich. In der folgenden Woche kehrte ich zurück nach Halifax. Es war Palmsonntag. Im Telefonverzeichnis suchte ich die nächste katholische Kirche heraus und ging hin.

Schon als ich die Kirche betrat, fühlte ich stark die Anwesenheit Gottes. Als der Priester die Hostie erhob, wusste ich, dass es Gott ist. Ich weinte während der Messe wie ein kleines Kind. Ich sah bestimmt interessant aus – total verheult, in Lederjacke, mit dunkler Brille und blond gefärbten Haaren, gestylt wie ein Rock´n Roller. Die Kinder hinter mir drehten sich um und zeigten mit dem Finger auf mich. Ich weinte während der ganzen Heiligen Messe. Das ging sechs Wochen lang so. Ganze sechs Wochen lang kamen mir die Tränen, sobald ich die Kirche betrat. Schließlich sagte ich zu Jesus: „Gut, ich denke, dass du mich überzeugt hast! Ich kehre in die katholische Kirche zurück!“ In diesem Augenblick verschwanden die Tränen und kamen nie wieder.

Meine protestantischen Brüder und Schwestern schätze ich sehr. Ich finde in der Art, wie sie ihren Glauben leben, eine Ernsthaftigkeit, die katholischen Christen oft fehlt. Ich denke, dass ich als Katholikin viel von ihnen lernen kann. Mich motivieren ihre Liebe zur Bibel, ihr ständiges Studium von Gottes Offenbarung und ihr bewusstes Streben nach einem Leben gemäß der christlichen Wahrheit.

Allerdings habe ich inzwischen erkannt, dass die katholische Kirche die ganze Bandbreite der Wahrheit des christlichen Glaubens enthält. Anzeichen davon entdeckte ich, als ich begann, zu Gott zurückzukehren. Damals musste ich den ganzen Glauben durch intensives

Studium und Betrachtung neu lernen. Oft ertappte ich mich dabei, wie ich meine protestantischen Freunde fragte: „Wie kannst du behaupten, dass du erlöst bist, wenn du ständig mit deiner Freundin schläfst?“, „Wenn ich erlöst bin, weil ich wiedergeboren bin, warum haben es meine Eltern dann für notwendig gehalten, mich taufen zu lassen?“, „Wenn das Ziel meines Lebens ist, bei Gott im Himmel zu sein, warum hat Gott sich dann die Mühe gemacht, mich hier auf der Erde zu erschaffen und nicht gleich im Himmel?“ Diese und weitere Fragen stellte ich ihnen immer wieder, in der Hoffnung, meinen wiedererworbenen Glauben zu verstehen. Die Antwort lautete meist lapidar: „Holly, ich habe keine Ahnung.“ Als Katholikin fand ich endlich Antworten auf alle meine Fragen. Ich konnte sie in den Schriften und Weisheiten der Kirche, der Päpste und der Heiligen finden. Bald fand ich heraus, dass meine ganze Lebenszeit nicht ausreichen würde, um die Weisheit des Katholizismus zu erfassen. Es ist wichtig, in der Lebensregel Zeit für Bildung und geistliche Lektüre zu reservieren, denn über unsere Berufung hat uns Gott viel zu sagen. Doch darüber hinaus gibt es noch viel mehr: Am wichtigsten sind die Sakramente, denn sie spiegeln Gottes Plan für uns am deutlichsten wider.

Einmal sagte ich zu Philip: „Weißt du, wenn ich all die Dinge verwirklichen würde, die ich aus den Büchern kenne, wäre ich eine Heilige.“ Doch die intellektuelle Beschäftigung mit dem christlichen Glauben reicht allein nicht aus. Wir können lesen, so viel wir wollen, aber das bedeutet noch lange nicht, dass wir in der Lage sind, Gottes Willen in unserem Leben umzusetzen. Die Kraft dazu finden wir in den Sakramenten, insbesondere in der Eucharistie.

Was Essen für den Körper ist, ist das eucharistische Brot für die Seele. Die Seele ist der Sitz des Willens und der Ort im Herzen, an dem Entscheidungen getroffen werden. So wie das intellektuelle Studium den Sinn erleuchtet, so stärken die Sakramente den Willen. Ohne Gottes übernatürliche Macht, die in unserem Willen wirkt, wären wir zu schwach, um seinen Willen zu erfüllen. In den Himmel kommt man nicht durch eigene Mühe. Ohne Gottes Gnade kann man auch keine guten Taten vollbringen. Sogar die Erziehung der Kinder hängt von der Gnade Gottes ab. Wenn wir in der Lebensregel keine Zeit für den regelmäßigen Empfang der Eucharistie reservieren, wird uns also die Kraft fehlen, unsere Berufung zu erfüllen.

Das bedeutet allerdings nicht unbedingt, dass man diese Kraft immer fühlen oder bewusst erleben kann. Meist nimmt man sie nicht in sich selbst wahr. Doch ich weiß, dass die Wirkungen der Gnade im persönlichen Umfeld durchaus bemerkt werden: Anderen fällt an einem dann eine besondere Freundlichkeit auf, dass man aus Nächstenliebe handelt oder gar besser aussieht. Als ich die Musikbranche verlassen hatte und als Kassiererin zu arbeiten begann, ging ich eines Tages von der Kirche direkt zur Arbeit. Eine der Kellnerinnen kam zu mir und sagte: „Du kommst gerade von der Messe, nicht wahr?" „Ja", antwortete ich. „Dachte ich mir doch", sagte sie. „ Immer, wenn du aus der Kirche kommst, bist du ganz anders als sonst."

Die finstere Nacht der Seele

Bald fühlte ich, dass Gott mich dazu auffordert, mit der Musik aufzuhören, nach Hause zurückzukehren und wieder zu studieren. Ich wollte diesen Schritt nicht tun. Ich mochte die Jungs von der Band, sie waren für mich wie Brüder. Außerdem wollte ich ein Star sein.

Gott findet jedoch immer einen Weg, einen für die Erfüllung seines Willens zu gewinnen. Da ich ihn nicht zurückweisen wollte, betete ich zu ihm: „Wenn du willst, dass ich die Band verlasse, musst du dich auch darum kümmern, denn alleine habe ich nicht die Kraft dazu." Fünf Wochen später erhielten fünf Mitglieder unserer Gruppe unabhängig voneinander lukrativere Angebote von anderen Bands. Nur der Gitarrist und ich blieben übrig.

Schließlich sagte ich zu Gott: „Ist ja schon gut, ich geh zurück nach Hause!" Gesagt, getan. Das Leben trieb mich wieder in die Gesellschaft zurück, die ich abgelehnt hatte. So viele Jahre war ich weg gewesen und hatte gelebt, wie es mir gefallen hatte. Dieses Leben hat mich allerdings nicht darauf vorbereitet, nach den Regeln und Vorstellungen anderer Menschen zu leben. Ich musste jetzt mit meiner Tante und meiner Mutter zusammenwohnen, da ich für eine eigene Wohnung kein Geld hatte. So war ich gezwungen, ihre Hausregeln zu respektieren. Ich war eher an das Nachtleben gewöhnt, die Leute hier waren dagegen tagsüber wach! Ich bekam eine Stelle als Kassiererin in einem Restaurant. Nachdem sich einige konservative Kunden über mich beschwert hatten, bat mich mein Arbeitgeber, meine wild herunterhängenden Haare zu einem Zopf zusammenzubinden und den pinken Overall gegen ein knielanges Kleid einzutauschen. Ich beobachtete mich selbst dabei, wie ich im Restaurant Ketchupflecken von den Stühlen entfernte und Tische abwischte, auf denen irgendjemand Unordnung hinterlassen hatte. Ich hörte Kunden, die sich über kalten Kaffee beschwerten. Vielleicht klingt das jetzt komisch, aber ich erlebte damals tatsächlich einen Kulturschock! Dieser wiederum führte zu einer negativen Veränderung in meinem Herzen.

Ich freute mich, als ich an der Universität begann, aber meinem Herzen ging es dort nicht besser. Meine Liebe zu Jesus erkaltete langsam. Ich fühlte seine Gegenwart nicht mehr. Nach zwei Jahren hatte ich das Gefühl, weggeworfen und mir selbst überlassen worden zu sein. Ich kam mir vor wie ein Fremder. Nichts, worauf ich mich stützen konnte, schien mehr Wirklichkeit zu sein. Ich wurde depressiv. Im Christentum sah ich immer mehr nur eine Liste von Vorschriften und Anordnungen.

Mein Gebetsleben wurde dürr und finster. Wie hasste ich es, wenn mich meine Mutter abends beim Lernen störte, weil sie den Rosenkranz beten wollte. Innerlich lehnte ich mich jedes Mal auf, und ich konnte nicht verstehen, wozu ein so fahrig gesprochenes Gebet gut sein sollte. Meine Mutter sagte zu mir: „Holly, es ist egal, wie du dich dabei fühlst. Bete einfach. Manchmal ist das beste Gebet das, von dem man glaubt, es sei nutzlos." So biss ich die Zähne zusammen, ratterte meine Gebete herunter und bat Gott, sie mir anzurechnen.

Ja, die Zeit nach meiner Bekehrung war schwierig. Ich fühlte mich schlecht und wusste nicht, wo Jesus ist. Warum war er von mir fortgegangen?

An der Hochschule hörte ich zum ersten Mal von Johannes vom Kreuz und der „Dunklen Nacht der Seele“. Dort fand ich die Erklärung für all das, was mit mir gerade geschah. „Was passiert, wenn wir Holz ins Feuer werfen?“, fragte unser Professor. „Die Rinde fängt Feuer, sie qualmt ein wenig und brennt dann lichterloh. Dabei entsteht viel Knistern, Hitze und Licht.“ So war es auch mit mir. Als ich Gott zum ersten Mal spürbar begegnete, heizte mich das Feuer seiner Liebe auf! Das ist die anfängliche Bekehrung. In dieser Phase brennt man vor Sehnsucht nach Gott. Das ist für einen selbst und das eigene Umfeld offensichtlich. Man hört nicht auf, mit Gott zu sprechen und den Mitmenschen zu erzählen, was er an einem getan hat. Diese Phase nennen die Protestanten die „Erweckung“ oder „born-again“-Erfahrung.

Natürlich können manche sagen, dass sie keine starke anfängliche Bekehrung erlebt haben, und doch ihr Leben mit Jesus leben. Ich meine, je größer ein Sünder ist, umso größer ist auch die Erfahrung der Bekehrung. Nur ein sehr deutliches Handeln Gottes konnte mich dazu motivieren, mein Leben zu ändern. Ich weiß, dass er mich am Anfang verhätschelte, um mich auf das Kommende vorzubereiten: Er musste alle Unordnung und alle Unreinheiten aus meiner Seele entfernen. Wie der verlorene Sohn brauchte ich ein großes Fest, um mich von der Liebe des Vaters überzeugen zu lassen. Der zweite

Sohn, der immer gewissenhaft und zuverlässig gewesen war, war auf das große Fest eifersüchtig, aber das wäre nicht nötig gewesen. Wenn man dem Vater von Anfang an treu ist, gehört einem ohnehin alles, was er besitzt! Solche Menschen brauchen keine Zeichen und Wunder, um an Gott zu glauben und ihn zu lieben. Und das ist ein großes Verdienst.

Doch warum ist das anfängliche Feuer in meiner Seele erloschen? Was der heilige Johannes vom Kreuz gesagt hatte, stimmte wohl: Wenn die Rinde am Holz fast verbrannt ist, geschieht etwas Seltsames. Es sieht so aus, als wäre das Feuer erloschen. Das Holz gibt kein Licht mehr ab. Es ist schwarz und verkohlt, Wasser läuft heraus und es knistert. Das Feuer ist noch da, aber es ist innen im Holzstück und von außen nicht zu sehen. Ebenso kommt es uns nach einer anfänglichen Bekehrung vor, als wäre das Feuer der Liebe Gottes außen erloschen. Wir überlegen, ob uns Gott liebt. Wir sehen nur die eigenen sündhaften Angewohnheiten – das aus dem Holz rinnende Wasser. Wir sehen nur die Finsternis und die Hoffnungslosigkeit in der Seele, doch Gottes Feuer können wir nicht sehen. So begriff ich, dass Gott tief in die Seele eindringt, um seine Arbeit im Geheimen zu tun, ohne dass man eingreifen kann. Als mir zuweilen alles düster vorkam, erinnerte ich mich an die Worte von Corrie ten Boom, die den Holocaust überlebt hatte: „Gott ist so nah, dass du nur seinen Schatten siehst."

So wurde mir am Ende bewusst, dass die Wirklichkeit von Gottes Anwesenheit nicht daran gemessen werden kann, ob man angenehme

Gefühle hat. Während dieser Krise habe ich gelernt, dass Liebe aus Freude und aus Leid besteht. Gottes Liebe kann als Finsternis erlebt werden und ähnlich sein wie die schmerzhaften Eingriffe, die ein Arzt vornehmen muss, um ein wucherndes Krebsgeschwür zu entfernen. Gott muss in mein Leben eingreifen und entfernen, was mir schadet: meine sündhaften Taten und Sehnsüchte.

Diese Erkenntnis ermöglichte es mir, dem Schmerz in meiner Seele etwas Positives abzugewinnen. Von Johannes vom Kreuz wusste ich auch, dass eine Zeit kommen wird, in der sich das Holz verändert, von innen heraus zu brennen beginnt, und sich nach und nach in rote, glühende Kohle verwandelt. Ich wusste, es wird die Zeit kommen, in der ich Gottes Liebe erneut erfahren darf.

Die Beziehung zu Gott

Ich fragte mich in dieser Zeit oft: „Was soll ich jetzt tun? Soll ich hier verlassen herumsitzen und darauf warten, dass Gott mich reinigt? Es gibt für mich doch bestimmt etwas zu tun!“ Mein Theologieprofessor, Father Tom Daley (oder FTD, wie wir ihn liebevoll nannten) belehrte mich darüber, worin die Beziehung zu Gott besteht. Er beantwortete meine Frage, was ich tun könne, mit folgenden Worten:

„Ich erzähle Ihnen nun eine kurze Geschichte, sie handelt von Johnny und Suzie. Johnny und Suzie beginnen, miteinander auszugehen. Johnny gefällt Suzie sehr gut, aber da sie seine Vergangenheit kennt, sagt sie zu ihm: ‚Ich stelle dir nur eine Bedingung: Wenn du mit mir zusammen sein willst, darfst du dich mit keiner anderen mehr treffen.' Johnny ist einverstanden, aber noch etwas unsicher. Er kennt Suzie bereits einige Zeit und findet sie wirklich toll. Von Zeit zu Zeit begegnet er dennoch Mädchen, mit denen er gerne einmal ausgehen würde. Manchmal ist er auf Suzie auch wütend, weil es ihm so vorkommt, als ob sie ihn in seinem Lebensstil einschränkt. Da er sie aber mag, sucht er keinen Kontakt zu anderen Frauen, denn sonst würde Suzie ihn verlassen.

Schließlich stellt Johnny jedoch fest, dass er sich verändert hat. Er entdeckt, dass er gar nicht mehr mit anderen Frauen zusammen sein möchte. Er hat sich wirklich in Suzie verliebt und möchte, dass sie seine Frau wird. Die äußere Regel, die Suzie eingeführt hat, hat sich in eine innere Regel in seinem Herzen verwandelt. Jetzt ist er treu, weil er sie liebt."

„So müssen wir uns bewusst werden", fuhr FTD fort, „dass das Gesetz vor der Liebe kommt. Die äußerlichen Gesetze, die uns Gott auferlegt, sollen uns besser machen und unserem Herzen helfen, in die Gesetze der Liebe hineinzuwachsen, die uns von innen heraus motivieren." Was sollte ich also tun? Ich musste gehorsam sein.

Zwei Formen des Gehorsams

Der Gehorsam zu Gott hat zweierlei Charakter. Zuerst geht es darum, Gottes Geboten gehorsam zu sein, indem wir Sünden aus dem Weg gehen und die moralischen Regeln der Kirche befolgen.

Ich lernte deshalb viel über moralische Fragen, um mein Verhalten mit dem Willen Gottes in Einklang bringen zu können.

Als später die Anziehungskraft der Sünde schwächer wurde, entdeckte ich eine neue Art des Gehorsams. Ich sollte Gott gehorchen, indem ich Tugenden einübte und mich bemühte, Jesus bewusst nachzuahmen.

Früher habe ich einmal einen Text gelesen, der Gott mit einem Arbeitgeber verglich. Dieser stellt seine Leute nicht fürs Nichtstun ein, sondern dafür, dass sie ihre beruflichen Pflichten erfüllen. So besteht auch die christliche Berufung nicht nur darin, die Sünde zu meiden, sondern nach und nach die Aufgaben zu erfüllen, die uns Gott anvertraut hat. FTD erklärte uns auch den Unterschied zwischen „frei sein von" und „frei sein für". Er sagte, Gott wolle, dass wir von der Sünde frei sind und damit frei für die Aufgaben, die er uns gegeben hat. Meine Lebensregel versuchte ich entsprechend auszurichten. Ich wollte Gott gehorsam sein und meine Freiheit nutzen, um meine Aufgabe hier zu erfüllen, meiner Berufung zu folgen.

Langsam verstand ich besser, wie hilfreich die erste Form des Gehorsams ist, damit man die zweite verwirklichen kann. Als ich meine Lebensregel ausarbeitete, sollte sich diese Erkenntnis darin widerspiegeln. Ich stellte daher zwei Bedingungen an sie: Sie sollte verständlich und praktisch sein. Die vielen im Gebet verbrachten Stunden können noch so schön sein, doch das nützt nichts, wenn das Gebetsleben im Widerspruch zum Alltag steht!

Ich musste mir darüber klar werden, was zu einem christlichen Leben für mich dazugehören sollte. Ich ging davon aus, dass ich jeden Tag meine vorformulierten Gebete beten sollte, zum Beispiel das Morgengebet. Ich dachte, dass auch der Rosenkranz wichtig wäre. Ich wollte Zeit mit der Bibel verbringen, aber auch in stiller Meditation und mit geistlicher Lektüre.

Als vielbeschäftigte Mutter musste ich alle diese Anforderungen mit meinem Alltag in Einklang bringen, in dem ständig kleine Kinder um mich herum waren. Nur wenn sie schliefen, sich ausruhten oder draußen spielten, hatte ich die Möglichkeit, tagsüber ruhige Momente zu finden.

Da ich den recht aktiven Lebensstil meiner Familie kannte, entschied ich mich, meine Gebete und meine Bibellektüre auf die frühen Morgenstunden zu verlegen, in denen die Kinder noch nicht wach waren. Ich setzte dafür eine halbe Stunde an. Philip half mir, den Kindern anzugewöhnen, erst dann herunterzukommen, wenn ich sie rief. Dies hat allerdings einige Zeit gedauert. Ich überzeugte mich davon, dass sie genug Bücher und Spielsachen in den Zimmern hatten, um sich beschäftigen zu können, wenn sie früher aufwachten. Das Baby nahm ich mit dem Fläschchen zu mir.

Vormittags gingen die Kinder oft kurz nach draußen zum Spielen. Ich plante diese Zeit fest ein und betete dann ein Gesätz des Rosenkranzes oder ein paar Psalmen. Nach dem Mittagessen schickte ich die Kinder nach oben, damit sie sich etwas ausruhen konnten.

Zumindest sollten sie ruhig sein. Diese Zeit nutzte ich für eine halbe Stunde Gebet und geistliche Lektüre. Das Familiengebet folgte am Abend um 19.30 Uhr, also kurz bevor die Kinder zu Bett gingen. Abends konnte ich mich dann in Ruhe mit geistlicher Lektüre beschäftigen.

Mich faszinierte der Gedanke, aus dem ganzen Tag ein Gebet zu machen. Nach jeder Gebetszeit nahm ich mir vor, den nächsten freien Augenblick wieder Gott anzubieten. Das half mir, mich weiter auf Gott zu konzentrieren, wenigstens noch für einen kurzen Moment. Es war für mich am wichtigsten, mir Gottes Gegenwart immer wieder bewusst zu werden. Deshalb schrieb ich mir auch meinen Gebetsplan auf. So konnte ich ihn am besten einhalten ... Kopf und Herz waren somit frei, sodass sie sich den ganzen Tag mit Gott unterhalten konnten.

Außer auf die täglichen Gebete legte ich Wert auf regelmäßige Beichte, geistliche Begleitung und Anbetung. Außerdem wollte ich alle zwei Wochen meinen „freien Tag“ außer Haus einhalten, um mich zurückzuziehen und mich allein mit Gott oder mit Hilfe von Exerzitien zu erholen. Dies hatte ich mit Philip vor ein paar Jahren so vereinbart. Daher notierte ich in meinem Kalender, was ich in den kommenden Monaten umsetzen und erreichen wollte.

Mit dem Plan anfangen

Ich möchte Ihnen ein paar Anregungen für einen grundlegenden Gebetsplan geben. Am Anfang sollte er einfach sein. Später, wenn Sie sich an Ihre Lebensregel gewöhnt haben, können Sie ihn immer noch „würzen" und ergänzen. Wenn Sie zu früh zu viel tun, kann das abschreckend wirken und zum Aufgeben verleiten. Man kann eine solche Lebensregel aber durchaus einhalten, weil uns Gott im Sakrament der Ehe alle erforderlichen Gnaden versprochen hat.

Bevor Sie beginnen, Ihre Lebensregel zu erstellen, besorgen Sie sich am besten ein Notizbuch, möglichst eines, bei dem man einzelne Seiten austauschen kann. Ich werde in den folgenden Kapiteln einige Fragen ansprechen, die Ihnen helfen können, Ihre eigene Lebensregel zu entwerfen.

Wichtig ist es, dabei sorgfältig und gründlich vorzugehen. Wenn Sie sich Pläne und Überlegungen notieren, haben Sie sie schriftlich und müssen über diese Punkte nicht weiter nachdenken – Ihr Kopf ist dann frei für andere Dinge. Wenn Sie mit dem Bleistift arbeiten, können Sie einzelne Punkte leicht abändern, falls Schwierigkeiten auftauchen.

In meinem Notizbuch ist für folgende Themen jeweils eine eigene Seite vorgesehen: für Gebete und Studien im kommenden Jahr, für das Glaubensleben meiner Kinder, für die morgendlichen Arbeiten, die Aufgaben nach dem Frühstück, am Nachmittag, am Abend und vor dem Schlafengehen, für wöchentlich und monatlich wiederkehrende Aufgaben, für Weihnachts- und Ostervorbereitungen, für Saisonarbeiten, den Haushalt, Ideen zu meinen Hobbys etc. So in etwa könnte die Struktur eines Notizbuchs aussehen.

Wenn Sie die erste Seite konzipieren, die dem Thema „Gebet" gewidmet ist, können Sie sich folgende Fragen stellen:

Welche Gebete sollte man meiner Meinung nach täglich verrichten?

Welche Einschränkungen oder spezifischen Umstände bestimmen mein Leben und das meiner Familie?

Welche persönlichen Neigungen habe ich? Wenn ich zum Beispiel kein Frühaufsteher bin, sollte ich kein langes Morgengebet einplanen, für das ich extrem früh aufstehen müsste.

Stören mich meine kleinen Kinder, wenn ich bete? Wenn ja, wie kann ich das verhindern? Können mir mein Mann oder die älteren Kinder dabei helfen?

Wann gibt es tagsüber Ruhephasen? Wann kann ich die Kinder dazu bringen, sich allein vernünftig zu beschäftigen, sodass ich in dieser Zeit beten kann?

Legen Sie feste tägliche Zeiten für das Beten fest – egal, wie kurz diese auch sein mögen.

Welche Gebetsformen möchte ich wann einplanen? Welche Zeiten möchte ich mir für weitere Gebete frei halten?

Gibt es einen Ort, an dem ich ohne Ablenkung beten kann? Wo ich die Bibel, den Rosenkranz, den Katechismus und andere Gebetshilfen zur Hand habe? Gibt es dort vielleicht auch Figuren, Bilder und Kerzen?

Wie oft soll ich zur Beichte gehen? Wann? Soll ich die Kinder mitnehmen? Wenn nicht, wer kümmert sich um sie, wenn ich in dieser Zeit nicht zuhause bin? Könnte regelmäßiges Beichten mit meinen regelmäßigen Pflichten kollidieren? Wenn ja, wie kann ich beides miteinander in Einklang bringen?

An dieser Stelle ist es wichtig, für die kommenden drei Monate feste Zeiten für den Empfang des Bußsakramentes festzulegen.

Wie oft schaffe ich es, zur Heiligen Messe zu gehen? Was machen die Kinder in dieser Zeit?

Habe ich eine geistliche Begleitung?

Der Schlüssel zum Erfolg ist es, die Lebensregel mit Verstand zu erarbeiten. Dann ist es egal, ob Sie dem Gebet viel oder nur wenig Zeit widmen können.

Nun ist der Gebetsplan fertig und Sie können ihn direkt im Alltag umsetzen!

Dieselben Fragen können Sie auch mit Ihren Kindern durchgehen und ihnen somit helfen, grundlegende Glaubenspraktiken zu entwickeln. Sie können ihnen dabei entweder eine eigene Seite im Notizbuch reservieren, mit der Überschrift „Gebetsleben der Kinder", und diese bei dem Punkt „Familiengebet" einsortieren oder die Kinder können – noch besser – ihr eigenes Notizbuch anlegen. Ermuntern Sie Ihre Kinder, gleich mit der Erstellung einer Lebensregel zu beginnen.

Weitere Schritte

Wenn die grundlegenden Elemente der fünf Prioritäten in die Lebensregel eingeordnet sind, kann man versuchen, tiefer zu gehen und die eigene Berufung auf reichere und feinere Weise zu verwirklichen.

Was das Gebetsleben und den Glauben betrifft, gibt es da verschiedene Möglichkeiten: Gebetsgruppen, Anbetung, Exerzitien, Studienkreise und persönliches Studium. Diese Dinge kann man in den Lebensplan aufnehmen. Vielleicht dauert es auch ein Jahr oder länger, bis Sie sich damit wohlfühlen – das hängt von Ihrer individuellen Persönlichkeit und Ihren Lebensumständen ab. Aber Gott kennt uns durch und durch und weiß, wozu wir fähig sind. Er wird auch das Streben anerkennen. Und vielleicht möchten Sie nun regelmäßig Zeit finden, über Ihre Beziehung zu Gott nachzudenken. Gibt es weitere Lebensbereiche, die Sie intensiver betrachten möchten? Sündhafte Gewohnheiten, die Sie ablegen möchten? Wo könnten Sie eventuell Hilfe bekommen, um sie zu überwinden?

Auch diese Dinge können Sie im Notizbuch auf einer eigenen Seite notieren, damit Sie sich leichter regelmäßig und bewusst damit auseinandersetzen können.

Möchten Sie mehr über Gott und den Glauben erfahren? Eine unserer Hauptaufgaben hier in der Welt besteht darin, Gott kennenzulernen. Die Lektüre der Bibel und des Katechismus, die Beschäftigung mit dem Leben von Heiligen und geistlichen Büchern können dabei helfen. Was möchten Sie im kommenden Jahr davon in Angriff nehmen?

Gibt es Lebensbereiche, die Sie von Ihrer Berufung, vor allem von der Zeit mit Gott ablenken? Engagieren Sie sich für zu viele Dinge, sodass zu wenig Zeit fürs Gebet bleibt? Wie könnten Sie sich da einschränken? Was ist auf diesem Gebiet bereits geschehen?

Nehmen Sie wahr, dass Gott Sie auffordert, Ihre Beziehung zu ihm zu vertiefen? Was verlangt er Ihrer Ansicht nach von Ihnen? Was hindert Sie daran, eine tiefere Beziehung zu Gott zu haben? Könnten Sie deswegen einen Priester um Rat fragen?

Ziel der ersten Priorität ist es, uns näher zu Gott hinzuführen. Wenn Sie sich bewusst Zeit für ihn nehmen und dabei konsequent bleiben, unternehmen Sie einen enormen Schritt hin zu einer vertraulichen Beziehung mit ihm. Machen Sie sich immer stärker bewusst, dass Gott in Ihrem Leben anwesend ist. Wenn Sie auf Ihren Plan schauen oder einen Moment freie Zeit haben, erheben Sie Ihr

Herz in einem kurzen Gebet zu Gott und bitten ihn um seinen Segen oder seine Hilfe für die nächsten Stunden. So wird Ihr ganzer Tag von seiner Gnade erfüllt – oder Ihr ganzes Leben, wenn Sie sich dieses Gebet zur Gewohnheit machen: Gott wird in Ihr Leben eintreten.

Leserstimmen von Müttern

> „Die Fragen hinten finde ich super. Ich schaffe aber nicht so viel wie Holly, allerdings denke ich auch nicht, dass Gott das von mir verlangt. Ich versuche, in der Frühe eine Viertelstunde zu beten. Meine Kinder schlafen mittags nicht gleichzeitig, daher schaffe ich auch da nicht so ein Pensum wie Holly. Ich kämpfe halt um Zeit für Gott im Alltag. Einmal im Monat gehen wir mit der ganzen Familie zur Anbetung. Und das Abendgebet mit den Kindern ist mir sehr wichtig. Wir beten frei, aber es ist kein Kindergebet, denn die Kinder sollen sehen, wie wir mit Gott sprechen. Es ist ein Familiengebet, kein Kindergebet."

„Vielleicht sollte ich langsam beginnen. Man darf sich nicht abschrecken lassen von dem Ausmaß der Gebete Hollys. Man soll sich nicht überfordert fühlen von Hollys Vorbild. Eine Lösung ist es zu beten, wenn die Kinder schlafen oder am Abend gemeinsam mit dem Ehemann, oder in die Wochentagsmesse zu gehen. Konkrete Vorsätze sind sinnvoll, und man muss den Ehepartner dabei einspannen: zusammen zur Anbetung, sodass einer herausgehen kann. Das konkrete Nachdenken über die eigenen geistlichen Vorlieben und Bedürfnisse anhand der Fragen ist nützlich!"

> „Für mich ist es eine Ermutigung, mehr Orientierung in mein Gebetsleben zu bringen, aber ich weiß, dass ich

ganz klein beginnen muss, sonst gebe ich sofort wieder auf. Ich bin froh, wenn ich es schaffe, zehn Minuten Zeit zum Beten zu finden, wenn die Kinder mittags schlafen."

> „Eine Freundin von mir stellt sich für jede Stunde eine Erinnerung im Handy ein, und dann betet sie ein Stoßgebet, wenn das Handy piepst."

> „Meine Tante betet beim Bügeln immer für den, dem das Kleidungsstück gehört, das sie gerade bügelt."

> „Genaue Zeiten funktionieren für mich als Mutter mit kleinen Kindern nicht. Aber es hilft, einen Rhythmus zu haben. Wenn die Kinder schlafen, nehme ich mir fünf Minuten für das Gebet."

Viertes Kapitel

Zweite Priorität:
Die eigene Person

Gott hat jedem ein großes Geschenk gemacht: die eigene Person. Möglicherweise sind wir es nicht gewohnt, uns so zu betrachten, doch es ist wahr: Die eigene, einzigartige Person ist ein besonderes Geschenk von Gott. Er möchte, dass wir heilig, glücklich und gesund werden. Damit das geschehen kann, müssen wir uns selbst kennenlernen: unsere guten und schlechten Seiten, unsere Talente, unsere Schwächen und Unzulänglichkeiten. Erst wenn wir uns wirklich kennen und uns mit Gottes Augen sehen, können wir so werden, wie Gott uns haben möchte. In Einklang mit Gottes Plan zu leben, ist der wahre Weg zur persönlichen Gesundheit.

Chaos im Inneren

In den Monaten nach meiner Bekehrung war ich nicht sonderlich davon überzeugt, dass ich ein Geschenk an mich selbst bin. Ich erinnere mich an eine Nacht, in der ich im Bett lag und die Augen starr zur Decke gerichtet hatte. Meine Mutter kam ins Zimmer, setzte sich auf mein Bett, nahm meine Hand, streichelte sie ein bisschen und fragte mich, was mit mir los sei.

„Schon eine ganze Weile fühle ich mich furchtbar schlecht. Ich weiß nicht, wie ich damit umgehen soll." Wir redeten ungefähr eine halbe Stunde lang miteinander. Ich vertraute ihr dabei an, was ich gerade durchmachte.

In meinem Inneren herrschte ein riesiges Chaos, was mir auch bewusst war. Ich war furchtbar unglücklich. Die ganze Zeit über fühlte ich mich schlecht. In meinem Kopf sah es ständig düster und chaotisch aus. Ich nannte diesen Zustand Depression, aber in Wirklichkeit war es noch viel schlimmer – einfach unbeschreiblich. Ich wollte ausreißen und verschwinden, aber ich wusste nicht, wovor und wohin! „Wenn ich mich nur in einer Höhle verstecken und dort einige Wochen bleiben könnte, das wäre herrlich“, dachte ich mir.

Nach außen hin ging es mir gut. Auch meine Kommilitonen und Dozenten auf der Universität waren der Meinung, dass alles in Ordnung sei. Die Vorlesungen interessierten mich und an den Debatten am runden Tisch im Speisesaal hatte ich Freude. Ich hatte gute Noten und wirkte so glücklich, dass einer meiner besten Freunde mir nicht glaubte, als ich ihm von meinen Depressionen erzählte.

Da ich mich nicht schlecht fühlen wollte, bemühte ich mich, meinen Zustand zu vergessen. Ich dachte, vielleicht verschwinden meine Probleme ja von selbst, wenn ich nicht weiter darüber nachdenke. Dies fiel mir leicht, solange ich so beschäftigt war, dass ich keine Zeit hatte, darüber nachzudenken, was in meinem Inneren vorging. Wenn ich ein interessantes Essay schreiben oder an einer Veranstaltung teilnehmen sollte, ging es mir gut. Doch jede Nacht musste ich in die Stille meines Schlafzimmers zurückkehren und sofort waren meine ganze Hoffnungslosigkeit und die Depressionen wieder da.

Wenn man nicht versteht, was in einem vorgeht, ist es normal, sich ablenken zu wollen. Ablenkung bedeutet jedoch Flucht. Doch weder ein physischer noch ein innerer Schmerz können durch den Versuch, ihn zu verstecken oder ihm keine Aufmerksamkeit zu schenken, gelindert werden. Mein innerer Schmerz war ein Zeichen für die Unordnung in meiner Seele. Ich sollte mich mit den Ursachen dieser Unordnung beschäftigen und nicht nur mit den Symptomen. Was ging in mir vor? Wie konnte ich mich ändern? Wie konnte ich heilig, glücklich und gesund werden?

Was ist der Mensch?

Ich begann, Antworten auf diese Fragen zu suchen, und erfuhr dabei interessante und wichtige Dinge über den Plan, den Gott für mich hat. Ich lernte, dass die Menschen eine einzigartige Brücke zwischen geistigen und materiellen Kreaturen bilden – denn sie sind geschaffen aus einem Körper und einer Seele, die unzertrennlich miteinander verbunden sind.

Wir haben vieles mit den Tieren gemeinsam, wie zum Beispiel den Körper, Instinkte und Sinne, aber auch mit den Engeln: Wir haben eine Seele und sind somit nach dem Bild Gottes geschaffen, der Geist ist.

Wir haben Verstand und Willen und damit auch die Fähigkeit, zu erkennen und zu denken und uns frei zu entscheiden. Mitten in der Seele gibt es einen geheimnisvollen Ort, der das „Herz" genannt wird. Er ist der Sitz der Emotionen. Dort, im Herzen, entscheiden wir, unser Leben für Gott oder für uns selbst zu leben (KKK, 368). Da das Herz sehr eng mit dem Willen verbunden ist, ist es der tiefste Teil unserer Persönlichkeit, das Wesen unseres Seins schlechthin. Unser Herz ist dort, wo Gott wohnt. Unsere Herzen sind dort, wo wir lieben.

Gottes Plan für uns

Der ursprüngliche Plan Gottes zeigt sich im Geschenk der ursprünglichen Heiligkeit und Gerechtigkeit, das Adam und Eva bei der Schöpfung erhalten haben. Die verschiedenen Bereiche ihrer Persönlichkeit waren in vollkommenem Einklang miteinander. Ihre Herzen waren mit Gott vereint.[7] Ihr Verstand sagte ihnen, was objektiv gut ist. Angezogen durch das Gute und gestärkt durch Gnade, hat sich ihr Wille dann auch frei für dieses objektiv Gute entschieden. Da Verstand und Wille auf natürliche Weise funktionierten, waren auch ihre Gefühle ein ermunterndes Geschenk von Gott, eine starke und positive Kraft, die ihnen bei der Umsetzung ihrer Entscheidungen half. Alles, was sie taten, war vernünftig. Ihre Herzen wollten Gutes tun. Sie entschieden sich stets bewusst für das Gute. Deshalb lebten sie intensiv in der Gnade Gottes. Tief in ihren Herzen erfuhren sie die ständige Anwesenheit Gottes und hatten ihren Frieden. Sie waren glücklich. Dieses Glück ist auch Gottes Plan für uns.

Die Sünde bringt unser Inneres durcheinander

Durch die Sünde setzten sich Adam und Eva selbst an die erste Stelle. Sie stellten ihre eigenen Sehnsüchte über Gottes Gesetz. Damit verletzten sie die Herrschaft von Verstand und Willen über die Begierden. So begann ihr innerer Konflikt zwischen den verschiedenen Bereichen des menschlichen Seins. Dies beeinflusst auch uns. Auch wir erleben innere Spaltung und eine Störung der inneren Ruhe und der Einheit unserer Persönlichkeit, die Gott für uns vorgesehen hat. Wir bezeichnen dies als „Begierde“ (KKC, 2515).

---

[7] Vgl. Adolphe Tanquerey, SS, DD, The Spiritual Life: A Treatise on Asceletical and Mystical Theology, trans. Rev. Herman Branderis, SS, DD, Tournai, Belgium: Society of St. John the Evangelist, Desclée and Co. Publishers, 1930.

Diese spüren wir jedes Mal, wenn wir genau wissen, dass es jetzt gut wäre, bestimmte Dinge zu erledigen, und doch in unserem Inneren ein Widerstand dagegen vorhanden ist. Wir erleben sie, wenn wir zu viele Süßigkeiten essen, zu lange schlafen oder uns in sündhafte Handlungen verstricken wollen. Da der Wille gestört und geschwächt ist, ordnen wir ihn nicht dem objektiv Guten unter, sondern folgen unseren eigenen Leidenschaften. Oft beschäftigen wir uns mit Dingen, die uns im Moment gut zu tun scheinen, in Wirklichkeit aber schaden können. Da auch der Intellekt von der Erbsünde verletzt ist, sind wir für die Wahrheit weniger empfänglich, als Gott ursprünglich geplant hatte. So verharrt der Wille in Unwissenheit und die Entscheidungsfähigkeit ist geschwächt. Da unsere Herzen nicht in Einklang mit Gottes Willen stehen, suchen wir die Erfüllung unserer Sehnsüchte im Egoismus. Die Gefühle werden so zu einer mächtigen Waffe gegen den Verstand.

Der Widerstand gegen die Sünde beeinflusst unsere Persönlichkeit

Mir wurde bewusst, dass ich diese Störung meiner Persönlichkeit nicht nur durch die Erbsünde geerbt, sondern sie durch meine eigenen Sünden noch verschärft hatte. Jedes Mal, wenn ich mich für die Sünde entschied, trieb ich den Prozess der Zerstörung voran. Da ich Gottes Gnade in meinem Herzen ablehnte, konnten Leidenschaften die Herrschaft über meine Seele übernehmen. Ich hatte meinen Willen geschwächt und mein Denken verdunkelt.

Wenn wir über die zweite Priorität nachdenken, die eigene Person, ist es wichtig zu erkennen, dass genau dies alle betrifft. Die geistliche

Gesundheit beeinflusst die körperliche Gesundheit. Es gibt jedoch eine Medizin. Um persönliche Ausgeglichenheit wiederzuerlangen, die Ordnung im Inneren wiederherzustellen, müssen wir der Beziehung zu Gott angemessen Platz einräumen.

Erstens müssen wir uns fest vornehmen, uns an die Gebote zu halten, die Gott uns offenbart hat. Er gab sie uns zu unserem Wohl – nicht erst für die Ewigkeit, sondern damit wir bereits hier gesund und glücklich leben können.

Zweitens müssen wir regelmäßig das Bußsakrament empfangen. So werden die Risse in unserer Persönlichkeit geheilt, die durch die Sünde verursacht wurden. Auch das Gebet trägt zur persönlichen Heilung und Entwicklung bei.

Drittens müssen wir unser Wissen über den Glauben vermehren, denn unser Verstand kann unseren Willen nicht für etwas gewinnen, was er gar nicht kennt. Ein solches Studium, das unseren Willen stärkt, wird auch Gewissensbildung genannt.

Psychische und emotionale Gesundheit

Ich versuchte, mein Verhalten allmählich zu verbessern. Ich versuchte, mehr über Gottes Gebote zu lernen, nach denen ich leben soll, und ging öfter zur Beichte. Das emotionale Chaos in meinem Inneren dauerte jedoch an. Langsam wurde mir bewusst, dass noch etwas Anderes meine Gesundheit beeinflusste: Meine Depressionen waren ein Zeichen dafür, dass in meinem Inneren irgendetwas passierte – was es war, musste ich noch herausfinden.

Doch wo sollte ich anfangen? Zuerst las ich einige gute Bücher über Depressionen. Da mir klar wurde, dass ich fachlichen Rat benötigte, suchte ich einen Psychologen und einen Psychiater auf. Schrittweise analysierte ich mein Leben. Ich versuchte, Abstand zu gewinnen und zu verstehen, warum ich so reagierte, wie ich reagierte. Ich fragte mich: Warum fühle ich mich so? Warum gehen mir bestimmte Dinge auf die Nerven? Wann habe ich so etwas schon einmal erlebt? Worüber muss ich nachdenken? Als ich diesen Prozess durchlief, lernte ich mich selbst etwas besser kennen.

Ich wusste, dass der Körper auf komplizierte Weise mit dem Geist verbunden ist und dass es für all das, was ich gerade durchmachte, physiologische Gründe geben könnte. Daher konsultierte ich viele Ärzte. Erst nach vielen Jahren fand ich eine Ursache in der Ernährung, da diese meine Stimmung in gewisser Weise beeinflusste. Zugleich brauchte ich als Mutter, die oft bis spät in die Nacht aufblieb und bei ihrem weinenden Baby war, genügend Schlaf und Ruhe. Auch Gymnastik kann die Stimmung positiv beeinflussen, was inzwischen ärztlich anerkannt ist. Wenn man die physische Gesundheit pflegt, beeinflusst dies auch die psychische und emotionale Gesundheit.

Ich suchte die Lösung für meine Probleme in meinen früheren Beziehungen. In meinem Leben bin ich Menschen begegnet, die mich verletzt und enttäuscht hatten oder von denen ich dachte, dass sie mich ablehnten. Ich dachte nicht darüber nach, ob ihre Beweggründe schlecht sein könnten, sondern bemühte mich, eine Erklärung für ihr Verhalten zu finden. Ich diskutierte mit mehreren Leuten über verschiedene Situationen, die ich erlebt hatte, um ihre Meinung dazu zu hören. Am wichtigsten jedoch war für mich, dass ich lernte, die Kränkungen, die mir zugefügt worden waren, zu verzeihen.

Um den zweiten Lebensbereich in Ordnung zu bringen, sollte man also genau untersuchen, was in einem vorgeht, und versuchen, Lösungen für seine Probleme zu finden. Wir alle haben unsere individuellen Probleme, die durch den Charakter, physiologische Vorgänge und die Lebensgeschichte bedingt sind. Für emotionale und psychische Schwierigkeiten kann es vielfältige Gründe geben. Ebenso viele Möglichkeiten gibt es, daran zu arbeiten: Studium, Beratung oder Selbstanalyse, eine Änderung der Ernährungsgewohnheiten, Sport, Ruhe und notfalls auch Medikamente können hilfreich sein. Für unsere psychische und emotionale Gesundheit müssen wir alles Notwendige tun, denn ohne sie können wir unsere Berufung nicht verwirklichen. Wir können anderen Menschen nichts geben, was wir selbst nicht haben. Wir können unserer Familie nicht voll und ganz dienen, wenn sich der Blick ständig auf den eigenen inneren Schmerz richtet.

Gott will seine Arbeit erledigen

Auch wenn ich an der Wiederherstellung meiner emotionalen und geistigen Gesundheit sehr hart gearbeitet hatte, hatte ich selbst nach Jahren immer noch Schwierigkeiten. Manchmal überfiel mich unerwartet ein Gefühl großer Belastung, fast wie eine Finsternis, die mich völlig lähmte. Es gab Tage, an denen ich morgens nach dem Aufstehen nicht in der Lage war, meinen Pflichten nachzugehen. Ich fühlte mich durch den Kampf in meinem Inneren zermürbt. Ich konnte nie sagen, ob es mir gut oder schlecht ging. Dieses ganze Drama belastete mich immer mehr.

Daher vertraute ich mich der Jungfrau Maria an. Ich bat sie, mir jemanden zu schicken, der mir helfen könnte, meine Probleme zu lösen. Ich übergab alles an Gott, so gut ich konnte. Eines Tages erhörte er mich. Ich ging in den Beichtstuhl.

„Vater, in der vergangenen Woche, am Karfreitag", flüsterte ich dem Priester hinter dem Gitter zu, „war ich gerade bei der geistlichen Lesung. Ich ertappte mich dabei, dass ich darüber lachte. Ich lachte mich aus! Dabei habe ich doch einen festen Glauben und ich weiß wirklich nicht, woher das kommt."

„Wie ist Ihr Leben sonst?" fragte der Priester.

„Mein Leben ist ein einziges Chaos!", bekannte ich. „Ich weiß nicht, woran ich leide; vielleicht könnte man es Depressionen nennen, vielleicht aber doch nicht. Alles, was ich Ihnen sagen kann, ist, dass ich mich elend fühle und mein Leben sehr belastend finde."

„Haben Sie schon mal mit jemandem darüber gesprochen?", fragte er. Ich ging um das Gitter herum und setzte mich auf den Stuhl, der ihm gegenüberstand.

„Ich habe alles getan, was ich konnte. Ich bin zu einer Psychologin gegangen und habe ihr alles so detailliert erzählt, dass mir die Tränen kamen und ich meine Taschentücher gebraucht habe. Ich ging zu Psychiatern, Ärzten, ja sogar zu Gynäkologen, weil ein Prämenstruelles Syndrom (PMS) vermutet wurde. Ich verzichtete auf Süßigkeiten, Kaffee und Rauchen. Geändert hat sich aber nichts, und da habe ich mit all dem wieder angefangen. Ich war auch bei Priestern. Einer litt genauso wie ich, konnte mir jedoch keine Lösung anbieten. Ein anderer begleitete mich zur Tür mit den Worten, dass es östlich von Ottawa niemanden gebe, der mir helfen könnte. Mit allen Kräften analysierte ich mein Leben. Ich betete eine Novene nach der anderen, las alles, was mir in die Hände kam, aber die negativen Gefühle verschwanden nicht vollständig. Ob ich das mit jemandem besprochen hätte? Ob ich etwas dagegen unternommen hätte? Ja, natürlich."

Der Priester schwieg eine ganze Weile. „Also …", setzte er an und verfiel dann wieder in Schweigen. Schließlich sagte er: „Gott will nicht, dass Sie so leben, wie Sie es derzeit tun."

„Was?", platzte es enttäuscht aus mir heraus. Ich sagte ihm, dass ich Gott meinen Zustand bereits jahrelang als Kreuz aufgeopfert hätte.

„Das ist kein gottgewolltes Kreuz", wandte er ein. „Gott will Sie gesund machen und ich helfe Ihnen, bis er es getan hat!" Nach diesen Worten stand er von seinem Stuhl auf, legte mir die Hände auf und betete still und konzentriert.

Ich fühlte, wie mein ganzer Körper von Wärme überflutet wurde. Was der Priester danach noch sagte, habe ich mir nicht mehr gemerkt. Ich weiß nur noch, dass ich ihn um einen weiteren Termin bat. Den Beichtstuhl verließ ich in der Hoffnung, dass nun zum ersten Mal seit meiner Bekehrung etwas gegen meine Launen und die persönlichen Kämpfe, die ich erlebte, unternommen werden könnte. Am meisten beeindruckte mich die Zusage des Priesters, mir beizustehen, bis es mir besser geht. Nie zuvor hatte jemand so etwas zu mir gesagt.

Gottes heilende Kraft

Auf der Fahrt zu unserem nächsten Termin wurde mir schlecht, aber nichts konnte mich mehr davon abhalten, eine Lösung für meine Probleme zu suchen. Als ich das Büro des Priesters betrat, fühlte ich mich wieder ganz normal. Wir sprachen über meine Vergangenheit und die Erziehung, die ich erlebt hatte. Der Priester sagte mir, dass er ein Heilungsgebet sprechen würde – es sollte meine Erinnerungen heilen. Er wolle mir die Hände auflegen und anfangen.

„Gut“, stimmte ich zu und er begann zu beten.

Er führte mich durch alle wichtigen Abschnitte meines Lebens und zu allen Menschen, die ich kannte und die in meinem Leben eine wichtige Rolle spielten, und betete für sie. Wieder fühlte ich diese Wärme am ganzen Körper. Mir wurde bewusst, dass dies keine hormonelle Hitzewallung, sondern die Anwesenheit des Heiligen Geistes war.

Auf dem Weg nach Hause geschah etwas Eigenartiges mit mir. Geschehnisse aus meinem Leben liefen in meinem Kopf wie ein Film ab. Die einzelnen Szenen wechselten so schnell, als würde mein ganzes bisheriges Leben im Zeitraffer ablaufen. Ich spürte Gottes Gegenwart so stark, dass ich fassungslos zuhause ankam.

Die ganze Nacht über, bis zum nächsten Morgen, hatte ich ein großartiges Gefühl der Erleichterung. Ich kam mir vor wie ein Schnellkochtopf, aus dem man den Dampf und damit den Druck abgelassen hatte. Ich seufzte, seufzte und seufzte immer wieder. Ich merkte, dass die Last von meiner Brust verschwand und durch eine innere „Leichtigkeit" ersetzt wurde, wie ich sie nie zuvor erlebt hatte. Dann stand ich in der Küche und sagte zu Philip: „Ich kann mit dem Seufzen nicht aufhören!" Mir wurde bewusst, dass Gott mit mir etwas Besonderes gemacht hatte. Ich nenne diesen Vorgang einen „geistlichen Eingriff". Als ich alles getan hatte, was in meiner Macht stand, und auf eine Mauer gestoßen war, kam der himmlische Arzt und heilte mich von allen Verletzungen und schlechten Erinnerungen, ja sogar von solchen, die ich bis dahin nie bewusst wahrgenommen hatte. Ich wunderte mich darüber, dass Gott bei allen diesen Ereignissen und in allen zwischenmenschlichen Beziehungen bei mir gewesen war. Er liebte mich immer, auch wenn es so aussah, als wurden mich die anderen nicht lieben. Es freute mich, dass Gott mich liebte, meinen Schmerz verstand und mir helfen wollte.

Gott will, dass wir uns – soweit es in unserer Macht steht – selbst helfen, heil zu werden. Wir sollen alle Mittel nutzen, die er uns gegeben hat, damit wir seine Gnade empfangen können: das Gebet, Sakramente und Studium, aber auch Hilfestellungen von Spezialisten und Ratschläge von der Familie oder von Freunden. Ich glaube aber auch, dass Gott direkt eingreifen will, wenn dies keine Erleichterung bringt. Wenn keine Hoffnung mehr bestand, hat er schon oft Wunder vollbracht. Ich halte es nicht für anmaßend, ihn um ein solches Wunder zu bitten.

Wir lernen, die Zeichen zu erkennen, mit denen Gott uns zeigen will, dass und wo wir seine Hilfe brauchen. Bei mir waren solche Zeichen z. B. Magenprobleme, andauernde Schmerzen oder dass ich zu weinen begann, wenn ich mich an bestimmte Ereignisse erinnerte, die schon zwanzig Jahren zurücklagen. Verletzungen, die noch solche Gefühle hervorrufen können, sind noch nicht vernarbt, sondern in Wirklichkeit offene Wunden.

Diese Art von Schmerzen unterscheidet sich von denen, die wir bei der Seelenreinigung durch Gott, der „finsteren Nacht", erleben können, die ebenfalls unangenehme Gefühle hervorruft, jedoch anderer Art. Solche Handlungen von Gott sind nicht notwendig mit einem bestimmte Ereignis oder einer Erinnerung verbunden, vermischen sich oft jedoch mit der Erfahrung, von Gott Trost zu bekommen, und Momenten des Friedens. Ein Mensch, der von Gott gereinigt wird, bemerkt in sich eine Veränderung. Dies geschieht, wenn wir im Einklang mit Gottes Willen den Weg der Reinigung gehen. Der Schmerz der Reinigung schenkt uns die Gnade, dass wir uns vertrauensvoll dem Vater übergeben und uns ihm mit Jesus opfern können. Ein Schmerz dagegen, der der Heilung bedarf, bringt Hoffnungslosigkeit und Entmutigung mit sich.

Geistiger Kampf und Befreiung

Zwei Wochen später war ich wieder im Büro des Priesters. „Irgendetwas ist hier nicht richtig“, sagte er. „Sie haben getan, was Sie nur konnten: Sie waren bei Ärzten und Psychologen, haben gebeichtet, eine Heilung der Erinnerungen versucht und die Krankensalbung empfangen. Ich denke, dass Sie ein Befreiungsgebet brauchen.“

„Befreiung?“, fragte ich verwirrt.

„Befreiung von der Belästigung durch böse Geister. Irgendwo in Ihrem Leben haben Sie dem Teufel die Tür geöffnet und er konnte in Ihr Herz eintreten.“

Konnte es so gewesen sein? Es war tatsächlich so: Als ich neun Jahre alt war, hatte ich begonnen, mich für Okkultismus zu interessieren. Ich las alle möglichen Bücher zu den Themen Poltergeist, Astrologie, Geister und Geisteswelten, Handlesen, Voodoo etc. Ich hielt mit meinen Freunden spiritistische Sitzungen ab und verwendete ein Ouija-Brett. So entstand eine tiefe Verbindung mit dem Okkultismus, die erst endete, als ich mit 17 ein furchtbares Erlebnis mit der Dämonenwelt hatte. Es war so schrecklich, dass ich danach alles wegwarf, was nur irgendwie mit Okkultismus zu tun hatte, nie mehr etwas darüber las und auch nicht zuließ, dass in meiner Nähe irgendetwas Okkultes unternommen wurde. Irrtümlicherweise vermutete ich, dass das Thema damit für mich erledigt wäre.

Der Priester schickte mich nun zu einem anderen Priester, der sich mit solchen Dingen auskannte.

„Wissen Sie, der Teufel kann die verschiedensten Dinge mit uns tun“, sagte er zu mir. „Zunächst kann er uns in Versuchung führen. Dies geschieht mit jedem Menschen ohne dessen Zustimmung. Auf der anderen Seite kann er jemanden in Besitz nehmen – jemand kann vom Teufel besessen sein. Dies geschieht gewöhnlich nur, wenn der Teufel von der betreffenden Person dazu eingeladen wird.“

Dazwischen lägen die so genannten „Angriffe“. Die Menschen öffneten sich ihnen meist auf dreierlei Art: durch Promiskuität, Gebrauch von Drogen oder Beschäftigung mit Okkultismus. Bei solchen Angriffen tobe der Teufel auf den Emotionen herum wie ein wilder Hengst. Einen Moment lang schwebe man in den Wolken, doch in den darauffolgenden Stunden sei man am Boden zerstört. Am nächsten Tag sei alles wieder wunderbar, doch in den darauffolgenden Wochen komme man aus seiner düsteren Laune nicht mehr heraus. Der Teufel verstecke sich meist hinter anderen Zuständen, um unserer Aufmerksamkeit zu entgehen.

Wir vereinbarten für diesen Abend ein Treffen für ein Befreiungsgebet. Der Priester, den mir mein Seelsorger empfohlen hatte, begann mit einer sorgfältigen Untersuchung meiner geistlichen Zustände. Dazu gehörte auch, dass ich mich mit festem Entschluss von den Sünden meiner Vergangenheit abwandte und dem Teufel widersagte, wie man es auch in der Erneuerung des Taufversprechens in der

Osternacht tut. Ich denke, dass es auf diesem Gebiet ohne die Gabe der Unterscheidung der Geister und das Eingreifen eines erfahrenen Priesters keine vollständige Befreiung gibt. Die Bedeutung des Priesters für den Befreiungsdienst ist nicht zu unterschätzen. Für eine tiefgehende Befreiung muss dieser vom Bischof beauftragt sein. Einige Gnaden sind nur durch den Priester zu bekommen. Dies ist eine Entscheidung Gottes, die wir akzeptieren müssen.

Die Notwendigkeit geistlicher Begleitung

Meine Erfahrungen zeigen vielleicht, wie wichtig es ist, in die Lebensregel regelmäßige Zeiten für geistliche Begleitung aufzunehmen. Was sich im eigenen Inneren abspielt, kann man selbst oft nicht richtig erkennen. Ein Blick von außen, der Blick eines vom Glauben erfüllten Menschen, ist dagegen klarer. Die Störung unserer Persönlichkeit, die Sünde, seelische und emotionale Wunden, schmerzhafte Erinnerungen, Angriffe böser Geister, ja selbst die Reinigung durch Gott können in uns Verwirrung hervorrufen. Wir brauchen einen Begleiter, der uns hilft, den Weg zu finden, den wir gehen sollen.

Damit eine geistliche Begleitung erfolgreich ist, muss man sich zu vollkommener Aufrichtigkeit gegenüber dem Beichtvater oder geistlichen Begleiter verpflichten. Denn Priester können keine Gedanken lesen. Der geistliche Begleiter soll ein vollständiges Bild bekommen, daher darf man nichts verstecken oder scheinbar unwichtige Details auslassen. Denn dies kann verhindern, dass Gottes Gnade vollständig in der Seele wirkt. Auch in Dingen, die unwesentlich erscheinen mögen, kann der Schlüssel zum Heil liegen.

Geistliche und persönliche Freiheit erfordert, dass wir alles, was wir tun sollen, mit ganzem Einsatz tun. Was der geistliche Begleiter sagt, ist keine Willkür, sondern eine wirkliche Führung Gottes, da er Gott vertritt. Wir müssen lernen, ihm gehorsam zu sein.

Die Suche nach christlicher Freiheit

Nach den Gebeten um Genesung und Befreiung fühlte ich mich wie neugeboren. Alles ging mir leichter von der Hand. In meinem Leben hatte ich schon viele Kursänderungen vornehmen müssen, um ein ausgeglichener Mensch zu werden. Doch trotz Gottes außerordentlichem Eingreifen hatte ich noch immer ein Problem, ein elendes kleines Motto, das mich schon mein ganzes Leben lang begleitet hatte: „Ich will aber nicht!" Von allen Schwierigkeiten, auf die ich bei meiner Suche nach persönlichem Wohlbefinden gestoßen war, war der innere Aufruhr mein größter Feind. Ich wehrte mich dagegen, meinen eigenen Willen loszulassen, und widersetzte mich dem, was ich tun sollte. Stattdessen lebte ich, wie ich wollte. Doch dies hinderte mich daran, Gott näher zu kommen und dadurch mein Glück zu finden.

Was sollte ich tun? Ich erinnerte mich an einen Satz, den Father Ton Daley, mein Universitätsprofessor, uns über die Freiheit gesagt hatte: „Freiheit heißt, Verantwortung für den zu übernehmen, der man sein wird." Dies war für mich keine leichte Vorstellung. Die Vorstellung unserer Gesellschaft über Freiheit und meine eigene passten bestens zusammen. Freiheit bedeutete für mich das „Recht", zu tun, was ich wollte, ohne äußere Einschränkungen. Ich musste mir jedoch eine Frage stellen: „Ist das wirklich Freiheit, wenn ich nur tue, was mir gefällt – auch dann, wenn es mich verletzt? Wenn mir schwerfällt, das zu tun, was für mich das Beste ist, kann ich dann aufrichtig sagen, dass ich frei bin?"

Wahre christliche Freiheit bedeutet etwas anderes: bereitwillig alles Notwendige zu tun, um die innere Ordnung wiederherzustellen, die Gott für einen vorgesehen hat. Nur dann können wir Gott erfahren, der in uns wohnt.

„Diese Freiheit ist nicht angeboren, sondern wir haben sie uns angeeignet. Sie ist keine Folge unseres Charakters, sondern Frucht der Erziehung, die wir genossen haben. Wir müssen sie immer und immer wieder erlangen. Dies bedeutet einen ständigen Kampf gegen unsere Begierden, Neigungen, Triebe und Leidenschaften, die uns gefährden und zum Sklaven machen. Wir müssen uns der Stimme des Geistes unterordnen, unsere Pflichten treu erfüllen, zu unserem Wort stehen, die Prinzipien des Glaubens einhalten, konsequent unserem Gewissen und auf Gott vertrauen. Das sind die Garantien für echte Freiheit. Gott zu dienen bedeutet, sich zu beherrschen."[8]

Wir sind somit alle zur christlichen Freiheit berufen, d. h. wir sollen Verantwortung für die Person übernehmen, die Gott aus uns machen möchte. Deshalb müssen wir eines Tages beginnen, bewusst nach dem Willen Gottes, wie wir ihn erkannt haben, zu leben. Mir wurde z. B. irgendwann klar, dass ich aufhören sollte, so viel zu lesen, und stattdessen anfangen sollte, so zu handeln, wie ich es in den Büchern gelernt hatte.

---

[8] Franz de Hovre, Ph.D., Catholicism in Education, trans. Rev. Edward B. Jordan, MA, St.D., New York: Benzinger Brothers, 1934 (Übersetzung KM).

Um Gott einen Weg in mein Herz zu ebnen, musste ich das Gute einüben. Mit der Zeit stärkt die Gewohnheit, Gutes zu tun, den Willen und hilft, Begierden zu zügeln.

Da zeigte sich mein furchtbares kleines Motto! Manchmal kam es mir schrecklich vor, wenn ich mich von meinem Gewissen leiten ließ und tat, was Gott von mir wollte oder was mir für mich oder andere das Beste zu sein schien. Das Leben kann fad und trist erscheinen, wenn man nicht tun kann, was man gerne möchte!

Ich war dafür verantwortlich, mein Leben an Gottes Willen auszurichten. Oft wollte ich mich jedoch dieser Verantwortung entziehen, weil irgendjemand nicht getan hatte, was ich erwartet hatte. Wenn Gott nicht zu mir sprach, wollte ich mit dem Gebet pausieren. Wenn mein Mann schlechte Laune hatte, hatte ich keine Lust, ihn mit Respekt zu behandeln. Wenn die Kinder laut oder trotzig waren, reagierte ich ungeduldig und unbeherrscht.

Wenn ich dafür verantwortlich bin, wer ich werden soll, dann ist es gleichgültig, ob irgendjemand irgendwo auf der Welt nach meinen Vorstellungen handelt oder nicht. Ich bin Gott gegenüber für das verantwortlich, was ich tue. Das ist christliche Freiheit.

Denn die Berufung, Jesus nachzuahmen, ist grundsätzlich ein Kampf! Dieser Weg ist nie leicht! Ich erinnere mich an folgende Worte, die Papst Johannes Paul II. beim Weltjugendtag 2002 gesprochen hatte:

„Der Mensch ist für die Glückseligkeit geschaffen. Euer Durst nach Freude, nach Glück ist also berechtigt. Christus hat die Antwort auf eure Erwartungen. Aber er bittet euch, ihm zu vertrauen. Die wahre Freude ist eine Errungenschaft, die erst nach einem langen und schwierigen Kampf erzielt wird. Christus hat den Schlüssel zu diesem Erfolg."[9]

Wer eine Lebensregel hat, muss sich also dazu verpflichten, seine Aufgaben zu erfüllen, und Gott um eine Veränderung des Herzens bitten. Gott wird dann in ihm wirken, das kann allerdings manchmal weh tun. Doch nach der Kreuzigung folgt die Auferstehung. Die Ordnung der Seele ist wiederhergestellt, Frieden und Trost erfüllen das Herz.

Erneut zur Unversehrtheit gelangen

Ich atmete auf, als ich feststellte, dass der Weg zur persönlichen Unversehrtheit tatsächlich ein Prozess ist. Denn das bedeutet, dass ich nicht gleich perfekt sein muss. Ich musste nicht mehr jemand sein, der ich nicht war. Ich konnte meine persönlichen Fehler eingestehen, denn wenn Gott mich nicht drängt, konnte auch ich Geduld mit meinem Wachstum haben.

Doch eine andere Entdeckung, die ich gemacht hatte, war für mich noch wichtiger: Da Gott in unseren Herzen wohnt, muss ich nicht die Augen nach oben zu den Wolken richten, wenn ich zu ihm aufschauen will. Unser Weg zu Gott ist kein äußerer, sondern ein innerer. Man kann Gott nur näherkommen, indem man Ordnung in

[9] XVII. Weltjugendtag, Begrüßungsfest für die Jugendlichen, Ansprache des Heiligen Vaters Johannes Paul II., Toronto, 25. Juli 2002.

die eigene Seele bringt, sodass man ihn in sich erfahren kann. Wenn die Gefühle außer Kontrolle geraten sind und der Geist verwirrt ist, wenn der Wille schwach und unentschieden ist und die Vorstellungskraft auf Hochtouren läuft, herrscht im Inneren ein so großer Lärm, dass die stille Stimme des Herrn, der im Herzen anwesend ist, nicht mehr hörbar ist. Die Unordnung in meinem Inneren führte dazu, dass ich ihm gegenüber taub war.

Ich entdeckte, dass ich persönliche geistige und körperliche Bedürfnisse hatte, die genauso wichtig sind wie meine täglichen Pflichten: ausreichend Schlaf, Zeit für Fitnessübungen und die richtige Ernährung. Außerdem musste ich mir mehr Freiräume für die „Stille Zeit“ nehmen.

Als Mutter fühlte ich mich jahrelang vollkommen erschöpft. Ständig riefen die Kinder nach mir, blieb Arbeit liegen, aber ich wusste nicht, wie ich das ändern könnte. Ich brauchte Zeit für mich allein und in Stille.

Ich sprach mit meinem geistlichen Begleiter über meine Sorgen. Er stimmte mir vollkommen zu. Er erklärte mir, dass mein Leben unausgewogen war und sich daran nichts ändern würde, wenn ich ständig nur zuhause blieb. Es würde mir sehr helfen, wenn ich regelmäßig einen Tag außer Haus verbringen könnte. Er ermunterte mich, mit meinem Mann darüber zu sprechen. So überlegte ich mir eine Strategie und sprach mit Philip. Ich sagte zu ihm, dass ich regelmäßig mehr Zeit für mich selbst für Stille, Gebet und Meditation bräuchte. Ich erzählte ihm von einer Bekannten, die auch Hausfrau und Mutter war und sich jeden Samstag frei nahm, ihr Mann hütete solange die Kinder. Ich sagte zu Philip, dass ich zwar am liebsten jedes Wochenende freie Zeit hätte, aber nicht glaubte, dass dies in unserer Familie möglich sei. Schließlich hätten auch er und die Kinder ihre berechtigten Bedürfnisse. Ich hielt es für eine vernünftige Idee, jeden zweiten Samstag für mich zu haben. Ich versicherte meinem Mann, dass mich mein geistlicher Begleiter in meinem Anliegen unterstützt und für mich diese Zeit der Stille und Meditation ein echtes persönliches Bedürfnis ist und nicht der Wunsch oder die Sehnsucht dahintersteckt, dem Alltag zu entfliehen.

Seine Reaktion schockierte mich ein wenig. Er meinte: „Ich kenne keine andere Frau, die alle zwei Wochen einen Tag frei hat!" Diese Sturheit war für ihn untypisch. Es folgte eine kurze Auseinandersetzung. Denn ich wollte für das einstehen, was meiner Meinung nach Gottes Willen entsprach. Zuletzt willigte Philip ein, und ich entschuldigte mich dafür, dass ich so wütend geworden war.

Ich wusste, dass sich selbst Jesus neben seiner Verkündigung Zeit für sich selbst reserviert hatte, die er ausschließlich mit dem Vater verbrachte. Und seine Arbeit war schließlich wichtiger als meine. Ich wusste, dass Jesus seine Jünger zur Einkehr und Meditation aufgerufen hatte. Ich wusste, dass Priester jede Woche einen freien Tag haben. Auch die heilige Elisabeth Seton ließ ihre Kinder am Sonntag zuhause, um zur heiligen Messe gehen und Freunde besuchen zu können. Ich dachte über all das nach und wusste, dass es vernünftig war. Es ging mir nicht darum, die Gutmütigkeit meines Mannes zu missbrauchen.

Philip machte sich natürlich Sorgen. Samstags hatte er immer eine lange Liste von Arbeiten, die er erledigen wollte – Reparaturen im Haus, Rasenmähen, Autopflege etc. – und ich ließ ihn mit fünf Kindern allein, das älteste war erst acht Jahre alt. Er wusste, dass er an einem Wochenende, an dem er mit den Kindern allein war, nicht so viel wie üblich schaffen würde. Er hatte daher gemischte Gefühle. Sein Eindruck war, dass er in eine Falle geraten war, und er fürchtete, samstags nicht alles Notwendige erledigen zu können. Für ihn war ab sofort jeder zweite Samstag „verloren". Auch er musste sich mit seinen Schwierigkeiten auseinandersetzen. Es schien, dass diese Situation einige davon ans Licht gebracht hatte.

Ich schlug ihm vor, für die Samstage, an denen ich nicht zuhause war, ein Kindermädchen zu nehmen. Philip war jedoch ein durch und durch guter Mensch und bemühte sich wirklich, diese Herausforderung anzunehmen. Am Samstagmorgen sagte er zu mir: „Geh ruhig! Und komm zurück, wann du möchtest." Aber dann kämpfte er doch mit dieser neuen Situation – ungefähr ein Jahr lang.

Ich kam oft in Versuchung, zuhause zu bleiben. Manchmal kam etwas dazwischen, meist bei Philip, und ich musste meine Interessen entschieden verteidigen. Philip lernte, bestimmte Dinge nicht ausgerechnet an meinem freien Samstag zu erledigen. Ein andermal fühlte ich mich schuldig oder unter Druck gesetzt, weil ich wusste, dass

Philip mit dieser neuen Regelung ein Problem hatte. Doch schließlich erkannte er, dass meine freien Tage ihn dazu brachten, sich stärker als Vater wahrzunehmen, und dass es für ihn gut war, dass ich diese Entscheidung getroffen hatte. Seitdem ist er völlig ausgeglichen, wenn er alle zwei Wochen mit den Kindern allein zuhause ist.

Ich kehrte von meinen freien Tagen immer ausgeruht zurück und konnte mit vollem Einsatz wieder in den Haushalt einsteigen. Das war für mich die Bestätigung, dass ich die richtige Entscheidung getroffen hatte. Philip schlug ich im Gegenzug vor, an den anderen Samstagen wegzugehen, wenn er wollte. An diesen Tagen wollte ich die Verantwortung für die Kinder übernehmen. Doch meistens bleibt er bei uns zuhause. Da er arbeitet, ist er froh, wenn er am Wochenende zuhause sein kann, und hat nicht so sehr wie ich den Wunsch, wegzugehen.

Einige Leute in meiner Umgebung waren über meinen „Muttertag" entsetzt, andere wiederum davon begeistert. Ich sah, dass einige Frauen sich auch so einen Tag wünschten, aber das Gefühl hatten, dies sei ein „Luxus", den sie sich nicht erlauben könnten. Ich denke, dass sich an meinem Beispiel zeigt, dass diese Art aufzutanken wichtig ist. Dom Chautard schrieb in seinem Werk „The Soul of the Apostolate" (deutsch: „Innerlichkeit. Die Seele allen Apostolats"): „Ein monatlicher Einkehrtag [ein oder zumindest ein halber Tag], an dem man sich ernsthaft um Ausgleich für die Seele bemüht, ist für einen aktiv arbeitenden Menschen unabdingbar." Und Mütter sind gewiss aktiv arbeitende Menschen!

So verlasse ich an meinem „Muttertag" das Haus, höre auf meinem Weg in die Stadt christliche Rockmusik in voller Lautstärke und singe lauthals mit! Dann gehe ich eine Weile spazieren, besuche meine Lieblingsbuchhandlung und lese ungefähr eine Stunde lang nur Überschriften. Irgendwo esse ich dann zu Mittag, setze mich hin und lese. Dann fahre ich am Hafen entlang, schaue eine Weile aufs Meer, schreibe an meinem Tagebuch weiter oder lese Lebensgeschichten von Heiligen. Später gehe ich zur Beichte und bete den Rosenkranz oder gehe zur Anbetung. Dann erledige ich noch einige wichtige Dinge, die keinen Aufschub haben dürfen, bemühe mich dabei aber, mich auf das Notwendigste zu beschränken.

Wie sehen die Früchte meiner freien Samstage aus? Nach Hause komme ich erst, wenn ich mit allem fertig bin, was ich mir vorgenommen habe – nicht eher. Manchmal um drei Uhr, meist aber um fünf oder sechs Uhr, einmal war ich sogar bis elf Uhr abends weg! Ich komme erholt zurück und bin wieder bereit, meine Pflichten als Mutter für die nächsten zwei Wochen auf mich zu nehmen. Meine Kinder, die meine Anwesenheit normalerweise als Selbstverständlichkeit betrachten, begrüßen mich schon an der Tür, als wäre ich jahrelang weg gewesen, und überschütten mich vor Wiedersehensfreude mit Küssen und Umarmungen.

Wenn Sie Ihre Lebensregel erstellen, sollen also auch Ihre berechtigten Bedürfnisse ihren Platz haben – alles, was für das persönliche Wohlbefinden notwendig ist. Eine solche Planung muss man mit der Familie abstimmen, aber es ist in Ordnung, dass die Familie für die Mutter ruhig auch mal ein Opfer bringt. Schließlich geht es um ihr Wohlbefinden und ihre Gesundheit.

Mit dem Plan anfangen

Zunächst sollten Sie dafür sorgen, dass die Bedürfnisse Ihres Körpers, des Geistes und der Seele erfüllt werden können. Konzentrieren Sie sich zu Beginn auf die grundlegenden Dinge und planen Sie genügend Zeit dafür ein. Da man in der Familie gemeinsam lebt, gilt vieles davon auch für die anderen Familienmitglieder. Darauf kann der Plan für die Familie aufbauen.

Reservieren Sie in Ihrem Notizbuch eine neue Seite für den „Tagesablauf", eine andere für den „Tagesablauf der Kinder". Gehen Sie folgende Fragen zuerst für sich selbst und danach für die Kinder durch:

Wie viele Stunden schlafe ich derzeit jede Nacht? Reicht mir das, oder bin ich schon mittags erschöpft? Wie viel Schlaf brauche ich? Sollte ich besser mehr oder weniger schlafen? Sollte ich mich vielleicht tagsüber mal hinlegen? Wann plane ich eine Pause dafür in den Tageablauf ein?

Legen Sie fest, wann Sie morgens aufstehen, sodass Sie genügend Zeit für die morgendlichen Pflichten haben. Ziehen Sie von der Uhrzeit, zu der Sie aufstehen, die Zahl der Stunden ab, die Sie an Schlaf brauchen, und rechnen Sie auf diese Weise aus, wann Sie schlafen gehen sollten.

Wenden Sie dieses Verfahren auch bei Ihren Kindern an und berücksichtigen Sie altersbedingte Unterschiede.

Entscheiden Sie sich für bestimmte Schlafzeiten und tragen Sie diese in das Notizbuch ein.

Wie viel Zeit brauche ich morgens im Bad, für Körperpflege? Wie viel Zeit sehe ich bisher dafür vor?

Stellen Sie nun diese Frage für Ihre Kinder. Benötigt eines von ihnen (oder mehrere) am Morgen Ihre Hilfe? Wenn ja, wie viel Zeit planen Sie dafür dafür ein und wann? Schreiben Sie den Zeitpunkt in Ihr Notizbuch.

Wie bringe ich meinem Körper in Form? Welchen Sport möchte ich gern öfter machen? Wie viel Zeit kann ich dafür regelmäßig einplanen? Wann und wo möchte ich meine Übungen machen? Frühmorgens, nachmittags, abends, vor oder nach dem Abendessen?

Können die Kinder bestimmte Übungen mit mir gemeinsam machen? Wenn nein, wo sind sie dann in dieser Zeit und wer beaufsichtigt sie? Wie können die Kinder regelmäßig Sport machen?

Wenn Sie nur ein- oder zwei Mal pro Woche Sport machen können, legen Sie fest, an welchen Tagen.

Legen Sie im Notizbuch eine neue Seite mit dem Titel „Wochenplan“ an und tragen Sie alles zum Thema körperliche Fitness dort ein.

Wie oft möchte ich etwas mit Freunden unternehmen? Treffe ich mich mit ihnen lieber regelmäßig oder eher spontan?

Welche Hobbys oder welche anderen Formen der Entspannung brauche ich, um den Tag über ausgeglichen zu bleiben?

Wann könnte ich mir für solche Aktivitäten Zeit nehmen? Vielleicht wenn die Kinder mittags schlafen? Oder am Abend? Wann gehen die Kinder abends zu Bett?

Gibt es noch irgendwelche anderen speziellen Bedürfnisse, für die ich einen konkreten Zeitpunkt festlegen muss?

Planen Sie für alle diese Tätigkeiten Zeit ein und tragen Sie sie entweder in den Tages- oder den Wochenplan ein. Stellen Sie sich, wenn notwendig, auch einen Monatsplan mit Aktivitäten zusammen.

Beginnen Sie nun einfach so, wie Sie es in Ihrem Notizbuch vorgesehen haben.

Weitere Schritte

Mit der Zeit möchten Sie sich vielleicht auf bestimmte Bedürfnisse von Ihnen oder Ihrer Familie stärker konzentrieren, zum Beispiel dafür sorgen, dass Ihnen Ihre Gymnastik mehr Spaß macht und Sie die Stunden dafür tatsächlich einhalten. Sie könnten auch Bücher und Zeitschriften über Ernährung lesen und einen Speiseplan aufstellen, der für eine gesunde Ernährung sorgt. Oder die eigenen Ess- und Trinkgewohnheiten analysieren, Ihren Schlaf oder was sonst noch Ihre Leistungsfähigkeit beeinflussen könnte.

Der wichtigste Gesichtspunkt bei der zweiten Priorität, Ihr Wesen, kann jedoch nicht in einem Fragenkatalog erfasst werden. Gibt es persönliche Fragen, die Sie sich stellen möchten? Könnten Sie sich jeden Abend oder wenigstens jede Woche eine halbe Stunde für das geistige, emotionale und geistliche Wohlbefindens reservieren und darüber nachdenken, wie Sie Ihren Intellekt oder Ihren Willen stärken können? Prüfen Sie Ihre Möglichkeiten. Würden Ihnen einige der folgenden Punkte helfen: Beichte, Gebet, Studium, Heilung, Befreiung, Beratung oder nur eine ganz normale, einfache Entscheidung? Denken Sie darüber nach, ob Sie ein Tagebuch anlegen möchten, wo sie notieren können, woran Sie weiter arbeiten möchten.

Die zweite Priorität zielt also auf die Gesundheit in allen ihren Aspekten ab. Wenn wir für die Belange des Körpers sorgen, entlasten wir auch die Seele. Wir müssen auch darauf achten, was bei uns im Inneren vorgeht, damit wir verstehen, warum wir so denken, handeln und entscheiden, wie wir es tun.

In dem Buch „Spiritual Life“ (deutsch: „Grundriss der aszetischen und mystischen Theologie“) schreibt Adolphe Tanquerey, dass es ohne Selbstbeobachtung unmöglich ist, sich moralisch zu verbessern. Sonst macht man sich zum Gegenstand von Illusionen über sich selbst, wird entweder arrogant, weil man sich vollkommen glaubt, oder fühlt sich bedrückt wegen der eigenen Fehler.

Natürlich kann dieser Weg manchmal schwierig sein. Doch das Streben nach mehr Selbsterkenntnis ist ein anerkanntes Mittel, wenn man sich um Vollkommenheit bemüht. Wenn man seine eigenen guten Eigenschaften wahrnimmt, kann das zu Dankbarkeit Gott gegenüber führen, die Erkenntnis eigener Unzulänglichkeiten dagegen demütig machen. Man wird sich der Abhängigkeit von Gott stärker bewußt, wenn man sich so sieht, wie man tatsächlich ist. Man verlässt sich dann weniger auf die eigenen Kräfte und ist motiviert, so zu werden, wie es Gottes Plan vorsieht.

Leserstimmen von Müttern

> „Hat mich schon überrascht, dass meine eigene Person als Priorität vor Ehemann und Kindern kommt. Ist aber eigentlich wirklich so: Wenn ich schlecht gelaunt bin, leidet die ganze Familie. An die Freizeit hatte ich selber schon gedacht. Ich und mein Mann haben uns so abgesprochen, dass jeder von uns einen Nachmittag oder einen Abend in der Woche frei hat."

> „Es stimmt, dass man lernen muss, sich zu analysieren. Ich habe festgestellt, dass es mir besser geht, seit ich einmal in der Woche zur Wirbelsäulen-Gymnastik gehe. Bei mir funktioniert Sport nur, seit ich einen Kurs außer Haus besuche."

> „Eigentlich gehe ich abends nicht gerne schlafen, weil ich dann endlich Zeit für alles habe. Aber ein Zeitlimit muss sein, sonst bin ich ständig übermüdet."

> Über den Zeitplan: „Ich mache mir im Kopf eine Liste von drei Dingen, die ich dann konkret erledigen will. Planen ist die Kunst des Weglassens."

> „Diese Priorität hat mich schon überrascht. Das Wichtigste ist, dass man es mit dem Ehemann bespricht. Der Rekord war bis jetzt, dass mein Mann drei Tage allein mit den Kindern blieb. Wie sehr ich es genieße, auch

nur eine halbe Stunde alleine zu sein! Unser wöchentliches Ziel ist: ein Abend frei für Mutter – nicht einen ganzen Tag."

> „Die Zeit zum Schlafengehen kann nicht in Stein gemeißelt sein, aber einen Rhythmus zu pflegen hilft sehr."

> „Man muss lernen sich zu analysieren; z. B. kann Erziehung keine Nebensache sein. Man neigt dazu, die eigenen Wehwehchen zurückzustellen."

> „Nicht zu viel wollen. Wer nur kleine Kinder hat, leidet mehr. Die Kinder können helfen: z. B. können sie den Geschirrspüler ausräumen."

> „Der Zeitplan kann auch nach Fixpunkten und Anlässen (Kinder schlafen) geordnet sein, nicht unbedingt nach genauen Zeiten. Es ist eben ein Plan, kein Zeitkorsett."

> „Jede Woche mache ich mir einen Vorsatz für meine Person: So erstelle ich die Liste langsam, ohne alles auf einmal zu wollen."

> „Ob ein persönliches Problem okkulte oder medizinische Gründe hat, sollte man mit einem erfahrenen Priester besprechen. Geistliche Begleitung wird oft von den Diözesen angeboten."

> „Eine echte Störung ist extrem, dauert lange, passt eigentlich überhaupt nicht; da sollte man Expertenrat suchen."

Fünftes Kapitel

Dritte Priorität:

Der Ehepartner

Wenn wir die dritte Priorität betrachten, widmen wir uns dem Sakrament der Ehe und dabei vor allem den Aussagen des Katechismus über die Ehe als einer besonderen Form der Weihe (KKK, 1535). Etwas zu weihen bedeutet, es für einen besonderen Zweck aus dem allgemeinen Lebensbereich herauszunehmen. Wir befassen uns hier mit dem Hauptzweck des Sakramentes der Ehe: der Entwicklung einer tiefen und persönlichen Beziehung zwischen den Ehepartnern. Wir schauen dabei auf die besondere, die Ehepaare verbindende Gnade der Einheit.

Ähnlich wie die Priesterweihe ermöglicht auch das Sakrament der Ehe die Erfüllung einer Berufung – in diesem Fall der Berufung zum Dienst am und zur Liebe zu dem Ehepartner.

Startschwierigkeiten in der Beziehung

Es war September. Ich war 27 Jahre alt und wollte gerade mit Freunden abends in die Stadt gehen. Meine Mutter kam in mein Zimmer und brachte mir Geschenke von Philip. Ich packte wunderschöne Pralinen aus und atmete den Duft herrlicher langstieliger Rosen ein. Doch plötzlich packte mich der Zorn! Wie kann er es wagen ... Er sollte es besser wissen!

Ich war immer allein gewesen. Diesen Herbst hatte ich mit dem Bachelorstudium begonnen und Philip war für sein Magisterstudium auf eine andere Universität nach Ottawa gegangen. Ich hatte zu ihm gesagt: Wenn ich tatsächlich irgendwann heiraten sollte, dann bestimmt ihn – denn aus ihm würde ein guter Ehemann und Vater werden. Aber eigentlich hätte ich gar nicht die Absicht, das zu tun. Philip war mein Freund und ich wollte, dass das auch so blieb. Dabei war es mir egal, was ich ihm gegenüber empfand, denn ich hatte mir geschworen, auf alle tiefergehenden Liebesbeziehungen zu verzichten. Ich wollte zunächst mein Studium abschließen und anschließend prüfen, ob Gott mich dazu beruft, Ordensschwester zu werden.

Gerade da schickte mir Philip durch das halbe Land Blumen und Schokolade! Ich rief ihn an und beschuldigte ihn, Absichten zu haben, die mir nicht gefielen: „Schickst du mir Geschenke, um mir den Hof zu machen? Wie konntest du mir nur sowas schicken?"

Natürlich spielte Philip den Unschuldigen und entschuldigte sich damit, dass er wirklich nicht an die Bedeutung von Blumen und Schokolade gedacht hätte. Er hätte mir nur eine Kleinigkeit zum Geburtstag schicken wollen, da wir doch Freunde waren. Ob das denn Sünde sei?

Als er über Weihnachten zuhause war, hatte ich ständig das Gefühl, dass er möglichweise doch an mehr als nur Freundschaft interessiert wäre. Als wir einmal abends zusammen essen gingen, warf ich ihm vor, mich von meiner Berufung abbringen zu wollen:

„Ich werde Ordensschwester und du willst mich von meiner Berufung abbringen, zu der mich Gott ruft! Pass auf!" Doch Philip lachte nur laut.

Sein ungezwungenes Auftreten verwirrte mich und das raffinierte Grinsen auf seinem Gesicht ärgerte mich. Für mich war meine Berufung zur Ordensfrau eine ernste Sache!

An meinem 13. Geburtstag hatte ich mir vorgenommen, nie zu heiraten. Schon in der Pubertät hatte ich gedacht, dass es viele interessantere Dinge gibt als ausgerechnet zu heiraten: Ich könnte Rockstar werden oder Politikerin oder Juristin oder in der Werbebranche Karriere machen! Die Welt stand mir offen und nichts war für mich weniger wichtig als zu heiraten, Kinder zu bekommen und einen kleinen Holzzaun anzustreichen!

Mein Widerstand gegen die Ehe verstärkte sich, als sich meine Eltern nach 26 Ehejahren trennten. Mit 17 war ich der Ansicht, die Ehe wäre etwas Schlechtes, eine Farce, voller Spannungen und Missverständnisse, und könne nur im Schmerz enden. Als ich noch dazu miterlebte, wie meine Mutter ein ganzes Jahr lang jeden Tag weinte, wusste ich, dass die Ehe nichts für mich ist. Ich hätte es nie zugelassen, so verletzbar und offen für derart intensive Gefühle von Zurückweisung zu werden.

Mein größter Widerstand gegen die Ehe regte sich jedoch erst nach meiner Bekehrung. Ich konnte einfach partout nicht begreifen, wie ich Jesus und gleichzeitig noch einen Mann lieben sollte. Mir schien, dass sich diese beiden Dinge nicht miteinander vereinbaren ließen. Ich fragte mich: Wie kann die Ehe mit ihren irdischen Sorgen und Pflichten zur Heiligkeit führen und Menschen näher zu Gott bringen?

Ein überraschender Ruf von Gott

Im nächsten Frühjahr kehrte Philip in meine Geburtsstadt zurück. Natürlich verbrachten wir Zeit miteinander, schließlich war er mein bester Freund. Im Sommer begann ich plötzlich die Berufung zur Ehe und zu einer Beziehung mit Philip zu spüren. In meiner Verwirrung unterhielt ich mich mit einigen Priestern. Sie dachten, dass ich richtig liege. Ich ging zu einer Ordensschwester, die ich kannte, und erzählte ihr von meinem Dilemma. Sie gab mir einen guten Rat: Ich sollte meinen religiösen Weg weiter prüfen und gleichzeitig Philips Freundin sein.

Da ich mich noch immer nicht für einen der beiden Berufungswege entscheiden konnte, machte ich im Herbst eine Wallfahrt zur heiligen Anna de Beaupré, der zahlreiche Wunder zugeschrieben werden. Zwei Tage verbrachte ich in der Basilika, die etwas außerhalb von Québec liegt, und betete inbrünstig um Hilfe. Als ich vor der Statue eines Heiligen betete, ging ich näher heran, um seinen Namen lesen zu können. Es war der heilige Joachim. Ich glaube, mein Herz hörte für einen Moment auf zu schlagen. Ich schaute hinüber zur Statue der heiligen Anna. Meine Blicke flogen zwischen den beiden Statuen hin und her und ich rang nach Luft: „Die heilige Anna hatte den heiligen Joachim geheiratet!"

Mein zweiter Vorname ist Anna und der zweite Vorname von Philip ist Joachim. Anna und Joachim – Philip und ich! Ich war mir sicher, dass das die Antwort auf die Frage nach meiner Berufung war.

Als ich nach Hause kam, überkam mich jedoch eine ziemlich starke Unruhe. Ich betete ständig zu Gott: „Wenn du willst, dass ich heirate, musst du mich dazu zwingen, denn ich begreife nicht, was die Ehe mit mir zu tun haben soll!" Im Januar, nach einer für mich typischen langen Zeit im Wirrwarr und Chaos, kam der Moment der Erkenntnis: Ich sah die Worte „Ich liebe Dich" wie eine blinkende Neon-Leuchtreklame vor meinem inneren Auge ablaufen. Seitdem wusste ich, dass ich Philip heiraten wollte. Von da an hatte ich keinerlei Zweifel mehr an meiner Berufung zur Ehe.

Philip und ich heirateten, wie es sich für uns gehörte, am Gedenktag der Heiligen Anna und Joachim, am 26. Juli desselben Jahres.

Die Bedeutung der Ehe

Obwohl ich von meiner Berufung zur Ehe überzeugt war und Philip liebte, brauchte ich viele Jahre, um die Schwierigkeiten zu überwinden, die ich damit hatte. Da ich wusste, dass Gott mich in diesen Stand berufen hatte, musste ich darauf vertrauen, dass er mich mit den erforderlichen Gnaden für diesen Weg beschenkt. Wenn ich auf die Erfahrungen aus meiner Kindheit und Jugend zurückblickte, setzte ich meine Hoffnung auf Philip: Er hatte eine stabile, ausgeglichene Erziehung genossen und würde den Kreislauf des Versagens, dem ich möglicherweise unterliegen würde, gewiss durchbrechen können. Ich las und betete viel, um zu lernen, wie ich eine gute Ehe führen könnte.

Außerdem half mir die Erkenntnis, dass die Ehe in erster Linie ein untrennbarer Bestandteil von Gottes Plan für seine Schöpfung ist:

„Gott schuf also den Menschen als sein Abbild; als Abbild Gottes schuf er ihn. Als Mann und Frau schuf er sie.“ *(Gen 1, 27)*. Als ich die Bücher Genesis und Exodus las, fiel mir auf, dass die wichtigen Gestalten dort alle verheiratet waren: Adam, Noach, Abraham, Isaak, Jakob, Josef, Moses. Auch die Jungfrau Maria war verheiratet. Das Geheimnis der Ehe und die eheliche Liebe haben in Gottes Plan einen besonderen Platz. Inzwischen hatte ich begriffen, dass ich zur Ehe berufen war und Heiligkeit somit nur auf diesem Weg erreichen konnte.

Schwerwiegende Ernüchterung

Unsere Flitterwochen verbrachten wir in Kanada. Ich wurde schwanger, noch bevor wir in unser neues Zuhause in Calgary zogen. Beide erhielten wir gleich eine Anstellung als Lehrer an der örtlichen katholischen Schule.

In den ersten zwei Ehejahren hatten wir unerwartete Schwierigkeiten: Stress durch die neue Arbeit, ein Umzug in eine andere Gegend, nur wenige Freunde in der Nähe, meine erste Schwangerschaft, die von starkem Erbrechen begleitet war, dann das Baby, neue finanzielle Schwierigkeiten und die enorme Belastung durch die für uns neuen und bis dahin völlig unbekannten Familienpflichten. Doch mit unserem Stress gingen wir vollkommen falsch um: Wir hörten auf, zusammen zu beten. Dadurch schlichen sich in unsere sonst enge Beziehung Spannung und Druck ein.

Ich hatte das Gefühl, dass Philip nicht mehr der Mann war, mit dem ich verlobt gewesen war. Er wurde auf seiner neuen Arbeitsstelle mit neuen Anforderungen überhäuft und verhielt sich mir gegenüber reserviert. Mir fehlten unsere langen und spannenden Gespräche, vor allem, wenn ich mit dem Baby zuhause war. Da ich weit weg von zuhause war und fast keine Freunde oder Verwandten hatte, fühlte ich mich oft verlassen, einsam und ungeliebt. Ich wollte, dass Philip mich für meine Einsamkeit entschädigte, indem er mir seine gesamte freie Zeit schenkte.

Nach einiger Zeit fühlte ich mich innerlich betrogen. Die Ehe schien sich tatsächlich so zu entwickeln, wie ich es ursprünglich befürchtet hatte. Mein Herz verschloss sich allmählich. Auch Philip vertraute ich weniger. Zuhause war ich immer unglücklicher und fühlte mich abgelehnt, wenn Philip von der Arbeit nach Hause kam und sich abends nicht mehr mit mir unterhalten wollte.

Philip wiederum wollte nicht mit mir reden, weil er das Gefühl hatte, dass ich ständig mit irgendwelchen Problemen kam, was er irgendwann nicht mehr ertragen konnte. Er wusste einfach nicht, wie er mit meiner Unzufriedenheit umgehen sollte. Als er verstand, dass ich sein Verhalten als Ablehnung meiner Person interpretierte und als Zeichen dafür, dass ich für ihn nicht mehr so wichtig war, war er erst recht ratlos. Ihm war klar, dass er mir wegen seiner dienstlichen Belastungen nicht mehr so viele ungezwungene Stunden schenken konnte wie früher, als wir verlobt waren und er Zeit hatte, mir die Füße zu massieren oder mit mir Karten zu spielen.

Er hatte jetzt noch andere Verpflichtungen und war gekränkt, weil ich für ihn nicht so viel Verständnis aufbringen konnte, wie er sich gewünscht hätte. Das untergrub sein Selbstbewusstsein. Er deutete es so, als hätte er in seiner Rolle als Familienversorger versagt. Er wollte mit mir auch nicht mehr beten, weil er glaubte, mein geistliches Leben könne sein eigenes unterdrücken und überschatten. Er erwartete von mir vor allem, dass ich hier und jetzt für ihn da war und ihn unterstützte. Ich war dazu jedoch zu sehr in meine eigenen Kämpfe verstrickt.

Nach einiger Zeit zogen wir wieder an die Ostküste. Philip und ich waren enttäuscht voneinander, unser Ideal einer perfekten Ehe ließ sich nicht verwirklichen. Stattdessen entfremdeten wir uns immer mehr und keiner bekam vom anderen, was er bei ihm suchte.

Ich erinnere mich an einen Abend mit Philip. Ich saß am Rand eines niedrigen Tischchens, wir schauten uns gegenseitig an und ich dachte: „In solchen Momenten beschließen Ehepaare, sich scheiden zu lassen“. Ich wollte Philip am liebsten vergessen und mein Leben weit weg von ihm und seinen Verpflichtungen verbringen. Philip fühlte sich machtlos und wollte vor seinen Problemen am liebsten davonlaufen.

Was für eine schmerzhafte und elende Zeit das war! Wir wollten uns nicht scheiden lassen. Ich dachte darüber nach, ob ich Philip einfach ignorieren und in meiner eigenen kleinen Welt weiterleben könnte. Fast alles erschien mir besser als die Ehe. Ich hatte einfach keine Lust, mich zu bemühen, damit unser Verhältnis zueinander sich wieder verbesserte. Mein Herz zog sich zusammen, als Philip irgendwann sagte: „Ich denke, wir sollten nun eine Lösung finden".

Dann trafen wir eine kleine Entscheidung: Wir wollten zu den Vorträgen gehen, die in der Fastenzeit in unserer Kirche einmal in der Woche angeboten wurden – eine Stunde pro Woche als Zeichen unseres Versprechens, das wir uns gegenseitig und Gott gegenüber gegeben hatten. Das war alles, was wir angesichts unseres geschwächten und niedergeschlagenen Willens tun konnten, das Einzige, wozu wir in der Lage waren, wenn wir unsere sowieso schon belasteten Seelen nicht überstrapazieren wollten.

Doch durch diese Entscheidung begann die Gnade in unserer Ehe zu wirken. Zwar sah es aus, als nähmen wir vom Inhalt dieser Vorträge wenig mit. Doch unser Vorsatz, an unserer Ehe zu arbeiten, rief tatsächlich eine Veränderung in uns beiden hervor.

Die Aufgabe der ehelichen Liebe

Allmählich wurde mir bewusst, dass es von unserer eigenen Vorstellung von Liebe abhing, ob unsere Ehe gelang. Ich heiratete Philip, weil ich ihn nach meiner damaligen Auffassung „liebte". Aus heutiger Sicht denke ich jedoch, dass ich dabei etwas egoistisch war. Ich suchte nach einem Ende wie im Märchen: „... und sie lebten glücklich bis ans Ende ihrer Tage". Ich wollte, dass Philip mich verhätschelte, und mich so zufrieden fühlen wie in unserer Verlobungszeit. Ich wollte, dass er mich unterstützte; und dachte, Liebe bedeutet auch, dass man in allen Sorgen und Nöten unaufhörlich von Gott Trost bekommt.

Langsam wurde mir jedoch bewusst, dass eheliche Liebe nicht so ist, wie sie im Märchen beschrieben wird. Es geht nicht um Gefühle oder Sentimentalität, auch nicht um Erotik oder sexuelle Anziehung, nicht um Romantik, nicht um Zuneigung, auch nicht um Freundschaft oder Kameradschaft. Mir wurde klar, dass ich die eheliche Liebe nicht in erster Linie für mich selbst suchen sollte.

Stattdessen begann ich, in ihr eine Aufgabe zu sehen, für deren Erfüllung wir das Sakrament der Ehe brauchen. Gott hatte mir die Aufgabe anvertraut, Ehefrau zu sein. Die eheliche Liebe soll geben und nicht empfangen. Meine Berufung besteht darin, mich meinem Ehemann als Geschenk zu geben. Ich soll ihm meine Zeit, meine Unterstützung, meine Anwesenheit, mein ganzes Wesen schenken. Nach und nach begann ich also, mich ihm hinzugeben, mich in seinen Dienst zu stellen, seine Bedürfnisse über meine zu stellen und mich über das Geschenk zu freuen, das ich in ihm, diesem wunderbaren Mann, von Gott erhalten hatte. Er fing nun seinerseits an, mich zu lieben, mir zu dienen und mich zu trösten, trotz aller meiner Schwächen und Fehler!

Eine solche Veränderung beginnt immer mit Gottes Gnade. Als Ehefrauen müssen wir mit der Gnade zusammenarbeiten. Das ist nicht immer leicht. In einigen schwierigen Momenten, wenn ich keine Lust hatte, zu Philip nett zu sein oder für ihn etwas zu tun, dachte ich sogar, dass ich ihn nicht liebte. Allmählich verstand ich aber, worin sich die größte Liebe zeigt: wenn man sich schenkt, liebt und für den anderen da ist, selbst wenn man keine Lust dazu hat.

Denn wirkliche Liebe ist eine Entscheidung und kein Gefühl. Sie ist ein Akt des Willens und der Selbsthingabe an den Nächsten zum gemeinsamen Wohl. Diese Hingabe ist ein ständiger Prozess, der nicht auf einmal bewältigt werden kann. Manchmal kann er sehr schmerzhaft sein, wie jede Kreuzigung der Selbstsucht. Diese belohnt uns nicht immer mit den schönen Gefühlen, die wir erwarten, zumindest nicht am Anfang.

Die finstere Nacht der Seele in der Ehe

Nun erkannte ich, dass das furchtbare Erwachen, das wir durchgemacht hatten, die finstere Nacht der Seele in der Ehe war. Wenn wir wirklich eins sind, vereint durch das Sakrament der Ehe, reinigt Gott unsere eheliche Liebe und verwandelt sie.

Gott reinigt die Seele von der Sünde, damit unsere Beziehung zu ihm tiefer wird. Dasselbe gilt selbstverständlich auch für Menschen, die er als Paar zu einer Beziehung mit ihm berufen hat.

Die heilige Faustina versichert uns, dass Gott alles benutzt, um uns zu verwandeln. Für unser Heil lässt er nichts unversucht. Während der finsteren Nacht der Ehe gibt es eine typische Art von Blindheit: Man sieht keinerlei Anzeichen dafür, dass etwas sehr Wichtiges passiert. Die eheliche Liebe reicht jedoch tiefer, als wir ahnen oder verstehen können. So ist uns in dieser Zeit auch das intensivste Wirken Gottes in unseren Seelen verborgen. Es ist rein spirituell, mit unserer Vernunft oder unseren Gefühlen nicht erkennbar. Vielleicht denkt man sogar, die Liebe sei erkaltet, wenn man in der Ehe oft unzufrieden ist.

Die Schwierigkeiten und die Trockenheit dieser Zeit sollen jedoch nicht zum Ende der ehelichen Liebe führen. In Gottes Plan kommt nach jeder Kreuzigung eine Auferstehung. Als die selbstsüchtige Liebe zwischen mir und Philip zu Ende gegangen zu sein schien, begannen wir, eine feinere, reinere und aufopferungsvollere Form von Liebe zu entdecken. Dabei erkannten wir, dass es die wichtigste Aufgabe in unserer Berufung ist, uns gegenseitig zu lieben.

Fulton Sheen sagte einmal, dass das Eheversprechen gerade daraus seine Berechtigung zieht. Es soll die Ehe vor der natürlichen menschlichen Neigung schützen, den Partner zu verlassen, wenn die Beziehung nicht mehr zu funktionieren scheint. Es ist wie eine Kette, die die Eheleute lange genug zusammenhält, damit Gott ihre Ehe verwandeln kann. Sheens Worten zufolge ist die hohe Scheidungsrate in unserer Gesellschaft kein Zeichen dafür, dass die geschiedenen Paare größere Probleme haben als die anderen, sondern dafür, dass sie ihr Wort nicht gehalten haben. Viele Paare haben keine ausreichende Ehevorbereitung mitgemacht. Sie interpretieren die Entwicklungen, die sie in ihrer Ehe beobachten, deshalb falsch und vermuten irrtümlich, ihre Ehe sei am Ende, wenn sie auf Schwierigkeiten stoßen. Aus diesem Grund erscheint ihnen die Scheidung als logischer Schritt.

Mir gab es zudem Hoffnung, dass Gott tatsächlich eingegriffen hat: und zwar in der finsteren Zeit, in der ich an eine Liebesbeziehung zwischen mir und meinem Mann nicht mehr glaubte und unsere Ehe schon kurz vor dem Aus zu stehen schien. Er war da, um uns aus dieser Misere herauszuführen, ob ich es nun wahrnahm oder nicht. Es ist ihm auch tatsächlich gelungen.

Die Bedeutung guter Kommunikation

In jedem Sakrament begleiten Worte das Geschenk der Gnade. In der Beichte erteilt der Priester mit Worten die Absolution und macht dabei mit der Hand das Kreuzzeichen. Somit ist das Sakrament wirksam.

Bei der Trauung legen die Eheleute mit Worten ein Gelübde ab. Mit dem Vollzug des ehelichen Aktes ist das Sakrament gültig. Das gesprochene Wort soll in der Ehe fortwährend eine Quelle der Gnade sein. Das ständige Gespräch mit dem Partner ist der Kanal, durch den Gnade in den gemeinsamen Alltag fließen sollen. Es ist der Kern der ehelichen Liebe. Ohne sie ist man nicht in der Lage, sich als Paar einander anzunähern.

Was das betrifft, habe ich in den folgenden Jahren eine Menge dazugelernt.

Als Erstes begann ich, bei Philip nur gute Absichten zu vermuten. Ich erinnere mich daran, wie ich mich einmal den ganzen Tag über ihn geärgert hatte. Als er abends im Bett las, knöpfte ich ihn mir vor. Ich machte ihm viele Vorwürfe, wegen der verschiedensten Dinge. Voller Selbstgerechtigkeit wartete ich auf seine Antwort. Er schaute mir jedoch nur in die Augen und sagte: „Weißt du, Liebes, es heißt doch, im Zweifel für den Angeklagten. Es wäre netter, wenn du mich mangels Beweisen freisprechen würdest, statt dir über meine verborgenen schlechten Absichten den Kopf zu zerbrechen." Dann wandte er sich wieder seinem Buch zu.

Mir wurde klar, dass er vollkommen recht hatte. Ständig versuchte ich, hinter die Dinge zu blicken, die er tat, um dort zweifelhafte Motive zu entdecken. Ich beschloss, nicht mehr über ihn zu urteilen. Manchmal deutete alles darauf hin, dass er bestimmte Absichten verfolgte, aber da ich ihn nun mangels Beweisen freisprechen wollte, hörte ich auf, darüber zu spekulieren. Er sollte es mir lieber selbst erklären.

Mir half das, zu verstehen, wie unnötig es war, wenn ich Philip wegen irgendwelcher Dinge Vorwürfe machte. Probleme löst man nicht, indem man nach einem Schuldigen sucht. Stattdessen begann ich zu analysieren, worin mein Anteil an unseren Konflikten bestand. Meine Gespräche mit Philip verliefen offener und aufrichtiger. Statt mit Anschuldigungen zu kommen, verfolgte ich nun die Strategie: „Mal sehen, wie wir eine Lösung finden können".

Dabei lernte ich noch mehr. Zum Beispiel fasste ich den Entschluss, meinen Mann nie mehr herumzukommandieren. Oder vielmehr: Mir wurde bewusst, dass ich nicht das Recht habe, meinen Mann zu kontrollieren. Man kann einem erwachsenen Mann nicht vorschreiben, wie er leben soll, welche Fernsehsendungen er anschauen soll und welche nicht oder wie er denken oder sich fühlen soll.

Das bedeutet aber nicht, dass ich mich in nichts einmischen oder nicht Einfluss nehmen dürfte. Ich hatte ja gerade betont, wie wichtig Kommunikation ist. Ich kann ruhig Vorschläge machen oder Philips Aufmerksamkeit auf Dinge lenken, die ich für wichtig halte. Denn es gehört zur Liebe dazu, für den Anderen das Gute zu suchen. Manchmal muss man den Partner auch zu etwas ermuntern oder ihn liebevoll korrigieren.

Es gibt eine schmale Grenze zwischen der Suche nach dem Wohl des Ehepartners und unzulässigen Eingriffen in sein Leben. Ich musste es zulassen, dass mein Mann frei seinem Willen folgte und über seine Art zu leben selbst entschied. Gott handelte schließlich auch so. Ich musste seine Freiheit so sehr zu respektieren lernen, wie ich es mir auch von ihm wünschte.

Von Fulton Sheen habe ich noch etwas anderes Wichtiges über gute Kommunikation gelernt: Christliche Ehen scheitern nur dann, wenn die Ehepartner in ihrem christlichen Glauben scheitern. Mir wurde bewusst, dass ich meinem Mann mit der gleichen Achtung begegnen musste, wie ich sie jedem anderen wichtigen Menschen in meinem Leben zeigte. Mein Verhalten, der Ton meiner Stimme und die Wertschätzung müssen dieselbe sein wie einem Priester oder dem Papst gegenüber oder Jesus selbst.

Vernunft und Gefühl

Selbst wenn ich an das alles zu denken versuche, werde ich manchmal noch immer böse oder ungeduldig oder nehme manche zu Dinge persönlich. Anfangs war ich deshalb niedergeschlagen, weil ich nicht begriff, welchen Sinn solche Gefühle haben.

Die Kultur, in der wir leben, erklärt Gefühle zur wichtigsten Basis des Lebens. Wenn es einen Sachverhalt zu beurteilen, zwischen Gut und Böse zu unterscheiden, wichtige Entscheidungen zu treffen gilt, nutzen wir nicht die Vernunft, die das geeignete Werkzeug dafür wäre. Sondern wir fragen uns, wie wir uns fühlen. Wir gehen Dingen aus dem Weg, bei denen wir kein gutes Gefühl haben. Wenn wir uns gut fühlen, ist alles in Ordnung, wenn nicht, muss das, was unsere negativen Gefühle hervorruft, schlecht sein.

Die Kommunikation in der Ehe wird durch folgenden Fehlschluss wesentlich beeinflusst: Wenn für mich etwas gut ist und für meinen Partner nicht, dann irrt bestimmt er sich. Wenn etwas in mir schlechte Gefühle hervorruft, aber bei ihm nicht, dann irrt sich wiederum er! Wenn ich meine Gefühle an erste Stelle setze, gehe ich voreingenommen in ein Gespräch. Da ich im Recht zu sein glaube, weil ich mich entsprechend fühle, muss er mir zustimmen. Tut er es nicht, muss ich nicht auf ihn hören. Ich muss ihn dann nur überzeugen. Deshalb bin ich ihm gegenüber nicht immer offen.

Dann kann es vorkommen, dass grundlegende Dinge unklar werden, Konflikte sich nicht lösen lassen und man in einer Sackgasse steckenbleibt. Wie bereits im Kapitel über den zweiten Lebensbereich, die eigene Person, erwähnt wurde: Wenn wir uns blind an Gefühlen orientieren, arbeitet der Verstand schlechter und der Wille wird schwächer. Wenn wir aber mit dem Partner nicht vernünftig reden können, bleiben wir im emotionalen Sumpf stecken.

Als mir diese Klippe bewusst wurde, begann ich, hart daran zu arbeiten. Ich begann, zwischen Gefühlen und Meinungen einerseits und Tatsachen und Wahrheit andererseits zu unterscheiden. Bewusst begann ich meine Sätze mit den Worten „Ich fühle, dass…“, „Meine Meinung dazu ist...“ und „Tatsache ist…,“ Dies half uns, vernünftig mit Problemen umzugehen, ohne emotionale Reaktionen, die nur in die Irre führen würden.

Vom Umgang mit Meinungsverschiedenheiten

Nach einiger Zeit wurde mir ein weiterer Gesichtspunkt klar, der bei der Kommunikation eine Rolle spielte: Wahre Liebe zeigt sich in der aufrichtigen Sehnsucht, die Bedürfnisse des anderen zu kennen. Ich lernte, aufmerksam zuzuhören, und verstand, dass ich ein Gespräch mit Philip nicht mit der Absicht beginnen durfte, ihn von meinem Standpunkt zu überzeugen und dafür „zu gewinnen“, ohne für seine Meinung offen zu sein.

Doch was geschah, wenn er mit meiner Sichtweise nicht einverstanden war? Es ist durchaus möglich und vollkommen normal, dass zwei Menschen mit guten Absichten unterschiedliche Meinungen über ein und dieselbe Sache haben. Das musste ich mit der Zeit zu verstehen lernen. Ebenso musste ich meiner Neigung widerstehen, zu denken: „Wenn ich recht habe, dann irrt er sich“. Manchmal haben wir beide recht, aber vielleicht nur teilweise. Dann müssen wir unsere unterschiedlichen Ansichten in Einklang bringen, um zu vollständiger und harmonischer Einheit zu finden. Mir wurde bewusst, dass ich Philip keinesfalls als Hindernis für meine Vorhaben betrachten durfte und dass Eheleute als Einheit funktionieren sollen. Sie sollen unterschiedliche Standpunkten zu einem Thema nutzen, um gemeinsam die bestmögliche Lösung für Probleme finden.

Das Problem der Unterordnung

An diesem Punkt taucht spätestens das Problem der Unterordnung auf. Zu Beginn unserer Ehe ordnete ich mich gewöhnlich Philips Entscheidungen unter, weil ich dachte, dass dies von einer Frau verlangt wird. Ich sagte ihm genau, was ich von seinem Standpunkt hielt, und überließ dann ihm die Entscheidung. Schließlich war er der Kopf der Familie und Entscheidungen zu treffen war seine Aufgabe als Familienvater – oder doch nicht?

Philip hatte jedoch bei dem Gedanken, er sei unser „Familiendirektor", das Bild einer ängstlichen, blind gehorchenden Ehefrau und eines geradezu tyrannischen Ehemanns vor Augen. Er meinte, dass es für unsere Beziehung ungesund sei, wenn ich mich seinen Entscheidungen grundsätzlich unterordnete, statt sie gemeinsam mit ihm zu treffen. Er sah unsere Beziehung in einer solchen, seiner Meinung nach unnatürlichen, Vorgehensweise nicht widergespiegelt. Außerdem dachte er, das sei für mich bloß eine Ausrede, damit ich nicht selbst aktiv werden müsste. Er glaubte, es sei für ihn eine Gefährdung, wenn er mit mir über nichts mehr diskutieren müsste:

Er konnte alles einfach tun und geriet dadurch in Versuchung, ein kleiner „Familiendiktator" zu werden.

Ich hatte jedoch inzwischen viele katholische und protestantische Bücher über die Autorität in der Familie gelesen und war davon überzeugt, dass mein Verhalten mit der christlichen Lehre im Einklang stand. Also sagte ich ihm, was ich dachte, und überließ es allein ihm, eine Lösung für das Problem zu finden. Ich muss zugeben, dass es mir manchmal unnötig erschien, meine Meinung zu sagen und ihm anschließend dennoch zu folgen – wenn er doch oft genau das Gegenteil dessen tat, wozu ich ihm geraten hatte. Es war für mich manchmal sehr schwer, mich seinen Entscheidungen nur deshalb unterzuordnen, weil er mein Mann war. Ich tat es trotzdem. Dadurch wiederum wuchsen Zorn und Widerstand in mir heran. Doch ich dachte, ich dürfte mir solche Gefühle nicht zugestehen.

Eines Tages war mein Widerstand jedoch so groß, dass ich meinen Katechismus aus dem Regal holte, um herauszufinden, was dort über die Autorität des Mannes in der Ehe stand. Ich fand aber nichts, nur einige Abschnitte über Autorität im Allgemeinen: Es wird vorausgesetzt, dass zu jeder Autorität eine „Gegenautorität" existiert, die sie mäßigt oder vor Missbrauch schützt.

Ich zog das Apostolische Schreiben „Über die Würde und Berufung der Frau" von Papst Johannes Paul II. aus dem Bücherregal. Er schreibt darin, dass es in der Ehe keine wahre Vereinigung ohne echte Gleichheit geben könne. Die Ehe erfordere eine gegenseitige Unterordnung.

Als ich das gelesen hatte, wurde mir fast schwindlig. Ich ging in die Küche und hielt mich am Tischrand fest. Papst Johannes Paul II. hatte mich gerade befreit, doch ich war noch mehr verärgert als zuvor. Es war, als ob mich jemand mit Schokolade köderte und das Einzige, was ich tun musste, war, nach ihr zu greifen: nach der Macht zu greifen, auf die ich ständig verzichtet hatte und die mir unerreichbar vorgekommen war. Ganze zwei Tage kämpfte ich mit dem Wunsch, mich durchzusetzen und Philip die Kontrolle über unser Eheleben zu entreißen. Ich betete um Kraft.

Dann verließ mich der Zorn. Ich bat Philip, sich an den Tisch zu setzen, und las ihm die Abschnitte vor, die mich so tief getroffen hatten.

Es geht nur um Liebe, nicht um Macht

In der Ehe geht es nicht nur darum, Pflichten festzulegen und Entscheidungen zu treffen. Es geht nicht darum, wer Macht über den anderen erlangt. Wir hatten begriffen, dass es in einer Ehe nach Gottes Plan darum geht, dass Verstand und Herz immer mehr eins werden. Es geht darum, dass die Ehepartner einander dienen und sich einander schenken. Autorität in der Ehe bedeutet Leitung, Richtungsweisung, Hilfe und Unterstützung durch Beispiel und Worte, Schutz des geliebten Partners und letztlich Selbstaufopferung für sein Wohl. Mit anderen Worten: Es geht um die Liebe.

So waren Philip und ich zu gegenseitiger Unterordnung auf der Grundlage gegenseitiger Liebe aufgefordert. Die wichtigste Frage für uns beide war, wie wir es schaffen können, die eigenen Sehnsüchte nicht über die Rechte, Bedürfnisse und Interessen des anderen zu stellen. Ich wollte mich bemühen, Philip zu lieben, mich ihm hinzugeben und wie Jesus zu sein, der sich ganz und gar verschenkt hatte.

Ebenso wurde mir bewusst, dass ich Philip nicht nur meine Ansichten mitteilen und dann ihm die Entscheidung überlassen sollte. Ich sollte zusammen mit ihm zu einer Entscheidung gelangen. Ich sah darin eine Herausforderung, mich weiterzuentwickeln. So übernahmen wir beide die Verantwortung für unsere Ehe und ich erklärte Philip nicht mehr gleich zum Sündenbock, wenn etwas schiefging.

Ich erkannte, dass unsere frühere Vorgehensweise uns daran gehindert hatte, vollständige Einheit zu erreichen. Wenn eine Frau nicht spürt, dass ihre Meinung wichtig ist, fällt es ihr schwer, sich selbst zu akzeptieren. Erst als ich fühlte, dass Philip meine Ebenbürtigkeit, meine Würde und die Verantwortung, die auch ich trug, anerkannte, ging mein Widerstand ihm gegenüber zurück und ich wurde wieder offener.

Wie begegne ich Ablehnung?

Ich bin davon überzeugt, dass in der Ehe nur bei wenigen Entscheidungen kein zufriedenstellender Kompromiss gefunden werden kann. Wenn dies bei einer ernsthaften Sache nicht gelingt, ist das Ehepaar vielleicht noch nicht bereit, die richtige Entscheidung zu treffen, oder es liegen andere Eheprobleme vor. In solchen Situationen kann eventuell eine Beratung von außen helfen.

Wie kann man bei einer scheinbar unüberbrückbaren Meinungsverschiedenheit vorgehen? Am besten lässt man denjenigen die Entscheidung treffen, der sich mit dem betreffenden Thema bereits befasst hat und sich besser damit auskennt. Ich zum Beispiel überlasse Philip alles, was das Auto betrifft, die Wartung und Pflege wie die Reparaturen. Er dagegen überlässt mir meist die finanziellen Fragen. Wir haben beide in der Ehe verschiedene Pflichten übernommen, die unseren Talenten und Interessen entsprechen, aber nicht unbedingt eine geschlechtsbedingte Arbeitsteilung widerspiegeln.

Ein Beispiel: Wir hatten die Gelegenheit, unsere Hypothek zu überprüfen. Wir wollten sehr gern das Dach reparieren lassen, eine günstigere Holzheizung einbauen lassen, die Fenster reparieren und weitere Arbeiten am Haus durchführen. Wir wollten dafür jedoch keine weiteren Schulden machen. Ich war diejenige, die das Geld verwaltete, weil ich das besser konnte. Nachdem wir alle Berechnungen geprüft und auch unser Ziel in Betracht gezogen hatten, die Schulden abzubauen, war ich dagegen, die Hypothek zu erhöhen. Philip war damit jedoch nicht einverstanden. Er war der Ansicht, dass es vernünftiger sei, das Haus in Stand zu setzen, bevor sein Zustand sich weiter verschlechterte.

Wir entschieden jedoch in meinem Sinne. Warum? Weil es meine Pflicht war, mich um finanzielle Angelegenheiten zu kümmern. Philip ließ mir freie Hand, er ließ mich handeln. Er ordnete sich meinem Urteil unter, aber natürlich erst nach einer gründlichen Debatte. Denn er wusste, dass ich besser mit Geld umgehen konnte als er.

Wir lernten auch, dass man sich bewusst dafür entscheiden muss, sich dem Ehepartner unterzuordnen – vor allem dann, wenn man mit dessen Standpunkt nicht ganz übereinstimmt. Man darf nicht einfach in Passivität verfallen, weil sich sonst nur ein innerer Widerstand bildet. Es kann schwierig sein, mit den Folgen einer Entscheidung zu leben, die der Ehepartner getroffen hatte und mit der man eigentlich nicht einverstanden ist. (Ich bin sicher, wenn Philip die nächste Ölrechnung sieht, wird er damit hadern ...) Wichtig ist es, die Entscheidung des Ehepartners bewusst anzunehmen.

Doch was tun, wenn der Ehemann theoretisch zu einem solchen Schritt noch nicht bereit ist? Wenn es nicht gerade um ethische Fragen geht oder solche, die die Sicherheit betreffen, tue ich, wozu ich berufen bin: mich zum Wohle der Ehe in Liebe unterordnen. Und dabei spielt es keine Rolle, ob Philip seiner Aufgabe, mich zu lieben, in meinen Augen gerecht wird oder nicht.

Sexualität in der Ehe

So wie die Kommunikation sollen auch die sexuellen Beziehungen zwischen Mann und Frau ein ständiger Zustrom von Gnade in der Ehe sein. Manchmal ist dies jedoch nicht leicht zu verstehen. Nach meiner Heirat hatte ich deswegen schwere Kämpfe durchzustehen. Aus irgendwelchen Gründen war ich davon überzeugt, dass Sexualität etwas Schlechtes oder Verdorbenes sei. Ich verstand nicht, warum vorehelicher Sex falsch und Sex in der Ehe auf einmal richtig sein sollte. Tief in mir steckte die Überzeugung, dass Sex Sünde sei.

Es gab eine Menge Gründe, warum ich so dachte: Vielleicht hatte ich einen leichten puritanischen Zug mitbekommen, vielleicht zeigte da auch die Erbsünde ihr hässliches Gesicht: Adam und Eva hatten sich ja zuerst auch nicht für ihre Sexualität geschämt, sondern erst, nachdem sie gesündigt hatten. Möglicherweise lag es an der Art und Weise, wie Sexualität in unserer Gesellschaft und in den Medien dargestellt und missbraucht wird. Vielleicht lag es an zurückliegenden persönlichen Erfahrungen. Wahrscheinlich war es eine Kombination aller oder wenigstens einiger dieser Faktoren. Egal, woher es kam: Es bedurfte einer langen Zeit und einer Heilung durch Gott, bevor sich meine Haltung änderte.

Ich nahm an einigen tiefgehenden Katechesen und Meditationen teil. Ich las alles, was mir zu dem Thema in die Finger geriet, trotzdem blieben viele meiner konkreten Fragen unbeantwortet. Ich brauchte Zeit, um zu begreifen, dass Sexualität kein notwendiges Übel ist, sondern heilig und gut.

Gott hat die Sexualität nicht nur erschaffen, sondern uns sogar zum Befehl gemacht: „Seid fruchtbar, und vermehrt euch, bevölkert die Erde!“ *(Gen 1, 28)*. Er hat uns dieses Geschenk gegeben, das für die

Ehe gut und geeignet ist, damit wir unsere Liebe zum Partner ausdrücken, Kinder bekommen und das Menschengeschlecht vermehren können.

Aus dem Buch Genesis und einigen Büchern, die ich gelesen hatte, konnte ich vier Grundsätze zur sexuellen Moral ableiten:

1. Sexualität gehört in die Beziehung zwischen Mann und Frau, in Übereinstimmung mit Gottes Plan, der den Menschen als Mann und Frau erschaffen hat.
2. Sie gehört in eine lebenslange Beziehung, die durch das unwiderrufliche Eheversprechen abgesichert ist und so das ewige Band zwischen den drei Personen der Dreifaltigkeit widerspiegelt.
3. Sexualität soll in Liebe gelebt werden, da die Dreifaltigkeit eine Beziehung der Liebe ist.
4. Sie soll immer offen für das Leben sein und so Gottes Plan widerspiegeln, der vorsieht, dass Liebe fruchtbar ist.

Es ist ein Missbrauch von Sexualität und ihres ursprünglichen Zwecks, wenn diese Grundsätze ignoriert werden. Ein Missbrauch, der in unserer Gesellschaft gängig ist: Die Sexualität wurde von der Ehe und der Liebe abgetrennt, aus ihrem Zusammenhang mit der Zeugung getrennt und zu reiner Lust degradiert. Jede sexuelle Sünde in der Welt oder im eigenen Leben beruht auf der Verletzung eines oder mehrerer der obigen Grundsätze. Es handelt sich um den Missbrauch einer großen Kraft, die wir von Gott erhalten haben, eine Beleidigung des wunderbaren Ziels, das Gott der Sexualität verliehen hat. Jede Sünde im sexuellen Bereich ist somit in Wahrheit die Entweihung von etwas Heiligem.

Sexualität als sakramentales Geschenk

Als ich diese vier Grundsätze erkannt hatte, konnte ich die Lehre der Kirche über Gottes Plan zur Sexualität besser verstehen. Das stellte mich jedoch nicht ganz zufrieden. Ich wusste, dass ich moralisch korrekt handelte. Doch irgendetwas fehlte mir.

Eines Tages war ich bei einer Freundin zum Kaffee eingeladen und wir besprachen dieses Thema. Sie hatte ähnliche Schwierigkeiten. So versuchten wir, dem Problem gemeinsam auf den Grund zu gehen. „Meiner Meinung nach wird Sex in unserer Gesellschaft lediglich als eine angenehme Freizeitbeschäftigung angesehen", sagte sie. Sie hatte recht. Darüber musste ich nachdenken.

In der modernen Welt gilt Sexualität üblicherweise als reine Suche nach Lust. Das Körperliche wird übermäßig betont: wie der Körper aussieht und wie er sich fühlt. Man konzentriert sich auf das, was man dabei gewinnen kann: sinnliche Erfahrung, Erregung und Spannung. Zwei Menschen gehen eine sexuelle Beziehung ein, damit jeder daraus für sich Kapital schlagen kann.

Wenn man sich die Frauenzeitschriften an der Supermarktkasse anschaut, lernt man noch einen anderen modernen Blickwinkel kennen: Sex als Mittel, um Macht zu erlangen. Dieser Versuchung sind Mann und Frau gleichermaßen ausgesetzt. Beim Mann äußert sie sich als Wunsch zu herrschen, bei der Frau in einer Neigung zur Manipulation. Die Einwilligung in den Geschlechtsakt oder die Ablehnung werden zu einem Mittel, mit dessen Hilfe man seine Wünsche durchsetzen kann, zu einer Art von Strafe oder Belohnung in der Beziehung. Wir wissen aber, dass es in der ehelichen Liebe nicht um Macht gehen darf. Deshalb darf Sexualität nicht auf diese Weise missbraucht werden.

In Wirklichkeit hat der Geschlechtsakt Auswirkungen auf die aus dem Ehesakrament strömenden Gnaden. Deshalb ist eine Ehe ungültig, solange sie nicht sexuell vollzogen wurde. Sakramente haben gewöhnlich sowohl physische als auch geistliche Merkmale. Wenn man sich beim Geschlechtsverkehr nur auf äußere physische Merkmale wie etwa die Technik oder auf den Orgasmus konzentriert und nur sexuelle Befriedigung sucht, verkennt und gefährdet man die tiefere geistige Verbindung, die dabei entstehen soll.

In der Sexualität soll die Liebe zum Ehepartner eine Fortsetzung finden. Wir sollen sexuelle Liebe nicht nur für uns selbst wünschen, sondern unserem Ehepartner zum Geschenk machen. Sie ist ein Akt der Zärtlichkeit ihm gegenüber und Ausdruck dafür, dass er vollständig angenommen ist, ganz so, wie er ist. So ist Sex in der Ehe tatsächlich eine Erneuerung des Eheversprechens, den Ehepartner bis ans Lebensende zu lieben und zu ehren. Wenn man sich beim Geschlechtsakt dem Ehepartner zum Geschenk macht, kann die Gnade des Ehesakramentes im gemeinsamen Leben wirken.

Die sexuelle Vereinigung

Es gab jedoch ein Problem, das mir unlösbar erschien und mich belastete. Beim Sex mit meinen Ehemann konnte ich eine vollständige Einheit, diese komplette Vereinigung zweier Personen, oft nicht fühlen. Der sexuelle Akt kam mir rein körperlich, aber nicht geistig oder persönlich vor. Erst später begriff ich, dass körperliche Befriedigung ein gottgewollter Bestandteil einer erfüllten sexuellen Beziehung ist. Ich erkannte, dass das Ziel die Vereinigung zweier Menschen auf körperlicher und geistiger Ebene ist und dass es sich dabei wiederum um einen fortwährenden Prozess handelt, wie wir ihn aus vielen weiteren Lebensbereichen bereits kennen.

Oft kann ein Widerspruch zwischen der geistigen und der körperlichen Seite der Sexualität ein wichtiger Hinweis sein: Er kann aufdecken, dass Probleme in diesem Bereich vorliegen, die man aufarbeiten muss. Erfahrungen mit sexueller Unmoral, sexuellem Missbrauch oder Nötigungen aller Art beeinflussen die Fähigkeit, sich dem Ehepartner frei hinzugeben und die sexuelle Vereinigung als Liebe erfahren zu können.

Manchmal spürt man, dass irgendetwas die vollkommene sexuelle, emotionale und geistige Vereinigung mit dem Ehepartner verhindert. Vielleicht kann man gar nicht sagen, worin das Problem genau besteht. In solchen Fällen ist es gut, fachliche Hilfe zu suchen und über alle Verletzungen zu sprechen, die man selbst verursacht hat oder die einem andere zugefügt haben. Ich habe eine direkte Heilung von Gott in diesem Bereich erfahren, als ein Priester für mich ein Heilungsgebet betete. Gott griff in mein Leben ein, sodass eine vollkommene sexuelle Vereinigung zwischen mir und meinem Mann möglich wurde. Für mich persönlich kann es kein stärkeres Zeichen dafür geben, dass eheliche sexuelle Beziehungen heilig sind und Gott sie befürwortet.

Mit der Zeit wurde mir bewusst, dass diese finstere Nacht, in der ich die geistige Dimension der ehelichen Liebe nicht sehen konnte, eine Glaubenshandlung erforderte, genau wie jedes andere Sakrament. Die körperliche Vereinigung zwischen Mann und Frau in der Ehe gibt eine Vorahnung von der geistigen Vereinigung, die Gott uns ermöglicht. Gelegentlich habe ich eine vage Vorstellung davon, doch oftmals nehme ich die geistige Wirklichkeit unserer Liebe während des Liebesaktes nicht wahr.

Manchmal hatte ich den Eindruck, dass meine Lebensregel zu wenig auf Philip ausgerichtet war. So musste ich tiefer gehen und mich bewusst auf ihn konzentrieren. Ich erinnerte mich daran, dass Papst Johannes Paul II. vor vielen Jahren einmal gesagt hatte, dass man die Liebe als „Verfügbarkeit, Annahme und Hilfe" definieren kann. Damit begann ich nun.

Ich fragte mich, wie ich besser für meinen Mann da sein konnte. Es war im Grunde eine Frage der Zeitplanung. Da Philip fünf Tage in der Woche von morgens bis abends außer Haus arbeitete, war die Zeit, die ich mit ihm verbringen konnte, beschränkt. Ich begann damit, verzichtbare Aufgaben aus meinem Abendprogramm zu streichen und keine festen Pläne mehr für die Zeit zu machen, wenn die Kinder im Bett waren. Denn ich wollte für Philip da sein, wenn er abends von der Arbeit kam.

Philips Abende waren oft ausgefüllt mit der Vorbereitung für seine Unterrichtsstunden, was mich nicht weiter störte. Für mich war wichtig, dass ich alle dringenden Aufgaben schon erledigt hatte, sodass ich für ihn Zeit hatte. Ab und zu wollte ich zwar an einigen Dingen weiterarbeiten oder mir etwas im Fernsehen anschauen, aber in meiner Lebensregel galt: Wenn Philip Lust hat, mit mir zu reden oder Zeit zu verbringen, hat dies für mich höchste Priorität.

Die Samstagabende hielt ich grundsätzlich für ihn frei. Wir waren da quasi miteinander verabredet. Da unsere Finanzen beschränkt waren, verzichteten wir darauf, in der Stadt auszugehen. Ich fragte ein paar Freundinnen, wie sie ihre Zeit mit ihren Ehemännern verbrachten. Dadurch gewann ich ein paar wunderbare Ideen, wie ich zuhause eine gute, gemütliche Atmosphäre zaubern konnte: Barbecue, ein Glas Wein, ein Videoabend mit Popcorn, Kartenspiel oder sogar gemeinsame Lektüre. Wenn ich einkaufte, dachte ich immer schon an diese Abende. Wenn Philip mit Freunden ausgehen wollte, war es mir aber auch recht. Es gab immer genug Kleinigkeiten, die ich erledigen konnte, wenn ich samstagabends alleine zuhause war. Wichtig war nur, dass ich für Philip da war.

Weiterhin orientierte ich mich in meiner Lebensregel an den Worten von Johannes Paul II. über gegenseitige Annahme. Ich entschied mich, bewusst darauf zu achten, dass jedes Wort, das aus meinem

Mund kam, Ausdruck einer freundlichen und rücksichtsvollen Haltung war. Ich entschied mich außerdem dafür, ihn mehr zu ermuntern und ihm meine ganze Aufmerksamkeit zu schenken, wenn wir miteinander sprachen. Schließlich brachte ich den Kindern bei, uns nicht zu stören, wenn wir uns unterhielten.

Ein weiterer Punkt war praktische Hilfe. Es gab nur wenig praktische Hilfe, die ich Philip neben meinen normalen Aufgaben als Mutter und Hausfrau anbieten konnte. Ich fand jedoch ein paar Kleinigkeiten: Ich konnte morgens Kaffee aufsetzen, Philips Kaffeebecher für den Weg zur Arbeit füllen, für ihn Mittagessen kochen und ihn fragen, ob ich für ihn Frühstück machen sollte. (Gewöhnlich machte er es selbst.)

Mit dem Plan anfangen

An dieser Stelle möchte ich mich auf die praktische Hilfe konzentrieren, die Ihr Ehepartner täglich benötigt, und die Zeit, die Sie mit ihm verbringen. Stellen Sie sich folgende Fragen:

Wann kann ich meinem Ehepartner regelmäßig Zeit widmen?

Kann ich zum Beispiel eine regelmäßige gemeinsame Zeit in der frischen Luft einplanen oder besondere Abende, die die Eintönigkeit des Alltags durchbrechen und uns helfen, uns zu entspannen? Was kann ich dafur tun?

Schreiben Sie Ihre Überlegungen dazu auf.

Benötigt mein Mann über die Hausarbeit hinaus Hilfe?

Könnte ich ihm mit ein paar Kleinigkeiten helfen, die er schätzt und die sein Leben erleichtern?

Benötigt er von mir Hilfe für seine Arbeit?

Wann kann ich diese Dinge in unseren Tagesablauf integrieren? An welchen Tagen? Zu welcher Tageszeit?

Schreiben Sie auch hierzu Ihre Überlegungen auf.

Die weiteren Schritte

Egal, was Sie geplant haben: Die Beziehung zu Ihrem Ehepartner ist der wichtigste Punkt in diesem Bereich der Lebensregel. Es ist wichtig, dass Sie sich regelmäßig Zeit nehmen, um über die Ehe nachzudenken, entweder allein oder zusammen mit Ihrem Ehemann. (Ich bin mir übrigens durchaus bewusst, dass nicht alle Ehemänner lange Diskussionen über ihre Ehe führen möchten!)

Am Anfang sollte man überlegen, was man selbst ändern kann, und nicht, was der Partner unbedingt ändern sollte. Oft stehen uns die Fehler des Ehepartners sehr klar vor Augen, doch die eigenen sehen wir nicht. Doch man kann seinem Ehepartner nicht vorschreiben, sich sofort zu ändern, ebenso wenig wie man das eigene Herz auf Anhieb umwandeln kann. Eine positive Veränderung ist am ehesten zu erwarten, wenn man an den eigenen Fehlern und dem eigenen

Verhalten arbeitet. Papst Paul VI. sagte einmal, dass die größte Form der Evangelisierung das Zeugnis des eigenen Beispiels sei und Worte erst an zweiter Stelle stehen. Wenn wir also zuerst einmal den Balken im eigenen Auge entfernen, finden wir vielleicht leichter einen Weg, dem Ehepartner mit seinem kleinen Splitter zu helfen.

Denken wir noch einmal über die wichtigsten Aspekte nach, die in diesem Kapitel angesprochen wurden, und stellen wir uns auch die Frage, ob eine gute Kommunikation in unserer Ehe durch irgendetwas verhindert wird.

Tun Sie vielleicht irgendetwas, was Ihren Ehepartner dazu veranlasst, sich gemeinsamen Gesprächen zu entziehen?

Wie können Sie das ändern?

Gibt es in Ihrer Ehe etwas, was Sie besser machen sollten, z. B. bei Gesprächen mit dem Partner aufmerksamer sein?

Gibt es etwas, was Sie Ihrem Ehepartner verzeihen sollten? Gibt es irgendwo in der Ehe Klärungsbedarf? Gibt es Differenzen zwischen Ihnen und Ihrem Partner, die Sie gemeinsam lösen sollten?

Denken Sie darüber nach, wie Sie Ihrem Partner besser dienen können.

Gibt es Kleinigkeiten, mit denen Sie Ihrem Ehepartner zeigen können, dass Sie ihn lieben? Auf welche Weise beten Sie für ihn? Benötigt er mehr Gebete?

Gibt es Bereiche im Sexualleben, bei denen Sie sich konsequenter an der Lehre der Kirche über Sexualität in der Ehe orientieren sollten?

Müssen Sie an Ihrer Haltung der Sexualität gegenüber etwas ändern, damit Sie ein wahres Geschenk für Ihren Partner werden können?

Brauchen Sie in diesem Bereich Heilung oder Buße? Benötigen Sie Hilfe von außen?

Übernehmen Sie mit Ihrem Ehepartner die volle Verantwortung für alle Bereiche der Ehe? Gibt es Dinge, denen Sie ausweichen?

Gibt es Bereiche in der Ehe, in denen Sie Ihren Ehepartner beherrschen? Wie können Sie das ändern?

Bitten Sie den Heiligen Geist, Ihnen zu zeigen, welche Absichten er für Sie und Ihren Partner hat und was Sie in Ihrer Ehe noch verbessern sollten.

Wenn wir den dritten Lebensbereich, die Ehe, betrachten, lenken wir den Blick auf den Ehepartner. Wir müssen uns darauf konzentrieren, ihn zu lieben, ihm durch unsere Aufmerksamkeit und Unterstützung zu helfen und mit ihm unsere einmalige Persönlichkeit zu teilen. Es geht in der Ehe nicht darum, dass wir uns nach der Liebe unseres Ehepartners sehnen, uns in unseren Schwächen auf ihn verlassen oder bei ihm Aufmunterung oder Trost suchen. Dies alles ist zwar wichtig und Teil von Gottes Plan. Die christliche Ehe ermuntert uns aber klar dazu, uns unserer besonderen Aufgabe als Ehepartner zu widmen und uns bewusst dafür zu entscheiden, den Ehepartner zu lieben und ein Kanal der Gnade für ihn zu werden.

Mutter Teresa ermunterte ihre Schwestern oft dazu, sich zu bemühen, möglichst viel zu lieben, statt zu erwarten, geliebt zu werden, die Mitmenschen zu verstehen, statt zu erwarten, verstanden zu werden, und ihnen zu dienen, statt zu erwarten, bedient zu werden. Über ihren Dienst an den Armen sagte sie, sie habe dabei viel mehr erhalten als gegeben.

Leserstimmen von Müttern

> „Ich finde es beeindruckend, dass die Ehe ein permanentes Sakrament ist und ich dadurch immer auf Gottes Gnade zählen darf."

> „Es ist so schön, dass ich nicht aus eigener Kraft kämpfen muss, sondern Beistand von oben habe."

> „Es stimmt schon, dass die Ehe vor allem eine Entscheidung und kein Gefühl ist, dennoch habe ich die Erfahrung gemacht, dass nach einer mühsamen oder trockenen Zeit uns der liebe Gott doch immer wieder neu Verliebtheit schenkt."

> Die Nacht der Ehe
„Für mich ist es in schwierigen Momenten der Ehe, in denen sich andere vielleicht für eine Trennung entscheiden würden, trostreich, am Glauben an die Ehe festzuhalten und einfach weiterzugehen, und bald schon merke ich, wie wir daran wachsen."

> „Wir haben auch die Erfahrung gemacht: Ohne Gott ist echte Treue in der Ehe kaum möglich. Unser Trauungspriester hat bei unserer Hochzeit so treffend gesagt: ‚**EHE** heißt: **E**r **H**ilft **E**uch.' Wir müssen immer wieder daran denken: NUR durch seine Gnade ist es möglich."

> „Für mich ist es unrealistisch, dass ich alles Notwendige schon am Abend erledigt haben soll, auch wenn ich den Gedanken sehr schön finde. Aber ich will mich bemühen, zumindest einige Zeit am Abend freizuhalten."

> „Gemeinsame Aktivitäten müssen ein Fixpunkt sein. Man muss sie sich bewusst vornehmen, sonst macht man nichts gemeinsam."

Sechstes Kapitel

Vierte Priorität: Unsere Berufung als Eltern

Betrachten wir nun die vierte Priorität. Dabei geht es um die Pflichten, die wir als Eltern erfüllen sollen. So wie wir dazu berufen sind, den Ehepartner tätig zu lieben, ist es ebenfalls unsere Aufgabe, Kinder zu bekommen und großzuziehen. Durch die Kraft des Sakramentes hat uns Gott die Fähigkeit gegeben, unsere Kinder zu lieben und unsere Aufgabe zu erfüllen, ihre ersten und wichtigsten Lehrer zu sein.

Wie ich meine Berufung als Mutter insgeheim verachtete

Während der Babypause ging ich einmal mit meiner Tochter im Kinderwagen spazieren. Ich kam an der Schule vorbei, an der mein Mann unterrichtete. Genau in diesem Moment klingelte es und eine ganze Horde Teenager stürmte nach draußen.

Ich fühlte mich auf einmal unwohl in meiner Haut. Ich merkte, dass ich sogar rot wurde. Tief in mir bemerkte ich ein bis dahin unbekanntes Gefühl: Es war mir tatsächlich peinlich, dass mich die Jugendlichen einen Kinderwagen schieben sahen! In diesem Moment kam es mir so vor, als müsste man sich dafür schämen. Meine ganze Bildung und meine Qualifikationen hatten in meinen Augen keinen Wert mehr, denn einen Kinderwagen schieben konnte auch ein ungebildeter Teenager. Ich glaubte, versagt zu haben, weil ich nicht draußen in der Welt an etwas „Wichtigem“ arbeitete.

Es überraschte mich, als mir auf diese Weise bewusst wurde, dass ich keine hohe Meinung von meiner Berufung als Mutter hatte. Ich hatte das Gefühl, nur Hausfrau und Kindermädchen zu sein, und war überzeugt davon, dass ich dabei leicht zu ersetzen wäre. Jeder andere hätte meine Kinder genauso gut erziehen können wie ich.

Eine schwere und unerwartete Wahl

Als mein sechsmonatiger Mutterschaftsurlaub fast zu Ende war, rief mich eines Tages mein früherer Direktor an und bot mir wieder die Stelle als Lehrerin an, die ich im Jahr zuvor gehabt hatte.

„Ich weiß nicht ...", antwortete ich. „Darüber habe ich noch gar nicht nachgedacht, dass ich wieder arbeiten gehen könnte. Ich muss das noch mit meinem Mann besprechen."

„Tut mir leid Holly, ich kann nicht warten. Ich muss das sofort wissen", insistierte er.

Ich kämpfte mit mir. Wir waren noch nicht lange hier in Calgary. Für uns war alles immer noch fremd. Ich hatte keine Familie und auch keine Freunde, die sich um das Kind kümmern könnten. Ich wollte zwar arbeiten, aber ich war mir nicht sicher, ob ich das Kind fremden Leuten überlassen könnte. Ich brauchte Zeit zum Nachdenken.

„Ich muss mit meinem Mann darüber sprechen", wiederholte ich.

„Tut mir wirklich leid, Holly, aber das geht nicht, ich kann nicht mehr warten. Wollen Sie die Arbeit oder nicht? Ich muss das jetzt wissen: Ja oder nein?", entgegnete er.

Ich erinnerte mich daran, dass mir Philip einmal folgenden weisen Rat gegeben hatte: „Man darf sich nie zu Entscheidungen drängen lassen, und schon gar nicht, wenn man vorher nicht mit dem Ehepartner darüber reden kann." Also sagte ich meinem Chef: „In Ordnung, dann muss ich leider absagen."

Nachdem ich den Hörer aufgelegt hatte, wurde mir bewusst, dass mein Leben eine ganz andere Richtung einschlug als geplant. Mein Weg führte mich plötzlich nicht mehr zu dem Ziel, auf das ich in den vergangenen Jahren hingearbeitet hatte.

Warum hat Gott es so gefügt, dass ich Lehrerin wurde, wenn ich diesen Beruf nun doch nicht ausüben sollte?

In diesem Moment wurde mein Glaube hart geprüft. Gott wusste, was er tat, aber ich war mir nicht sicher, ob ich in der Lage war, seinen Willen zu erfüllen. Ich erinnerte mich an einen Satz, den die Missionarin Elizabeth Elliot einmal gesagt hatte: Man muss lernen, auch gute Dinge einem höheren Ziel zu opfern. Wir verstehen zwar, warum Unkraut aus dem Garten entfernt wird, doch warum müssen auch die Blumen verwelken? Nach Gottes weisem Plan sterben selbst Blütenblätter ab, obwohl sie wunderschön sind. Dieser Gedanke begleitete mich lange. Ich verstand, dass manchmal auch etwas Gutes zugunsten von etwas Größerem geopfert werden muss.

Ich hatte begriffen, dass es innerhalb der guten Dinge eine Hierarchie gibt. Meine Berufung als Mutter steht darin über meiner eigenen

Karriere. Die Bedürfnisse meiner Familie müssen in meinem Leben an erster Stelle stehen. Ich wusste, dass dies das grundlegende Prinzip war, nach dem ich meine Zeit und meine Kräfte einteilen sollte. Zu dieser Zeit brauchte mich mein Baby zuhause. Für uns alle gilt, dass wir in der Lebensregel unseren Kindern die erforderliche Zeit und Aufmerksamkeit zuteilen müssen, um ihren Bedürfnissen wirklich gerecht zu werden.

Ein Kulturschock

Nachdem ich meinem Chef abgesagt hatte, erlebte ich einen gewaltigen Kulturschock. Meine Erfahrungen und meine Erziehung hatten mich auf die Berufstätigkeit vorbereitet. Da ich zuhause blieb, hatte ich das Gefühl, mein Leben wäre irgendwie bedeutungslos und es fehlte mir ein wirkliches Ziel. Ich erinnere mich daran, wie ich die kleinen Nachbarskinder beobachtete, die frühmorgens an meinem Fenster vorbeigingen, mit dem Schulranzen auf dem Rücken. Sie lachten und schwatzten und ich hatte mit meiner Traurigkeit zu kämpfen. Ich war neidisch auf sie. Ich wollte auch in die Schule und fühlte mich zuhause, in meiner kleinen Welt, wie ein Gefangener. Alles, was mich ausmachte, worauf ich mich vorbereitet hatte und was ich immer hatte tun wollen, war verlorengegangen. Einmal sagte ich zu Philip: „Ich fühle mich, als ob ich auf alles verzichtet hätte, außer auf mein Leben, meinen Glauben und meine Familie". Ich hatte das Gefühl, als ob ein großer Teil von mir abgestorben wäre.

Ich weinte meiner Karriere als Lehrerin nach. Tief im Herzen hatte ich erkannt, dass Gott mich dazu berufen hat, bei meinen Kindern zuhause zu bleiben. Dies führte in mir zu einem Zwiespalt zwischen Verstand und Herz. Es dauerte viele Jahre, bis ich diesen durch gute Lektüre, Gebet und Meditation, den Empfang der Sakramente und Heilung durch Gott überwinden konnte.

Ich brauchte sehr lange, bis ich akzeptieren konnte, dass Gott mich dazu berufen hatte, Mutter zu sein, und ich mir diesen Lebensweg ja auch selbst ausgesucht hatte. Ebenso dauerte es einige Zeit, bis ich begriff, dass meine Talente, Interessen und meine Erziehung zwar durchaus wichtig waren, meine derzeitigen Familienpflichten jedoch allen Angeboten, die vielleicht von außen kamen, übergeordnet waren.

Schrittweise lernte ich, dass die scheinbar so banalen und unwichtigen Aufgaben einer Mutter, nämlich Gott zu lieben, eine heiligmäßige Ehe zu führen und die Kinder zu glücklichen, ausgeglichenen und heiligen Menschen zu erziehen, in dem großartigen Plan Gottes wichtiger sind als die Ziele, die ich mir in anderen Bereichen gesetzt hatte. Im Laufe der Zeit musste ich lernen, dass Beziehungen wichtiger sind als Aufgaben und das Sein wichtiger ist als das Arbeiten.

Entdeckung meiner Berufung als Mutter

Ich blieb mit meiner wachsenden Familie auch in den kommenden Jahren zuhause. Oft war mir jedoch langweilig und ich war unzufrieden. Ich wusste nicht genau, was ich mit den Kindern anfangen sollte. Ich hatte den Eindruck, dass ich sie ständig nur „beobachtete“.

Meiner Meinung nach war ich für die Kindererziehung nicht geschult. In der Mutterschaft selbst sah ich keine Aufgabe, da ich dafür in meiner Kindheit kein Vorbild finden konnte. Als Kind war ich oft krank oder ich schlief sehr viel. Meine Mutter, die Vollzeit arbeiten gegangen war, war in dieser Hinsicht für mich kein gutes Modell.

Eines Tages erhielt ich durch Gottes Fügung ein interessantes Angebot: eine halbe Stelle als Katechetin in einer großen Pfarrgemeinde im Nachbarort. Ich ergriff diese Chance, auch weil ich darin die Möglichkeit sah, jener Art zu leben näherzukommen, die ich damals für die einzige „normale" hielt.

Das erste Jahr war wunderbar. Es war für mich herrlich, endlich wieder aus dem Haus zu kommen und etwas „Sinnvolles" zu tun, statt mich ständig mit Hausarbeit und dem Vorlesen von Märchen zu beschäftigen. Es fiel mir nicht leicht, meine Kleinsten bei einer Bekannten abzuladen, die bereit war, in dieser Zeit auf sie aufzupassen. Vor allem der Anblick meines zweijährigen Nicki brach mir geradezu das Herz: wie er mit gesenktem Kopf dort saß und sich mit den Ellenbogen auf den Knien abstützte. Doch meine Schuldgefühle und meinen Schmerz erstickte ich, ich ließ Nicki einfach dort zurück. Wenn ich zurückkam, war er mir gegenüber sehr aggressiv. Ich brauchte meine ganzen freien Tage, um ihn wieder ins Gleichgewicht zu bringen, und dann begann wieder alles von vorne.

Die Arbeit als Katechetin betrachtete ich als anregende Herausforderung, ich stürzte mich Hals über Kopf hinein. Mit der Zeit begann ich zu erkennen, wie hoch der Nachholbedarf der Kinder war, mit denen ich arbeitete. Es war frustrierend, Kindern im achten Schuljahr die Grundgebete diktieren zu müssen, weil sie sie nie zuvor gehört hatten. Ich erinnere mich an eine sechste Klasse, in der keiner je von König Herodes gehört hatte, ganz zu schweigen davon, dass dieser den kleinen Jesus verfolgt hatte und Maria und Josef vor ihm nach Ägypten fliehen mussten. Es schockierte mich, dass die Kinder nach jahrelangem Religionsunterricht nicht wussten, wer der Papst ist. Sie hielten Gnade für ein Gebet, das vor dem Abendessen gebetet wird, und konnten die drei Personen der Heiligsten Dreifaltigkeit nicht benennen.

Die Lücken waren so riesig, dass ich Angst bekam, ich könnte mit meiner Arbeit das Problem nur oberflächlich angehen. Täglich erlebte ich die Folgen davon, dass viele Kinder von ihren Eltern nicht an den Glauben herangeführt werden. Denn diese dachten, eine Stunde Religion pro Woche, zwanzig Wochen im Jahr, sei genug. Ich begann, darüber nachzudenken, ob mein Unterricht wirklich Sinn hatte. Ich war nicht in der Lage, mich noch mehr mit den Problemen dieser Kinder und Jugendlichen zu beschäftigen und noch mehr Zeit mit ihnen zu verbringen. Die ersten und wichtigsten Lehrer für die Kinder sind doch die Eltern! Bei dieser Aufgabe kann ich sie nicht ersetzen. Frustriert fragte ich mich: „Was kann ich tun, damit die Gesellschaft besser wird?"

Die Antwort führte mich zurück nach Hause

Meine eigenen Kinder christlich zu erziehen, war der größte Beitrag, den ich für die Gesellschaft leisten konnte. Ich wollte der Welt integre, gläubige Mitmenschen schenken, die mehr erreichen und mehr Einfluss nehmen würden, als es mir gelang. Meine Arbeit mit ihnen war der Kern der gesellschaftlichen Veränderung. So entdeckte ich meine Aufgabe als Mutter!

Ich wusste, dass ich mich daneben nicht gleichzeitig noch auf die Arbeit als Katechetin und auf meine Aufgaben für die Pfarrgemeinde konzentrieren konnte. Die Arbeit als Katechetin war anstrengend, verantwortungsvoll und erforderte hohe Konzentration. Ich hatte schon genug Stress damit, das Wichtigste aus beiden Aufgabenbereichen parallel zu erledigen. Traurig reichte ich meine Kündigung ein, aber ich wusste, dass ich eine wichtigere Aufgabe hatte: zuhause bei den Kindern zu sein.

Die Schönheit und Würde der Elternschaft

Nachdem ich aufgehört hatte, außer Haus zu arbeiten, beruhigte sich Nicholas und war wieder zufriedener. Er brauchte mich eben, das war alles. Ich war dazu berufen, mit meinen Kindern zusammen zu sein. Gott hatte mir meine Kinder geschenkt und nicht jemand anderem. Nach Gottes Plan passte meine Persönlichkeit exakt zu diesen Kindern. Ich war für sie nicht ersetzbar. Nun war ich motiviert, so viel wie möglich über das Muttersein zu erfahren. Bald lernte ich einen Gedanken kennen, der meine Ansichten darüber veränderte.

Philip und ich sollten in den Wintermonaten Vorträge für eine Gruppe von Paaren halten, die sich auf die Ehe vorbereiteten. In dem dafür vorgesehenen Ehehandbuch stießen wir auf die Aussage, dass „Eltern die Arbeit Gottes bei der Schöpfung" abbilden. Das war ein interessanter Gedanke! Ich holte meine Bibel, schlug das Buch Genesis auf und überlegte: „Was hat Gott eigentlich bei der Schöpfung getan?" Als ich im Buch Genesis weiterlas, kam es mir vor, als würde ein Schleier von meinen Augen weggenommen. Ich erkannte Gottes Plan für das Elternsein ganz klar. Ich wusste schon vorher, dass Philip und ich durch unsere Offenheit für das Leben und als Eltern an Gottes Schöpfung Teil hatten. Mir war jedoch nicht bewusst gewesen, dass wir mit unseren Aufgaben als Eltern die Arbeit Gottes veranschaulichten.

So wie Gott bei Adam und Eva für alles Lebensnotwendige gesorgt hatte, waren auch Philip und ich dazu berufen, für genug Essen für die Familie und ein Dach überm Kopf zu sorgen. Doch Gott hatte auch das Paradies erschaffen. Ebenso sollte auch unser Haus ein kleines Paradies sein, ein Ort der Schönheit, Ruhe und Harmonie.

So wie Gott mit Adam und Eva spazieren ging und sich mit ihnen unterhielt, war auch ich dazu berufen, eine liebende Beziehung und eine vertrauensvolle Kommunikation mit unseren Kindern zu pflegen.

So wie Gott Adam und Eva Wissen vermittelte, damit sie die Schöpfung verwalten und somit überleben konnten, war auch ich dazu berufen, meine Kinder zu bilden, mit ihnen das Geschenk des Glaubens zu teilen, das ich angenommen hatte, und ihnen Wissen und Fertigkeiten für das Leben in der Gesellschaft beizubringen, damit sie aus ihr eine bessere Welt schaffen konnten.

So wie Gott Adam und Eva die Aufgabe übertrug, den Paradiesgarten zu bewirtschaften, sollte ich meine Kinder dazu zu erziehen, gewissenhaft zu arbeiten. Ich sollte ihnen Verantwortung übertragen und ihnen Aufgaben bei der Pflege unseres Zuhauses zuteilen, um so ihren Charakter zu formen.

So wie Gott über Adam und Eva herrschte, ihnen Regeln gab und diese auch durchsetzte, so sollten Philip und ich für unsere Kinder eine Autorität darstellen, sie anleiten und erziehen. Wie Gott Adam und Eva ihre Rebellion verziehen hatte und sich zu ihnen neigte und für sie Kleider herstellte, sollten auch wir unseren Kindern jeden Fehltritt verzeihen und ihre Sünden mit Liebe beantworten. Doch da Adam und Eva den Paradiesgarten zu ihrem eigenen Wohl verlassen mussten, erkannte ich, dass ich meine Kinder vor den tatsächlichen Folgen ihrer Taten nicht schützen darf.

Die Eltern stellen also anschaulich die Arbeit Gottes bei der Schöpfung dar. Was für eine wichtige und aufregende Aufgabe wir doch haben! Was für eine Würde so selbst der langweiligsten Aufgabe verliehen wird! Alles, was wir für unsere Kinder oder mit ihnen tun, spiegelt Gottes Liebe wieder, die er bei der Schöpfung offenbarte. Meine Gleichgültigkeit gegenüber meiner Berufung hatte mich früher daran gehindert, ihre Schönheit zu sehen. Die Wahrheit befreite mich jetzt. Ich hatte nicht länger den Eindruck, zuhause etwas weniger Wichtiges zu leisten als durch Berufsarbeit.

Wir Mütter haben eine echte, wichtige, persönliche und unersetzbare Aufgabe: die Aufgabe, unsere Kinder zu erziehen. Johannes Paul II. schrieb in seinem Brief an die Familien, dass die Erziehung der Kinder „als echtes und eigentliches Apostolat angesehen werden“[10] kann.

Katholische Bildung vermitteln

Das bedeutet, dass ich dazu berufen war, meine Kinder aktiv zu erziehen und sie nicht nur zu beobachten, als wäre ich bloß ihr Kindermädchen. Wer sonst soll ihnen all das beibringen, was sie für das Leben in dieser Welt brauchen? Wer soll sie zu Gott führen, wenn nicht Philip und ich? Zusammen mit meinem Mann hatte ich erzieherischen Einfluss auf das Leben meiner Kinder. Ich war diejenige, die dazu berufen war, sie zu formen und sie auf diese und die kommende Welt vorzubereiten. Ich war der wichtigste Lehrer meiner Kinder. Dieses Privileg wollte ich nie mehr unterschätzen.

Eine weitere Frage war, wie ich unsere Kinder erziehen sollte. Ich wusste, dass ich den Kindern eine katholische Bildung vermitteln musste. In unserer Gegend gab es jedoch keine katholischen Schulen. Schließlich wurde mir klar, dass ich durchaus die nötigen Kenntnisse hatte, um sie zuhause zu unterrichten. Ich war der festen Überzeugung, dass Gott dies von mir verlangte. Mit großem Eifer las ich mir das erforderliche Wissen an und informierte mich über die geistige

---

[10] 1994 – Jahr der Familie, Brief Johannes Pauls II. an die Familien.

Entwicklung von Kindern. Nach und nach arbeitete ich vollständige Lehrpläne aus, die ich im Laufe der Jahre verbesserte.

Als Mütter bzw. als Eltern müssen wir uns klar machen, dass im Unterricht umfangreiches Wissen und eine gründliche Bildung die größte Rolle spielen. Unsere Berufung besteht darin, unseren Kindern diese Bildung zu vermitteln, egal ob durch Hausunterricht oder durch die Auswahl einer guten Schule.

Nach einigen Monaten erkannte ich jedoch, dass ich meinen Kindern nicht nur eine gute Schulbildung vermitteln musste. Was bedeutete es für Philip und mich, dass wir als Eltern die wichtigsten Lehrer unserer Kinder waren? Wie konnten wir ihnen eine richtige katholische Erziehung zu geben? Dafür genügte es nicht, ihnen Mathematikunterricht zu geben oder lesen beizubringen. Ich begann, gründlich nach der richtigen Antwort auf diese Frage zu suchen.

Nach einiger Zeit fand ich sie: Die Aufgabe und Berufung der Eltern ist es, die Persönlichkeit der Kinder zu bilden. Sie sind dazu berufen, die Gesundheit der Kinder zu erhalten, ihre Kreativität zu fördern, ihren Sinn für die Schönheit der Schöpfung zu schärfen, ihnen die Wahrheit zu vermitteln, sie zu tugendhaften Menschen zu erziehen, ihren Willen zu einem Leben in Heiligkeit zu wecken und zu stärken und Gott in ihre Seelen einzupflanzen. Die Bildung, die wir ihnen vermitteln, muss über die drei grundlegenden Fertigkeiten Lesen, Schreiben und Rechnen, über die fachliche Ausbildung und die Vorbereitung auf einen Beruf hinausgehen.

„Bildung besteht im Prinzip daraus, einen Menschen darauf vorzubereiten, was er werden soll, und darauf, was er hier auf Erden tun soll, um das edle Ziel zu erreichen, zu dem er erschaffen wurde“, schrieb Papst Pius XI.[11] Bildung hat also natürliche und übernatürliche Ziele. Die übernatürlichen Ziele, also die religiöse Entwicklung und moralische Bildung der Kinder, im Auge zu behalten, unterscheidet eine katholische Erziehung von einer gewöhnlichen.

Zu einer solchen Erziehung gehören viele verschiedene Gegenstände: Katechese, Persönlichkeitsentwicklung, Einüben von Willensstärke, das Praktizieren von Tugenden, Selbstdisziplin. Die religiöse Erziehung hält die Kinder dazu an, Jesus nachzufolgen, immer das Gute zu wählen und dem Bösen aus dem Weg zu gehen. Darin besteht der Kern der sittlichen Vollkommenheit und der Persönlichkeitsentwicklung. Sie bezieht sich nicht auf ein bestimmtes Alter, sondern durchdringt das gesamte Leben. Wenn wir lange genug an uns arbeiten, siegen Wille und Verstand immer mehr über unsere Emotionen, über die wir in dem Kapitel über die „Eigene Person“ gesprochen hatten.

Das Ziel der wahren Bildung besteht also darin, die Kinder zu motivieren, heilig zu werden. So müssen religiöse Erziehung, Ethik, Tugenden und Sittlichkeit zum Mittelpunkt der Unterweisung durch die Eltern werden. Die Begegnung unserer Kinder mit dem Wissen muss vom christlichen Glauben mittels Gnade getragen werden.

Ich wollte das alles gerne umsetzen, doch wie? Diese Frage musste ich praktisch angehen.

---

[11] Divini Illius Magistri 31. Dezember 1929 (Übersetzung KM).

Die Kinder zu Gott führen

Ich stellte fest, dass es nichts nutzt, wenn ich den Kindern nur dauernd von Gott erzähle. Sie brauchten direkten Kontakt mit Gott. Daher ist es in erster Linie unsere Aufgabe, unseren Kindern einen Zugang zu Gottes Gnade zu verschaffen. Wir können sie etwa regelmäßig zur Heiligen Messe und zur Beichte mitnehmen, sie zum persönlichen Gebet und Familiengebet hinführen, sodass beides zu einem normalen Bestandteil ihres Alltags wird, ihnen eine Bibel geben und sie dazu ermuntern, darin zu lesen. Natürlich sollen wir auch immer für sie beten.

Außerdem können wir sie im Glauben unterweisen, ihre Fragen dazu beantworten, ihnen erklären, was wir glauben und warum, ihnen interessante Geschichten über Heilige und über die Tugenden erzählen, ihnen christliche Bücher, Zeitschriften, Comics und Videos über den Glauben allgemein und über Heilige geben usw. Wir können alles nutzen, was ihre Aufmerksamkeit weckt, was sie lesen oder sich anschauen möchten. Auch können wir versuchen, ihnen die christliche Kultur der Liebe nahezubringen, indem wir ein harmonisches Zuhause schaffen und christliche Familientraditionen pflegen: etwa die gebotenen Feiertage einhalten, das Taufjubiläum feiern, zu bestimmten Anlässen besondere Mahlzeiten zubereiten und in den liturgisch geprägten Zeiten des Kirchenjahres passende „Rituale" pflegen.

All das wäre ein guter Anfang, doch es gibt noch mehr zu tun.

Zum lebendigen Glaubenszeugen werden

Eines Tages hörte ich, wie sich unsere achtjährige Anna mit einem jüngeren Geschwisterchen unterhielt. Sie hörte sich an wie ich! Ich fühlte mich unbehaglich, als ich das bemerkte. Kinder ahmen ihre Eltern nach – bis in die Sprechweise hinein – und betrachten sie als Vorbilder. Sie sollen daher miterleben können, dass wir unseren Glauben voller Überzeugung leben, unsere Weltanschauung von der christlichen Wahrheit geprägt ist und wir treu zu deren sittlichen Grundprinzipien stehen. Unsere Überzeugung muss unser ganzes Leben durchdringen, von unseren Ansichten über Hausarbeit bis zum Glauben an die Eucharistie. Wer jedes Mal meckert, wenn er einen Fleck entfernen oder sich zum Beten hinknien soll, kann nicht glaubwürdig über einen bereitwilligen Geist und unbeschwerte Fröhlichkeit sprechen.

Wenn wir unsere Elternrolle gut erfüllen wollen, müssen wir gut auf die ersten drei Lebensbereiche achten. Wir können eine christliche Lebensordnung oder den Glauben nicht an unsere Kinder weitergeben, wenn wir selbst nicht danach handeln. Wir können kein Beispiel für eine gute, von christlichen Werten geprägte Beziehung liefern, wenn wir das in der eigenen Ehe nicht vorleben. Wir müssen uns also selbst ständig bekehren, unsere Selbstbeherrschung, unser Gebet und Gottvertrauen festigen. Wenn wir es nicht schaffen, unsere Lebensregel einzuhalten, können wir das auch von unseren Kindern nicht erwarten.

Ein Kanal der Liebe Gottes sein

Unsere Liebe zu unseren Kindern muss Gottes Beziehung zu Adam und Eva widerspiegeln. Nach den Worten von Papst Johannes Paul II. müssen wir uns ihnen ganz zur Verfügung stellen und sie mit Leib und Seele annehmen, wie sie sind. Wir müssen sie lieben, indem wir tun, was für sie am besten ist.

Sich unseren Kindern zur Verfügung zu stellen, bedeutet, alle eigenen Gedanken und Projekte zurückzustellen, um dadurch Zeit und Raum für sie zu gewinnen. Wir müssen mit unseren Beschäftigungen jederzeit aufhören können, wenn die Kinder Zeit brauchen – damit wir nach ihnen schauen, ihnen zuhören und auf ihre Bedürfnisse reagieren können. Wir dürfen die Zeit mit ihnen nicht einfach abkürzen, weil wir etwas „Wichtigeres" zu tun haben. Wir dürfen sie nicht einfach mit der Bemerkung „Ja, in Ordnung, du kriegst, was du willst ..." abspeisen und ihren wirklichen Bedürfnissen keine Aufmerksamkeit mehr schenken, nur weil wir unsere Arbeit nicht unterbrechen möchten. Wir müssen sie vollkommen annehmen, so wie sie sind. Jedes von ihnen wurde von Gott als einzigartiges Geschöpf erschaffen. Wir müssen mit ihnen Zeit verbringen und sie alle möglichst genau kennen: ihre einzigartigen Talente und Interessen, ihre persönlichen Stärken und Schwächen. Erst dann können wir sie auf angemessene Weise fördern und ihnen helfen, mit Schwierigkeiten besser zurechtzukommen.

Die Kinder zu lieben bedeutet, für sie zu tun, was für sie am besten ist. Dieser Gedanke hat für mich alles viel leichter gemacht. Ist viel

Fast Food das Beste für sie? Oder wenn sie sich streiten? Wenn sie nachts lange wach sind? Ist es gut für sie, immer lange zu schlafen und ihre Aufgaben zu vernachlässigen? Und wie sieht es aus, wenn sie viele Wochen am Stück fleißig waren und nun erschöpft und lustlos sind, weil die Mathe- und Englischstunden so langweilig sind? Ist es dann wirklich das Beste für sie, wenn ich mich stur an den Stundenplan halte? Wäre es nicht eine bessere Motivation für sie, einen freien Tag zu haben und spontan und kreativ sein zu dürfen?

Mir war klar, dass ich ab und zu auf Widerstand stoßen würde. Denn Kinder wollen nicht immer das, was für sie am besten ist. Ich war überzeugt: Wenn ich meinen Entscheidungen gute Prinzipien zugrunde lege und nicht ihre kindlichen Launen oder meine egoistischen Wünsche, verstehen sie besser, dass ich ihnen nur Gutes will. Auch wenn ich ihnen manchmal viel erklären muss: Am Ende sind sie einverstanden mit meinen Entscheidungen und gehorchen gerne. Deshalb muss ich versuchen, ihr Vertrauen und ihre Loyalität zu gewinnen – indem ich für sie das Beste tue.

Eigentlich das Einfachste, oft aber am schwierigsten ist es, Kindern durch die Art und Weise, wie man sich ihnen gegenüber verhält, Liebe zu zeigen und Gottes Liebe zu ihnen widerzuspiegeln. Ich ertappte mich oft dabei, wie ich anderen Erwachsenen mit viel mehr Achtung begegnete als meinen eigenen Kindern. Kinder zu lieben, bedeutet aber, ihnen mit der gleichen Rücksicht, Achtung und Höflichkeit zu begegnen, die man von ihnen erwartet oder die man einem Erwachsenen, dem Papst, Mutter Teresa oder gar Gott selbst entgegenbringen würde. Wenn mir das nicht gelingt, bekenne ich es in der Beichte.

Autorität und Kindererziehung

Lange Zeit war ich mir nicht sicher, was wahre Autorität im christlichen Sinne bedeutet. Ich wusste, dass ich zu oft dachte, man müsse „autoritär" sein. Ich wollte mich aber meinen Kindern gegenüber nicht auf diese Weise durchsetzen. Ich wollte nicht, dass sie nur aus Angst vor mir oder aus Angst vor Strafe brav waren, denn diese Angst kannte ich zu gut aus meiner eigenen Kindheit. Als ich ein kleines Mädchen war, haben Furcht und Strafen nichts genutzt: Weder benahm ich mich deshalb besser, noch lernte ich auf diese Weise, Verantwortung für meine Taten zu übernehmen. Im Gegenteil: Ich hatte nun einen Grund, mich zu verstecken oder zu lügen. Letztlich führte all das nur dazu, dass ich rebellierte.

Ich wollte es als Mutter anders machen. Ich dachte darüber nach, wie Maria Jesus erzogen hat. Bestimmt hat sie ihn nicht angeschrien, mit ihm geschimpft, ihm gedroht oder ihn bestraft. Vielleicht war sie eher wie Frau Duffy, meine Lehrerin im zweiten Schuljahr. Sie war wie Honig. Sie tat nichts außer zu lächeln und ich fühlte mich wohl bei ihr. Einmal belog ich sie: Ich sagte ihr, dass ich mit den Matheaufgaben schon fertig sei und ihr helfen konne, die Sterne an die Garderobentüren zu kleben, die wir bei guten Leistungen als Belohnung bekamen. Als sie meine Lüge bemerkte, rief sie mich zum Tisch, holte ihren Holzlöffel heraus und klopfte mir pflichtbewusst auf die Finger. Ich grinste nur. Das war so sanft, dachte sie wirklich, dass das weh tat? Danach schaute ich ihr in die Augen. Nicht die Strafe brachte mich dazu, die Matheaufgaben fertig zu machen und Frau Duffy nie mehr zu belügen: Ich wollte nie mehr diesen verletzten und enttäuschten Ausdruck in ihrem Gesicht sehen!

Gott gibt uns als Eltern Autorität, damit wir unsere Kinder erziehen und aus ihnen Jünger Jesu machen. Das englische Wort „disciple" für „Jünger" wird vom lateinischen Wort „discipulus" abgeleitet, das im Deutschen „Schüler, Student" bedeutet. Deshalb ist die Grundlage jeder Disziplin, dass wir unsere Kinder für das Leben schulen. Alles beginnt damit, dass wir ihnen die Tugenden vorleben und mit ihnen in einer liebevollen Beziehung leben.

Die Kinder für das Leben zu schulen, ist ein ganz bewusster und aktiver Prozess. Wie sich ein Handwerker einen Lehrling nimmt, ihm zeigt, wie er seine Arbeit erledigen muss und ihm schrittweise immer mehr praktische Verantwortung überträgt, so sind auch wir Eltern dazu berufen, unsere Kinder anzuleiten. Man muss dazu sein ganzes Leben mit den Kindern teilen, sie zu vielem anleiten, ihnen vieles erklären, aber dann auch zulassen, dass sie Dinge ausprobieren und nach und nach immer mehr Verantwortung übernehmen. Das ist die geeignetste Vorgehensweise.

Wenn ich zuhause den Tisch abwische, lasse ich es meine Kinder mit mir zusammen tun. Ich erkläre ihnen, wie es geht, und lasse sie es selbst ausprobieren. Wenn sie darin geübt sind, bekommen sie weitere Aufgaben. So ist es übrigens auch mit unserem Gebetsleben:

Ich lade die Kinder dazu ein, mit mir zu beten, ermuntere sie aber schrittweise dazu, auch allein und beim Familiengebet zu beten.

Zu der Autorität, die Gott den Eltern gibt, gehören das Recht und die Pflicht, auf der Basis höherer Moralgesetze Entscheidungen zu treffen, an die sowohl die Eltern als auch die Kinder sich halten müssen. Die Eltern müssen diese Entscheidungen durchsetzen. Keinesfalls dürfen sie aber auf den eigenen egoistischen Launen und Wünschen basieren oder getroffen werden, weil man es gewohnt ist zu bestimmen. Alles, was wir von unseren Kindern verlangen, muss eine fundierte Grundlage haben: nämlich das tatsächliche Wohl des Kindes, der Eltern und der ganzen Familie.

Wir haben das Recht, zu sagen: „Haut euch nicht", „Stehlt nicht" und „Quengelt nicht", denn uns alle verbindet das Gebot Gottes, dass wir einander lieben sollen. Eltern müssen erklären, warum ihre Bitten oder Anweisungen berechtigt sind. Denn Kinder haben ein Recht darauf, zu wissen, warum wir dies oder jenes von ihnen verlangen. Unsere Erklärungen geben ihnen eine Gelegenheit, zu lernen und wachsen.

Mit den Kindern Gehorsam einüben

Was wir von unseren Kindern erwarten, müssen wir ihnen gut erklären. Sie müssen unsere Wünsche vollständig nachvollziehen können. Wir müssen kontrollieren, ob sie sich daran halten und ihnen, wenn nötig, dabei helfen. Wenn die Kinder versuchen, gehorsam zu sein, müssen wir sie unterstützen und ihnen helfen, wenn sie etwas alleine noch nicht können.

Wenn die Kinder sich jedoch weigern, berechtigten Anordnungen zu gehorchen, sind wir als Eltern verpflichtet, dies durchzusetzen. Man erweist Kindern keinen guten Dienst, wenn man ihnen erlaubt, alles nach Lust und Laune zu machen. Ungehorsam und Egoismus spiegeln die Sünde von Adam und Eva wider, aber nicht die Tugend Christi. Wenn die Eltern den Kindern keinen Gehorsam beibringen, wer dann? Wie können sie im Leben dann diszipliniert genug sein, um etwa ihre Pflichten auf der Arbeit zu erfüllen? Wenn sie nicht auf ihre Eltern hören, die sie sehen – wie lernen sie dann, Gott zu gehorchen, den sie nicht sehen?

Wenn ein Kind nicht gehorcht, soll das Konsequenzen nach sich ziehen. Wir erklären unseren Kindern, was Gott von seinen Kindern erwartet und warum – das hat oft große Wirkung. Oder wir warnen das Kind vor seinem Vorhaben, ebenso ist Gott mit Kain verfahren. So können wir unsere Kinder vor Fehlverhalten bewahren und sie dazu bringen, ihr Verhalten zu ändern – aber wir sagen ihnen natürlich auch, wie stolz wir dann auf sie sein werden. Wir können ein ungehorsames Kind aus dem Zimmer schicken, bis es bereit ist zu gehorchen. Dostojewski hatte in seinem Werk „Schuld und Sühne" erklärt, die schlimmste Konsequenz einer Tat sei, wenn man von menschlicher Gesellschaft abgeschieden ist. Wir können den Kindern für eine gewisse Zeit bestimmte Privilegien wegnehmen. Manchmal trägt die Tat die Folge auch schon in sich: Wahrscheinlich fasst kein Kind zweimal auf die heiße Herdplatte. Manchmal müssen Eltern aber auch hart bleiben, auf ihrem Standpunkt beharren und warten, bis die Kinder gehorchen. Wenn sie merken, dass sie ihren Willen nicht durchsetzen können, ändern sie oft ihr Verhalten.

Sehr wichtig ist jedoch, dass die Kinder selbst die Entscheidung treffen, zu gehorchen. Der freie Wille ist ein Geschenk Gottes und nichts, was wir ihnen rechtmäßig entziehen können. Besser ist es zuzulassen, dass die Kinder die negativen Folgen ihres Ungehorsams erleben, als sie dazu zu zwingen zu gehorchen. Man kann zum Beispiel sagen: „Wenn du dein Zimmer heute früh nicht aufräumen möchtest, obwohl ich es dir sage, ist das deine Entscheidung. Aber denk nicht, dass du an den Computer oder fernsehen darfst, bevor das erledigt ist." Oder wir können ihnen mehr Zeit zum Überlegen geben: „Warum gehst du nicht raus auf den Hof und kommst zurück, wenn du bereit bist, deine Sachen aufzuräumen?"

Wir wollen die Kinder also zum Gehorsam erziehen und sie notfalls dazu bringen. Gleichzeitig sollen sie die Konsequenzen zu tragen lernen, wenn sie nicht gehorchen. Wir müssen ihren freien Willen respektieren, denn auch Gott tut dies.

Außerdem ist es wichtig, dass wir unterscheiden zwischen einzelnen Situationen, in denen die Kinder ungehorsam sind, und widerspenstigem Verhalten, das sich als Angewohnheit uber einen langeren Zeitraum einschleicht. Im zweiten Fall stecken dahinter oft tiefere Gründe, die erkannt werden müssen, bevor wir voreilig mit Strafen reagieren. Wenn ein Kind sich über längere Zeit schlecht benimmt, hat das immer einen Grund. Es kann am Verhalten der Eltern liegen:

Vielleicht sind sie herrschsüchtig, stellen zu hohe Ansprüche oder hören schlecht zu. Das Kind kann persönliche Probleme haben oder pubertäre Launen, von Freunden enttäuscht sein oder unter Einsamkeit leiden. Widerspenstigkeit als Gewohnheit kann ein Zeichen für Überdruss sein. Vielleicht möchte sich das Kind in den Mittelpunkt stellen, egal wie. Die Ursachen für ein solches Verhalten können auch Schlafmangel, schlechte Ernährung oder gesundheitliche Probleme sein.

Verhält sich ein Kind dauerhaft widerspenstig, ist es wichtig, den Ursachen dafür auf den Grund zu gehen und daran zu arbeiten. Kinder brauchen genug Schlaf, die richtige Ernährung, ausreichend Erholung und Aufgaben im Alltag, die sie motivieren. Wir müssen genug mit ihnen reden, über ihre Probleme sprechen, sie ermuntern, liebevoll mit ihnen umgehen und ihnen zeigen, dass wir sie schätzen. Zu wenig Aufmerksamkeit, Liebe, Verständnis oder Mitgefühl können sich auf das Verhalten eines Kindes stark auswirken. Kinder verhalten sich oft so, wie wir es insgeheim von ihnen erwarten. Wenn wir sie eigentlich für rebellisch halten, benehmen sie sich auch so.

Meinen, was man sagt, und sich durchsetzen

Damit ich unsere Kinder gut erziehen und positiv beeinflussen konnte, musste ich lernen, feste Prinzipien zu haben und durchzusetzen. Das kann schwer sein! Es macht keinen Spaß, die Kaffeepause zu unterbrechen, um nachzuschauen, ob die Kinder tun, was man ihnen gesagt hat. Manchmal wäre es viel leichter, sie einfach gewähren zu lassen – nur damit man seine Ruhe hat. Es ist ein Kampf, der anstrengend sein kann und müde macht. Ich wusste, dass ich die ganzen Jahre hart daran gearbeitet hatte, die Kinder gut zu erziehen. Trotzdem hatte ich oft das Gefühl, versagt zu haben.

Doch wenn ich lockerlassen, die Kinder nicht mehr kontrollieren und keinen Gehorsam verlangen würde, würden sie mich irgendwann nicht mehr ernst nehmen. Und es wäre meine eigene Schuld. Da passt die Devise: „Mama, wenn du etwas sagst, dann mein es bitte ernst und setz es durch!" Meine Kinder mussten wissen, dass Mamas Worte nicht leer und bedeutungslos waren.

Diese Devise musste ich mir immer wieder ins Gedächtnis rufen. Zuerst musste ich prüfen, ob alles, was ich von den Kindern verlangte, vernünftig und berechtigt war. So konnte ich es vermeiden, von ihnen etwas zu verlangen, was gar nicht notwendig war. Die Auseinandersetzungen mit ihnen ließen sich so reduzieren. Was das Durchsetzen betrifft: Dafür musste ich Zeit finden. Zu oft ist man unaufmerksam, beschäftigt oder kann sich nicht sofort darum kümmern, wenn ein Kind sich schlecht beträgt. Doch so lernen Kinder höchstens, zu ignorieren, was die Eltern sagen, und sich immer schlechter zu benehmen. Ich habe festgestellt, dass ich am erfolgreichsten war, wenn ich alles andere beiseite ließ und ihnen meine ganze Aufmerksamkeit widmete. Das lindert den Stress, weil der Ungehorsam dann nicht bis zu dem Punkt anwächst, an dem er unbeherrschbar wird.

Ich kenne Eltern, die furchtbar über das eigene inkonsequente Verhalten klagen. Auch das kenne ich von mir selbst sehr gut. Prinzipientreue ist aber wirklich nur eine Sache der Gewohnheit und lässt sich einüben, indem man den eigenen Willen festigt. Man muss damit anfangen und sich immer wieder neu dazu entscheiden. Dann wird es tatsächlich leichter. Die Erziehung der Kinder muss für die Eltern oberste Priorität haben. Sie ist die Pflicht, die aus der Berufung zur Elternschaft erwächst. Wenn wir uns nicht darum kümmern, dass die Kinder auf uns hören – warum sollten sie selbst dann darauf achten?

Wir müssen uns also bemühen, unsere Pflichten zu erfüllen, damit auch unsere Kinder dies tun. Und das ist wirklich mühevoll! Wenn wir die Kinder formen, bekommen wir von ihnen eine merkwürdige Belohnung: Sie zwingen uns dazu, uns unseren eigenen Schwächen zu stellen und sie zu bewältigen. So fließt die heilbringende Gnade in beiden Richtungen – von den Eltern zu den Kindern und umgekehrt.

Christliche Freiheit für die Kinder

Zuletzt erkannte ich, worin das Ziel jeder Erziehung besteht: Die Kinder sollen lernen, Verantwortung für sich selbst übernehmen. Als ich über die zweite Priorität gesprochen habe, habe ich bereits erwähnt, dass „Freiheit bedeutet, Verantwortung für den zu übernehmen, der man sein wird“. Gott ruft jeden von uns zur Freiheit – auch die Kinder, gemäß ihren Möglichkeiten, die mit der Zeit wachsen.

Ich wollte nicht, dass meine Kinder nur darauf warten, dass ich ihnen sage, was sie zu tun haben. Schritt für Schritt bemühte ich mich, ihren inneren Moralkompass zu entfalten, der ihnen die richtige Richtung zeigt – damit sie nichts aus Angst, sondern alles aus Liebe tun. Doch die Sehnsucht nach dem Guten muss aus dem eigenen Herzen kommen. Meine Aufgabe war es, diese Sehnsucht zu fördern.

Wir geben den Kindern Raum, um zu lernen, richtige Entscheidungen zu treffen. Wir können ihnen Möglichkeiten anbieten, aus denen sie frei wählen können. Ich nenne das „begrenzte Freiheit". Ein Beispiel: Für uns Eltern ist es wichtig, dass die Kinder beten. Wie und wann sie das tun, können wir ihnen selbst überlassen. Wenn die Kinder ihren Verstand einsetzen und eine moralisch gute Entscheidung treffen dürfen, die ihrer Persönlichkeit und den äußeren Umständen entspricht, schärft das ihren Sinn für persönliche Verantwortung.

Vielleicht könnte ich ihnen bei ihren Entscheidungen helfen, ihnen genau erklären, was gut ist und was nicht, und ihnen zeigen, welche Konsequenzen aus ihren Taten unter den gegebenen Umständen folgen. Letztlich muss ich ihnen jedoch die gleiche Freiheit zugestehen, die Gott ihnen gegeben hat.

Jeder Lehrer weiß, dass regelmäßige Abläufe unerlässlich sind, wenn man in der Klasse Disziplin halten will. Man kann dabei von einer „präventiven Disziplin" sprechen, da auf diese Weise Fehlverhalten verhindert wird. Routinierte Abläufe ermöglichen es den Kindern, zu wissen, was sie wann, wo und wie zu tun haben. Kinder entwickeln dann regelmäßige Angewohnheiten, die ihnen helfen, sich diszipliniert zu verhalten. Das schafft eine Grundlage für den Unterricht. Wenn die Kinder sich chaotisch benehmen, kann man keinen Unterricht halten. Daher beginnen Grundschullehrer oft mit einigen Regeln, die sie festgelegt haben, und achten darauf, dass diese eingehalten werden. Erst wenn sich die Kinder daran gewöhnt haben und die Routinen eingespielt sind, gehen sie zu stärker theoretischem Unterrichtsstoff über.

Mit wurde bewusst, dass ich bei der Erziehung meiner Kinder das Wissen anwenden konnte, das ich mir als Lehrerin angeeignet hatte. So begann ich darüber nachzudenken, wie ich Routinen schaffen könnte, die den Bedürfnissen meiner Kinder entsprachen.

Ich begann mit Kleinigkeiten, z. B. der täglichen Morgentoilette und dem Umgang mit der Wäsche. Zu jedem Punkt erstellte ich detaillierte Regeln.

Ich stellte sicher, dass alles in Reichweite war, was die Kinder für diese Aufgaben brauchten, z. B. Zahnbürsten, Shampoo oder der Wäschekorb. Dann erklärte ich ihnen etwa: „Ab jetzt werden wir die Zahnbürsten hierhin legen. Die Zahnpasta wird zugeschraubt und die Wäsche kommt in den Korb oben an der Treppe …" Genauso ging ich mit der Zeit alle Lebensbereiche mit ihnen durch, bis hin zu den Schulpflichten und dem Gebetsleben.

Für alles, was die Kinder benutzten, musste ein geeigneter Platz festgelegt werden, den ich ihnen mitteilte. Die saubere Wäsche gehörte in die Schublade, Mäntel und Mützen hierher, die Stiefel dorthin. Die Schulbücher wurden in ihre Regale geräumt. Die Rosenkränze hingen am Kreuz im Wohnzimmer. Die Bibeln waren auf dem Nachttisch neben den Betten.

Einmal war ein kleiner Junge bei uns zu Besuch. Er bekam einen Splitter in den Finger. Ich sagte ihm: „Bring mir bitte die Nadel, die auf dem Ständer steckt – dort neben dem Spiegel zwischen den beiden Küchenfenstern." Er brachte sie mir und fragte: „Wozu ist diese Nadel da?" „Natürlich für Splitter!", antwortete ich ihm. Er entgegnete ganz verwundert: „Ihr habt bestimmt für alles einen Platz, nicht wahr?"

Als ich für alles einen Platz gefunden hatte, gewöhnten sich auch meine Kinder und mein Mann daran. Ich musste nur genügend Zeit einplanen. Anfangs sagte ich etwa: „Um 7.30 Uhr steht ihr auf und könnt das und das tun …" Der Kern der Regel besteht jedoch in der Vorgehensweise: Aus X folgt Y und dann erst Z. Das morgendliche Aufräumen musste vor dem Frühstück geschehen. Erst dann konnte der Abwasch in der Küche erledigt werden. Eine solche Abfolge muss logisch sein und sich möglichst weit dem natürlichen Rhythmus aller Beteiligten anpassen. Körperpflege vor oder nach dem Essen wie auch vor dem Schlafengehen erschien vernünftig. Die saubere Wäsche konnte man vor dem Schlafengehen zusammenlegen und die schmutzige Wäsche in den Korb legen.

Ich kontrollierte regelmäßig, ob die Kinder ihre Aufgaben erledigt hatten. Dafür musste ich in der Lebensregel Zeit einplanen. Ich schrieb unsere Aufgaben und Arbeiten in Tabellen, ließ diese in Folie einschweißen, damit sie nicht schmutzig wurden, und hängte sie an geeigneten Stellen im Haus auf. Im Bad hingen z. B. Tabellen, auf denen stand: „Zähne putzen. Gesicht und Hände waschen. Haare kämmen. Zahnpasta weglegen. Ablage abwischen." Für die Kleinsten, die nicht lesen konnten, malte ich Bilder.

Man muss sich darüber im Klaren sein, dass Kinder immer nur Kinder sind. Deshalb endet dieser Lern - und Kontrollprozess nie. Er ist ein Bestandteil der Arbeit einer Mutter. Nur hin und wieder können wir dabei eine Pause einlegen. Die Kontrolle und das ständige Dazulernen sind aber kein Zeichen dafür, dass unsere Kinder versagt hätten. Auch Lehrer bringen ihren Schülern das ganze Jahr über etwas bei und kontrollieren sie laufend.

Mit dem Plan anfangen

Zunächst sollten Sie sich überlegen, welche Aufgaben Ihre Kinder regelmäßig erledigen sollen und wie Sie dies durchsetzen können. Im folgenden Kapitel befassen wir uns detaillierter mit der Hausarbeit. Nun können Sie aber schon einmal notieren, welche Aufgaben ihre Kinder persönlich haben und wie sie ihre Zimmer in Ordnung bringen sollen. Wir wenden hierbei die gleichen Kriterien wie für den Lebensbereich „Eigene Person" an. Denken sie daran, dass Sie sich hier nur mit den grundlegenden Aufgaben der Kinder befassen. Machen Sie alles so einfach wie möglich.

Stellen Sie sich folgende Fragen:

Wie sieht die tägliche Morgentoilette der Kinder aus? Was brauchen sie zum Anziehen? Zum Zubettgehen? Wann machen sie ihre Hausaufgaben? Wie viele Hausaufgaben haben sie? Was brauchen sie, um ihre Hausaufgaben erledigen zu können? Welche Hobbys haben sie? Welchen Sport treiben sie? Treiben sie genügend Sport? Haben sie genügend Schlaf und Erholung? Wie sieht es mit Freunden aus? Was brauchen sie für ihr persönliches Gebetsleben? Wann haben sie Katechismusunterricht? Wann lesen sie allein im Katechismus und in der Bibel? Wann, wo und wie oft gehen sie zur Heiligen Messe? Zur Beichte? Wann können die Kinder diese Pflichten und Tätigkeiten erledigen?

Welche Hilfsmittel oder Materialien brauchen die Kinder für all das? Wo gehören diese Dinge hin?

Finden Sie für alle Dinge einen geeigneten Ort und sprechen Sie mit Ihren Kindern und Ihrem Ehemann darüber.

Mit den älteren Kindern können Sie gemeinsam planen, für die kleineren Kinder müssen Sie allein entscheiden. Planen Sie ausreichend Zeit für alles ein, damit die notwendigen Tätigkeiten im Haus und in der Familie gut erledigt werden können.

Machen Sie sich ein Verzeichnis und schreiben Sie sich alles auf. Fertigen Sie, wenn nötig, Listen oder Tabellen an und hängen Sie sie im Haus an geeigneten Stellen auf. Die Anweisungen zu Mänteln, Schuhwerk und Mützen können z. B. im Flur aufgehängt werden, jene zur Wäsche im Schlafzimmer neben dem Kleiderschrank. Zeigen

Sie die Tabellen den Kindern. So bleibt es ihnen erspart, sich alle Aufgaben einzeln merken zu müssen. Sie können dann immer fragen: „Was steht in der Tabelle?“ oder den Kleinsten die Tabellen vorlesen.

Nach und nach werden Sie feststellen, dass es noch einige kleinere Aufgaben gibt, die Sie bisher nicht berücksichtigt haben. Sie können diese Dinge dem Zufall überlassen oder sie in schon bestehende oder in neue Tabellen eintragen. Je mehr Sie den Kindern erklären, desto weniger Stress haben Sie und die Kinder später mit den Aufgaben.

Sie brauchen täglich genug Zeit dafür, den Kindern bei den Aufgaben zu helfen, die Sie ihnen ihrem Alter und ihrer Reife entsprechend zugeteilt haben.

Weitere Schritte

An dieser Stelle kommen wir zum Kern unserer Pflichten den Kindern gegenüber, und es handelt sich dabei um Dinge, die nicht geplant werden können. Beobachten Sie genau, wie die Kinder die alltäglichen Pflichten erlernen, die Sie im Haus durchgesetzt haben. Wie erledigen sie ihre Arbeit? Sind sie verwirrt und unsicher? Beschweren sie sich? Machen sie alles nur unwillig oder oberflächlich? Versuchen sie, sich zu drücken, wenn Sie sie nicht beobachten? Wissen Sie, zu welcher Tageszeit sie ihre Aufgaben am besten erfüllen können?

Wenn Sie schon herausgefunden haben, wie die Kinder vorgehen, sollten Sie auch herausfinden, warum sie sich auf eine bestimmte Weise verhalten. Gespräche, Gebete und Nachdenken können dabei helfen. Wenn sie durcheinander sind, brauchen sie vielleicht mehr Zeit, um eine Arbeit zu erlernen, oder Ihr Beispiel. Wenn sie ihre Arbeit nur oberflächlich erledigen, sollten Sie sie motivieren, sich mehr Mühe zu geben. Wenn sie sich beschweren, müssen Sie vielleicht Ihre Erwartungen ändern. Vielleicht brauchen sie auch eine Belohnung. Wenn sie ihre Arbeit ungern erledigen, müssen Sie ihnen vielleicht erklären, dass sie dadurch Gottes Willen erfüllen. Vielleicht könnten Sie sie auch ermuntern, ihre Arbeit aufzuopfern. Außerdem sollten Sie ihnen sagen, dass Sie sie verstehen. Möglicherweise können Sie ihnen Anregungen geben, wie sie ihre Aufgaben besser und schneller erledigen können.

Vielleicht müssen Ihre Kinder lernen, dass ihre Freiheit Grenzen hat. Lesen Sie ihnen Geschichten über Menschen vor, die wegen ihrer Tugenden und ihrer Willensstärke bekannt geworden sind. Vielleicht müssen Sie ihnen sagen, dass Sie wissen, dass sie ihre Arbeit durchaus besser machen können. Vielleicht müssen Sie auch etwas anspruchsvoller sein. Das kann auch bedeuten, dass die Kinder negative Konsequenzen tragen müssen, wenn sie ihre Arbeit nicht oder nur unzureichend erledigt haben, oder dass Sie ihnen Privilegien entziehen, solange sie ihre Aufgaben nicht gut genug erfüllt haben.

Wenn Sie Probleme lösen und Abläufe verbessern wollen, helfen der gesunde Menschenverstand, Gebete und Gespräche mit den Kindern oder Ihrem Ehemann. Die Stärken und Schwächen, die Sie dabei an Ihren Kindern entdecken, können auch in anderen Bereichen ihres Lebens eine Rolle spielen.

Ein Kind, das sein Zimmer nur schlampig aufräumt, schreibt oft in der Schule keine guten Noten. Die Erziehung hat selbst in scheinbar unwesentlichen Bereichen, wenn es etwa um kleinere Aufgaben geht, weitreichende Folgen.

Achten Sie auch darauf, wie Sie sich selbst verhalten. Bieten Sie ein Vorbild für gutes Verhalten? Sind sie so liebevoll, wie Sie sein sollen? Kontrollieren Sie die Kinder so, wie es notwendig ist? Was müssen Sie an Ihrem Leben ändern und wie können Sie das schaffen?

Befassen Sie sich mit dem Interesse Ihrer Kinder an Gott und am Glauben. Beschäftigen sie sich mit ihrem Glauben so, dass sie daraus die Gnade bekommen, die sie benötigen? Beten Sie für Ihre Kinder?

All diese Dinge sind ständig aktuell. Deshalb müssen Sie sich gemeinsam mit Ihrem Ehemann regelmäßig Zeit nehmen, um über die Bedürfnisse der Kinder nachzudenken und zu besprechen, wie Sie sie erfüllen können.

Wenn wir selbst oder Menschen in unserer Umgebung an der Wichtigkeit, Schönheit und Würde des Mutterseins zweifeln und wir deshalb entmutigt reagieren könnten, sollten wir uns vor Augen führen, was G. K. Chesterton in „What's Wrong With the World?" (deutsch: „Was unrecht ist an der Welt") schrieb: „Wie kann es etwas Großes sein, Kindern anderer Leute etwas über den Dreisatz[12] zu erzählen, und etwas Kleines, unseren eigenen Kindern etwas über

[12] Mathematische Regel bei der Anwendung der direkten und indirekten Proportionalität.

den Kosmos zu erzählen? Wie kann ein und dasselbe für einen Menschen Weite und für einen anderen Enge bedeuten?“[13]

Die Erziehung unserer Kinder ist wichtig. Sie ist ein „wahres Apostolat“ und eine Aufgabe, die uns Gott gegeben hat. Alles, was wir für die Erfüllung unserer Pflichten gegenüber unseren Kindern tun, ist Ausdruck unserer Liebe zu ihnen. Gott will, dass wir Gutes tun. Wir brauchen dazu alle möglichen Hilfen, aber wir haben sie auch. Gott weiß, dass unsere Berufung manchmal so schwer sein kann, dass wir die Sakramente benötigen, um sie erfüllen zu können.

Doch Jesus bietet uns noch eine weitere Hilfe an: seine allerseligste Mutter. Vielleicht ist das Wirksamste, was wir als katholische Mütter tun können, uns ihr zu weihen und sie zu bitten, sie möge ihre Liebe in unser Herz legen, denn: „Maria ist die Mutter. Und die Mutter ist die Personifizierung der Liebe.“[14] (Don Stefano Gobbi)

---

[13] Übersetzung aus dem Englischen KM.
[14] Eugene Cullinane, Don Stefano Comes to Combermere: The Marian Movements Meet, Combermere, Ontario: Madonna House, 1984.

Leserstimmen von Müttern

> „Es stimmt eigentlich, dass ich mich täglich bewusst entscheiden muss, zuhause bei den Kindern zu sein. Es reicht ja nicht, dort zu sein, sondern ich muss mich ihnen wirklich widmen. Es kann frustrierend sein, wenn man nie etwas Tolles macht und eigentlich keine besonderen Erfolge sieht. Ich muss eben das Kind als Erfolg sehen. Aber das fällt mir z. B. schwer, wenn ich tagsüber aufräume, dann die Kinder spielen und es am Abend schlimmer aussieht als am Morgen. Ich habe es gerne, wenn mein Mann mir Bestätigung gibt für das, was ich für die Kinder tue."

> „Erziehung sollte wirklich aktiv sein! Momentan reagiere ich eigentlich nur auf die Kinder. Ich würde gerne meine Grundwerte und Erziehungsziele klarer haben. Dazu muss ich mir mit meinem Mann Zeit nehmen!"

> „Gehorsam ist sicher sehr wichtig. Kindern unter drei Jahren würde ich aber nicht so viel erklären."

> „Achtung und Respekt vor den Kindern sind sicher sehr wichtig. Doch müssen meine Kinder auch lernen, vor mir Respekt und Achtung zu haben. Ich bin die Mutter, nicht die Sklavin."

> „Es ist beruhigend zu wissen, dass man konsequentes Verhalten als Mutter einüben kann. Ich muss halt mehr üben."

> „Die Listen sind ein bisschen zu viel für mich. Aber es ist gut, Prioritäten und Limits zu setzen."

> „Dieses Kapitel motiviert und fasziniert mich. Dass es alles ganz schlecht war und dann nachher alles schön, nehme ich Holly aber nicht ab. Das klingt sehr amerikanisch dramatisiert. Aber die Prinzipien sind wohl bedenkenswert."

> „Der letzte Absatz gefällt mir am besten. Letztendlich sind nicht nur die Kinder, sondern auch ihre gelungene Erziehung ein Geschenk des Himmels."

Siebtes Kapitel

Fünfte Priorität: Die Versorgung der Familie

Bei dem fünften „P“, der Versorgung der Familie, geht es um einen weiteren Aspekt unserer Berufung: Wir müssen für die materiellen Bedürfnisse der Familie, wie Essen, Kleidung und ein Dach über dem Kopf, Sorge tragen. Hierzu zählt auch der richtige Umgang mit Geld.

Oft kann diese Pflicht einige der höheren Prioritäten des Familienlebens überlagern, weil die Arbeiten im Haus und finanzielle Angelegenheiten viel Zeit in Anspruch nehmen. An dieser Stelle wollen wir diese Aufgabe betrachten und überlegen, wie Gott sie geplant hat. Wir wollen ihr die erforderliche Würde verleihen und zugleich unsere Kraft so einsetzen, dass wir ihr den richtigen Platz in der Hierarchie der Prioritäten unserer Berufung einräumen. Unsere Arbeit zuhause ist gut und ein Auftrag von Gott.

Das Positive an der Hausarbeit

Nach zwei Ehejahren zogen wir nach Calgary und ließen uns in einer Farm einige Meilen von Philips Eltern entfernt nieder. Es war herrlich dort. Ich saß frühmorgens am Küchentisch und schaute durch die Tür in den Hof auf den Nebel, der sich auf den Feldern hielt. Alles sah einfach und ruhig aus. Trotzdem musste ich mich hunderten neuen Herausforderungen stellen.

Das Haus musste mit einem Holzofen beheizt werden. Ich hatte etwas Angst bei dem Gedanken, im Keller ein Feuer im Ofen zu machen. Die einzige Lösung bestand aber darin, es zu lernen. Also informierte ich mich darüber, wie Holzöfen funktionieren. Schließlich wurde aus mir ein richtiger Fachmann. Ich lernte, wie die richtige

Temperatur erreicht werden konnte. Das Geld reichte hinten und vorne nicht, weil Philip hier weniger verdiente. Daher musste ich viele Dinge von der Pike auf selbst lernen: Brot backen, den Garten bewirtschaften und Obst und Gemüse einwecken. Ich begann, ein wenig zu nähen, und bekam schnell Übung darin, auch wenn meine Schwägerin die Bemerkung fallen ließ, dass ich als Schneiderin mein Brot gewiss nicht verdienen könnte.

Während dieser neuen Lebensphase begann ich, den direkten Zusammenhang zwischen meiner Arbeit und den materiellen Bedürfnissen meiner Familie zu erkennen. Wir ernteten das Obst und Gemüse aus unserem Garten und aßen es. Die Steppdecken, die ich für die Kinder selbst genäht hatte, wärmten sie in der Nacht. Meine Arbeit hatten direkten Einfluss auf unser tägliches Überleben. Das war für mich eine neue Herausforderung. Früher widmete ich der Haus- und Handarbeit lediglich ein Minimum an Aufmerksamkeit. Als ich allein lebte, erledigte ich die Hausarbeit am Samstagmorgen flüchtig, bevor ich wegging, um mich größeren und wichtigeren Aufgaben zuzuwenden. Nun bereitete sie mir sogar Freude. Es war für mich außerordentlich motivierend, wenn ich die Familie mit den Früchten der Ernte Gottes und der eigenen Arbeit füttern konnte.

Später zogen wir in eine weniger ländliche Gegend. Inzwischen ver bringe ich nicht mehr so viel Zeit mit dem Versuch, als Selbstversorger Autarkie zu erreichen. Die Zeit auf dem Land lehrte mich jedoch, dass Hausarbeit und Handarbeit viel Würde und Schönheit haben.

Mütter können viele Talente entwickeln

Ich war überzeugt davon, dass die Pflichten, die man zuhause erfüllen muss, langweilig sind, sich ständig wiederholen und nicht besonders viel Geschick erfordern. Die Arbeit zuhause mit den Kindern lehrte mich jedoch genau das Gegenteil: Hausarbeit ist viel vielfältiger, als ich dachte, und erfordert ebenso viel Geschick wie jede beliebige andere Arbeit auch.

Je nach Jahreszeit erledigte ich verschiedene Aufgaben: Im Frühjahr wurde gesät und gepflanzt, das Haus aufgeräumt, Gardinen und Bettwäsche gewaschen, die draußen an der frischen Frühlingsluft getrocknet werden konnte. Im Sommer kämpften wir gegen das Unkraut an. Es war die richtige Zeit, um baden zu gehen und mit den Kindern zu picknicken. Im Herbst wurden Obst und Gemüse geerntet, eingekocht und das Haus winterdicht gemacht. Im Winter saßen wir drinnen, erledigten kleinere Reparaturen, dekorierten das Haus und nähten.

Mir wurde bewusst, dass es keinen großen Unterschied zwischen meiner Arbeit und der Arbeit „draußen in der Welt" gab. Oft verlangte meine Arbeit von mir, dass ich mich zusammennahm und mein ganzes Geschick, meine Talente und meine Aufmerksamkeit einsetzte. Mein Mann und ich bildeten die Regierung in unserem Haus. Wenn ich alles für unsere Familie organisierte oder Vorschriften und Anweisungen durchsetzte, war ich der Gouverneur. Wenn ich die Kinder für schlechtes Betragen „einsperrte", war ich die Polizistin. Wenn ich die Rechte meiner Kinder verteidigte oder über ihre Streitereien richtete, war ich Rechtsanwältin oder Richterin. Ich kann Ihnen sagen: Es ist nicht leicht, darüber zu entscheiden, was richtig und gerecht ist, wenn sich Kinder streiten!

Ich war Lehrerin, als ich ihnen das ABC beibrachte, und Seelsorgerin, als ich sie zum Beten hinführte. Immer wenn ich für sie kochte, war ich Chefkoch und Bäcker, wenn ich für sie Brot backte. Ich war Ernährungsberaterin, wenn ich für sie gesundes Essen zubereitete, Ärztin, wenn ich bei ihnen eine Ohrenentzündung diagnostizierte, und Krankenschwester, wenn ich ihre Schürfwunden verband. Ich war Schneiderin, Innenarchitektin, Nagelpflegerin, Hausmeisterin und Spielzeugherstellerin. Kurzum: Ich war unsere Hausmanagerin. Gerade so lernte ich alle diese Tätigkeiten. Einen solchen Kenntnisstand zu entwickeln, war schon eine Leistung für sich!

Hüter der Schöpfung

Als ich später das Buch Genesis las, entdeckte ich, dass meine Hausarbeit in gewisser Weise die Arbeit Gottes bei der Schöpfung anschaulich darstellte. Im Paradiesgarten bestimmte Gott Mann und Frau dazu, die Erde zu verwalten. Mein Anteil an dieser Aufgabe bestand darin, mich um mein Zuhause zu kümmern.

Wir sind Verwalter und Aufseher, aber keine Eigentümer unserer kleinen Anteile an der Schöpfung. Dasselbe gilt auch für unsere Kinder. Was wir haben, entweder wenig oder viel, wurde uns anvertraut, damit wir es erhalten und nützlich verwalten. Deshalb sollen wir uns nicht nur um unser Haus kümmern und es in Ordnung halten. Wir sollen es auch verschönern und die Bedürfnisse der Familie erfüllen. Wir haben kein Recht, diese Pflicht zu vernachlässigen, sondern sind dazu angehalten, mit unseren Mitteln zu wirtschaften, denn in Wirklichkeit gehören sie Gott.

Meine Arbeit „in der Welt“ hielt ich immer für einfacher als die Arbeit zuhause. Als ich mich jedoch als Verwalter bzw. Manager für das Haus zu sehen begann, konnte ich wirklich für Gott arbeiten. Dadurch änderte sich meine Einstellung zur Hausarbeit. Ihr aus dem Weg zu gehen, wäre so, als ob ich nicht zur Arbeit ginge – und das würde ich mir als Arbeitnehmer nie erlauben. Es war also eigentlich eine Frage der Ehrlichkeit. So folgerte ich: Es ist unsere moralische Pflicht, die Hausarbeit zu erledigen und das Haus und das Vermögen zu erhalten.

Finanzielle Schwierigkeiten

Als ich meine Stelle als Katechetin aufgab, um meinen Fulltimejob zuhause erfüllen zu können, war das Geld bei uns sehr knapp. Philip arbeitete bereits jeden Tag sehr lange. Mehr ging nicht mehr. Unsere Kinder waren noch klein. Wenn wir als Familie zusammen noch Zeit verbringen wollten, konnte Philip nicht noch täglich abends außer Haus arbeiten.

Ich überlegte gemeinsam mit ihm, welche Kosten auf uns zukommen würden, wenn ich wieder arbeiten ginge: geeignete Kleidung kaufen, die Kinderbetreuung bezahlen, mehr Ausgaben für Tiefkühlnahrung, weil ich weniger Zeit zum Kochen hatte, Benzin, Wartung des Autos, von Zeit zu Zeit Restaurantbesuche und natürlich Steuern und Gehaltsabzüge. Am Ende stellten wir fest, dass mir eine halbe Stelle mit Einkünften von 1000 Dollar pro Monat nur 150 Dollar Gewinn bringen würde! Also gab es keine finanziellen Gründe, weshalb ich wieder arbeiten gehen sollte! Außerdem: Wenn man kleine Kinder hat und größere, die zuhause Unterricht bekommen sollen – wie viel Zeit und Kraft hat man dann noch für eine Arbeitsstelle?

Wir beschlossen, so weiterzumachen wie bisher. Keiner von uns beiden nahm einen Nebenjob an. Die finanziellen Schwierigkeiten dauerten jedoch noch die nächsten Jahre an. Jedes Mal, wenn wir unsere finanzielle Situation endlich unter Kontrolle hatten, passierte irgendeine Katastrophe und wieder hatten wir Schulden. Ich erinnere mich daran, dass wir einmal im Herbst etwas Geld gespart hatten, damit alle Rechnungen bezahlt hatten und bis Weihnachten schuldenfrei waren. Dann ging im Januar das Auto viermal hintereinander kaputt. Für die Reparaturen mussten wir 800 Dollar hinblättern! Da wir keine Ersparnisse hatten, mussten wir erneut Schulden machen.

Dieser Teufelskreis frustrierte uns ständig. Ich ärgerte mich darüber, dass gerade die Dinge, die ich für den Haushalt brauchte, Kleinigkeiten wie zum Beispiel neue Regale, mehr Ablageflächen oder ein besserer Staubsauger, finanziell einfach nicht drin waren. Ich ärgerte mich über Gott, denn ich hatte den Eindruck, dass er mich in diese ausweglose Situation gebracht hatte.

Letztlich kam ich zu dem Schluss, dass ich die ganze Situation und meinen Ärger darüber nur überwinden konnte, wenn ich mir zwei Fragen stellte: „Was hängt von mir ab?" und „Was hängt von Gott ab?"

Finanzverwaltung

Ich musste meine Pflichten im finanziellen Bereich genau festlegen. Erstens musste ich mich gewissenhaft um unseren Besitz kümmern. Wenn ich einen Bleistift auf dem Fußboden fand, warf ich ihn nicht weg, sondern hob ihn auf. Ich lernte, Dinge zu reparieren, oder brachte Philip dazu, dies zu erledigen. Als Jessica auf die Welt kam, verbrachte ich drei Monate damit, kleine Dinge zu reparieren, die kaputtgegangen waren. Zum Beispiel tauschte ich beschädigte Fliesen aus und reparierte die Fliegenfenster.

Dann wurde mir klar, dass ich vieles zuhause herstellen kann. Ich konnte ja nicht so viel kaufen. So fing ich an, viele Dinge von Grund auf zu lernen. Im Sommer baute ich Gemüse an und fror es ein. Ich lernte zu tapezieren, Wände zu streichen und wie die alten Siedler eigene Steppdecken aus alter Kleidung herzustellen, und nähte Gardinen selbst – sie kosteten nur den Bruchteil vom Preis fertiger Gardinen. Nichts davon war perfekt. Ich konnte jedoch kreativ sein und viele Dinge tun, die mich interessierten. Das schenkte mir zusätzliche Freiheit.

Dann begannen wir mit der Planung unseres Budgets und achteten sorgfältiger darauf, wofür wir unser Geld ausgaben. Es gehörte zu unseren Aufgaben, uns um die Familie zu kümmern und finanzielle Verantwortung zu übernehmen. Unser Geld sollte in erster Linie die alltäglichen Bedürfnisse der Familie stillen und anderen Menschen helfen, die nicht so viel Glück hatten wie wir. Ich erstellte ein Verzeichnis aller unserer Ausgaben, Schulden, Konten etc. und setzte ein festes Budget an, nach dem ich mich beim Ausfüllen der Schecks in jeder Zahlwoche richten wollte. Nur wenig später konnten wir schon unsere Rechnungen pünktlich und in voller Höhe bezahlen. Somit hatten wir in diesem Bereich weniger Stress.

Unser Problem bestand meiner Meinung nach darin, dass wir uns nicht an unser Budget hielten. Immer hatten wir das Gefühl, dieses oder jenes nicht kaufen zu können. Ein Beispiel: Ich wartete auf dem Parkplatz am Baumarkt und dachte darüber nach, dass ich mir schon seit zwei Jahren eine Plastiktischdecke wünschte. Da sie jedoch 17 Dollar kostete, dachte ich, dass wir sie uns nicht leisten könnten. Dann fiel mir ein, dass ich bei meinen Ausflügen in die Stadt oft zwei Dollar hier, vier dort für Kleinigkeiten ausgab. Wenn ich dieses Geld zielstrebig dafür eingeplant hätte, hätte ich mir die Tischdecke schon längst leisten können. Da ich mich mit unseren Finanzen nicht auskannte und meine Einkäufe nicht richtig plante, gab ich impulsiv Geld aus, aus Unmut oder Frustration. Denn ich fühlte mich ohnmächtig, weil ich nicht besorgen konnte, was wir wirklich brauchten. Als ich begann, meine Einkäufe zu planen, konnte ich mich stärker auf unsere wirklichen Bedürfnisse konzentrieren und meine Sehnsucht nach unnötigen Kleinigkeiten, für die ich vorher Geld ausgegeben hatte, besser beherrschen.

Der Unterschied zwischen brauchen und wollen

Finanzmanagement bedeutet, unnötigen Ausgaben und Geldverschwendung vorzubeugen. Es hilft uns, nicht zu vergessen, wozu uns unser Besitz anvertraut wurde: damit wir unsere Aufgabe, Kinder großzuziehen, erfüllen und denen helfen können, die nicht so viel Glück hatten wie wir. Dafür müssen wir zwischen grundlegenden Bedürfnissen und überflüssigen Wünschen unterscheiden können. Egal ob man arm oder reich ist: Meist will man mehr, als wirklich notwendig ist.

Einmal wünschte ich mir neue Umstandskleidung. Ich hatte die zehn Kleidungsstücke satt, die in meinem Schrank hingen, und wollte etwas Neues. Ich sprang ins Auto, legte den Weg zur einzigen Boutique mit Umstandskleidung auf unserer Inselseite zurück und machte mich auf die Suche nach neuen Kleidern. Nachdem ich ein paar Sachen gekauft hatte (bezahlt mit Geld, das mir meine Mutter aus Mitleid geschickt hatte), setzte ich mich wieder ins Auto und bekam auf einmal Schuldgefühle. Ich saß da und dachte darüber nach, warum. Dann fiel mir auf, dass ich die Kleider in Wirklichkeit gar nicht brauchte. Ich wollte sie nur. Meine Güte, ich war unersättlich, aber nötig waren diese Sachen nicht! Zuhause hatte ich einen Haufen Kleidung, alles war in einem guten Zustand. Die paar Monate bis zum Ende der Schwangerschaft hätte ich auch noch aushalten können. Doch ließ ich mich von der Sehnsucht leiten, Dinge um ihrer selbst willen zu besitzen.

Ich verstand, dass ich aufhören musste, so viele Dinge haben zu wollen. Meine Sehnsüchte und Erwartungen spiegelten unsere

Konsumkultur wider, nicht die wirklichen Bedürfnisse unserer Familie. Da ich wusste, dass wir oft mit finanziellen Problemen zu kämpfen hatten, begann ich, auf meinen Lebensstil zu achten und abzuwägen, welche Ausgaben notwendig waren, um die Bedürfnisse der Familie zu erfüllen, und welche nicht.

Es ist natürlich nichts Schlechtes daran, sich schöne Dinge zu wünschen. Die Gefahr dabei ist nur, dass die eigene Haltung Besitz gegenüber problematisch werden kann. Das ist z. B. der Fall,

- wenn man bestimmte Dinge unbedingt haben will und sie sich so sehr wünscht, dass man zornig auf Gott wird, wenn man sie nicht bekommt,

- wenn man neidisch auf andere ist, die mehr besitzen,

- wenn man sich verschuldet, um unnötige Dinge zu kaufen,

- wenn man auf Kosten der Familie seinen Wünschen hinterherjagt und so deren finanzielle Situation ohne vernünftigen Grund gefährdet,

- wenn man Zufriedenheit in Dingen statt in Gott sucht oder wenn man seine Gier nach Besitz nicht beherrschen kann und sich damit um die Möglichkeit bringt, sich in christlicher Opferbereitschaft zu üben.

So wie es unsere Aufgabe ist, den Ehepartner und die Kinder zu lieben, haben wir auch die Pflicht, nach unseren Möglichkeiten die materiellen Bedürfnisse unserer Familie zu erfüllen und Menschen in Not zu helfen. „Darum soll der Mensch, der sich dieser Güter bedient, die äußeren Dinge, die er rechtmäßig besitzt, nicht nur als ihm persönlich zu eigen, sondern er muss sie zugleich auch als Gemeingut ansehen in dem Sinn, dass sie nicht ihm allein, sondern auch anderen von Nutzen sein können" (KKK, 2404). „Wir haben nicht das Recht, für unseren exklusiven Gebrauch Dinge zu unterhalten, die wir gar nicht brauchen, wenn andere Not leiden."[15]

Der heilige Thomas von Aquin hat über die Verwendung von Geld ausschließlich zum eigenen Vorteil Folgendes gesagt: Wenn wir uns verwöhnen, schützen wir uns oberflächlich vor der Konfrontation mit der Realität des Lebens. Dann sind wir nicht darauf vorbereitet, mit ernsthaften Schwierigkeiten fertig zu werden. Überfluss, also eine Fülle von materiellem Wohl, kann in Wirklichkeit unserem Charakter schaden und unserem geistlichen Leben abträglich sein, wenn wir ihn nicht richtig nutzen. Jesus selbst hat davor gewarnt, als er sagte: „Niemand kann zwei Herren dienen [...]. Ihr könnt nicht beiden dienen, Gott und dem Mammon." (Mt 6, 24).

Finanzielle Stabilität schaffen

Philip und ich redeten ständig über finanzielle Fragen – und oft auch über meinen intensiven Wunsch, mehr zu besitzen und zu kaufen. Tief in meinem Herzen wusste ich: Wenn ich reich wäre, würde ich mir wahllos alles kaufen, was ich haben wollte. Vielleicht wusste

[15] John A. Hardon, S.J., The Catholic Catechism, Garden City, New York: Doubleday and Company, Inc. 1975, S. 388 (Übersetzung KM).

Gott, dass ich dann auch die geistlichen Folgen meines Verhaltens tragen müsste.

Auch wenn ich das alles wusste, machte dies meine Situation für mich nicht leichter. Ich kann mein Herz nicht auf einen Schlag ändern. Ich wollte einfach all die schönen Dinge und modernen Erfindungen genießen, die mir die Welt anbot. Wenn es sie schon gab, warum sollte ich dann nicht von ihnen profitieren können? Dieser Gedanke machte mich manchmal zornig auf Gott.

Eines Tages stellte ich ein Plakat mit Bildern von Kindern und Familien aus der ganzen Welt zusammen, die ich vorher aus der National Geographic ausgeschnitten hatte. Ich ließ es in Folie einschweißen und hängte es in der Küche auf. Wenn ich missmutig wurde, weil ich mir nicht alles kaufen konnte, was ich wollte, schaute ich mir das Plakat an und blieb nachdenklich davor sitzen.

Ich sah einen Afrikaner, der einen Brotlaib trug, den er von der christlichen Mission bekommen hatte. Er musst einige Meilen zu Fuß zurücklegen, um ihn seiner Familie zu bringen. Dabei dachte ich an die zwanzig Taschen Lebensmittel, die ich gerade mit dem Auto nach Hause gebracht hatte. Brot war auch dabei, aber Erdnussbutter, Käsespezialitäten, Fleisch, Ahornsirup und Schokochips ebenso.

Ich betrachtete das Foto einer asiatischen Familie, die an einem frostigen Morgen draußen auf einem Felsen am Feuer saß, zitternd vor Kälte, während ich in meinem gemütlichen Heim war, mit einer heißen Tasse Kaffee und Marmeladentoast.

Ich entdeckte eine Frau, die auf einem Rost mit Holzfeuer kochte, oder eine Familie, die keine Möbel besaß und auf Eimern sitzen musste, die sie von einer internationalen Hilfsorganisation bekommen hatte. Dann schaute ich meinen Elektroherd, meinen Kühlschrank, meinen Geschirrspüler und unsere bequem gepolsterten Sofas und Sessel an.

Ich sah rumänische Kinder, die auf alten schmutzigen Teppichen in einem kärglichen Zimmer um einen alten Mann herum saßen, der nur ein einziges Buch besaß und ihnen daraus etwas beibrachte. Von den Wänden fiel der Putz, die Fenster waren kaputt. Dabei dachte ich an unsere Regale, die voller Bücher waren, an die Schubladen voller Notizbücher, an den Globus, die Tafel mit Kreide, die Schreibtische, die Bastelsachen, den Computer und die Unterrichtsvideos für die Kinder.

Ich sah das Bild eines kleinen Jungen mit einem Pflaster auf dem verletzten Auge. Sein Gesicht war von einer Granate und den Grausamkeiten eines Krieges zerstört worden. Ich verglich es mit den strahlenden Augen und den rosa Bäckchen unserer Kinder, die höchstens Geschwisterrivalitäten kannten. Ich fragte mich, warum es uns so gut ging, eine Antwort darauf wusste ich nicht. Ich erkannte lediglich, dass ich viel Segen erhalten hatte und die Pflicht hatte, dankbar für alles zu sein, was ich besitze. Ich musste aufstehen und

Gott bekennen: „Es tut mir leid. Danke. Hilf mir bitte.“ Dann kehrte ich zum Abwasch zurück.

Den Verhältnissen entsprechend leben

Gott selbst sorgt für uns und wir sind dazu berufen, mit den Mitteln, die er uns zur Verfügung stellt, zu arbeiten: Darin liegt der Schlüssel, wie wir unsere Rolle als Verwalter erfüllen können. Wir müssen den Verhältnissen entsprechend leben.

Gleichgültig, ob wir zu den mehr oder weniger Notleidenden zählen oder nicht: Wir müssen unseren Besitz so verwalten, dass wir damit die Bedürfnisse der Familie erfüllen können. Doch auch wenn wir fortwährend finanzielle Probleme haben, darf dies die anderen Prioritäten unserer Berufung nicht überlagern. Wir müssen sie zu lösen versuchen, dürfen uns aber nicht von Ängsten einschränken lassen. Stattdessen müssen wir Gott und seinen Versprechen mehr vertrauen, unsere Grundbedürfnisse deutlicher von überzogenen Wünschen unterscheiden, vielleicht auch besser wirtschaften als andere, vor allem aber unsere Herzen vor Neid auf Wohlhabende und vor Verbitterung über unsere Entbehrungen bewahren.

Möglicherweise wird von uns etwas mehr Askese als von anderen Menschen gefordert. Wenn wir alles tun, um Gottes Gaben gut zu verwalten, haben wir keinen Grund, finanzielle Schwierigkeiten als Strafe Gottes zu sehen, Gott kann diese auch benutzen, um uns näher zu ihm zu führen. „Die Kunst, arm zu sein, besteht darin,

Gott zu vertrauen, nichts zu verlangen und für alles, was einem gegeben wird, dankbar zu sein.“[16]

Auf der anderen Seite gibt es auch Christen, die unter belastendem Überfluss leiden. Sie sind von Gott aufgerufen, ihre Aufgabe als Ernährer und Versorger auf einen Bereich auszudehnen, der über die eigene Familie hinausreicht. „[Gott] gibt einigen Menschen mehr, als sie brauchen, nicht damit sie großen Überfluss genießen, sondern um aus ihnen Verwalter im Namen der Waisen, Kranken und Versehrten zu machen.“[17]

Wenn wir mit Überfluss gesegnet sind, schulden wir es den Armen und Gott, den Besitz verantwortungsbewusst zu verwalten und unsere Gaben in den Dienst einer größeren Gemeinschaft zu stellen.

Der Zehnte ist Pflicht

Ich habe mich immer wieder gefragt, wie ich mit unserer finanziellen Situation umgehen soll. Die konsequente Lektüre der Bibel und des Katechismus haben mich letztlich davon überzeugt, dass der Zehnte für Philip und mich Pflicht ist. In der Bibel steht, den Zehnten nicht abzugeben bedeutet, Gott nicht ernst zu nehmen.[18] Im Buch Maleachi lesen wir:

„Seit den Tagen eurer Väter seid ihr von meinen Gesetzen abgewichen und habt auf sie nicht geachtet. Kehrt um zu mir, dann kehre

[16] St. John Chrysostom, On Living Simply: The Golden Voice of John Chrysostom, comp. Robert Van de Weyer, Liguori, Missouri: Liguori/Triumph Publications, 1996, S. 7 (Übersetzung KM).
[17] Ebd., S. 6.
[18] Wie der Einzelne herausfindet, was der Zehnte für ihn bedeutet, dazu lese man die Leserstimmen.

ich mich euch zu, spricht der Herr der Heere. Doch ihr sagt: Worin soll denn unsere Umkehr bestehen? Darf der Mensch Gott betrügen? Denn ihr betrügt mich. Doch ihr sagt: Womit betrügen wir dich? – Mit den Zehnten und Abgaben! Dem Fluch seid ihr verfallen, doch ihr betrügt mich weiter, ihr, das ganze Volk. Bringt den ganzen Zehnten ins Vorratshaus, damit in meinem Haus Nahrung vorhanden ist. Ja, stellt mich auf die Probe damit, spricht der Herr der Heere, und wartet, ob ich euch dann nicht die Schleusen des Himmels öffne und Segen im Übermaß auf euch herabschütte. Den Fresser wehre ich von euch ab, damit er nicht die Früchte eurer Äcker vertilgt und damit der Weinstock auf eurem Feld nicht ohne Ertrag bleibt, spricht der Herr der Heere. Dann werden alle Völker euch glücklich preisen; denn ihr seid ein glückliches Land, spricht der Herr der Heere.“ *(Mal 3, 7–12)*.

Diese Schriftstelle beantwortete meine zweite Frage zu den finanziellen Pflichten: „Was hängt von Gott ab?“ Gott bat mich, ihm zu vertrauen. Ich kann ihn „prüfen“. Er wird mir seine Großzügigkeit nicht verweigern. Er kümmert sich nicht nur ausreichend um uns, sondern verhindert auch unvorhersehbare Umstände, die uns an der Erfüllung unserer Aufgabe als Versorger unserer Familie hindern.

Gott kümmert sich

Früher spendeten Philip und ich den Zehnten nur manchmal und manchmal auch nicht. Wenn wir in finanzielle Schwierigkeiten gerieten, war das für uns eine gute Ausrede, den Zehnten nicht zu spenden oder zumindest etwas zu reduzieren. Anschließend war es dann schwierig, wieder damit zu beginnen. Oft ertappte ich mich dabei, dass ich gerade dann mit dem Zehnten zögerte, wenn wir alles Notwendige besaßen! Dann passierte es z. B., dass ich mich über Gott ärgerte und ihm vorwarf, er nehme uns all „unser" Geld weg. Dabei hatte ich völlig vergessen, dass alles Gott gehört und ich es nur verwalte. Ein andermal rissen wir uns zusammen, spendeten den Zehnten und wurden selbst reich beschenkt. In dieser Zeit war es für mich nicht ungewöhnlich, dass ich zu Gott z. B. sagte: „Herr, ich brauche am Montagmorgen einen Scheck mit der Post", und tatsächlich wartete im Briefkasten auf mich ein Scheck. Ich erinnere mich daran, dass wir einmal in einem Vierteljahr jeden Monat über 800 Dollar erhielten, mit denen wir nicht gerechnet hatten.

Ein andermal wiederum kam es uns vor, als würden uns der Zehnte und die anderen Ausgaben kaputtmachen. Mit unserem Monatsbudget waren wir ständig mit 400 Dollar im Minus. Ich fragte einen Freund, der sich mit Finanzen auskannte, was wir tun sollen. „Ich weiß es wirklich nicht", antwortete er und schüttelte ratlos den Kopf. Philip und ich entschieden uns, mit dem Zehnten weiterzumachen. Innerhalb von drei Monaten drehte sich unsere Situation um 180 Grad. Wir erlebten beinahe ein „Geldwunder", bezahlten unsere Schulden und unsere Probleme waren vom Tisch.

Natürlich verlassen wir uns nicht blindlings auf solche „Geldwunder", auch wenn wir sehr viele erlebt haben. Doch wenn wir den Zehnten geben, greift Gott zum Ausgleich auf vielerlei Art ein, damit wir für uns und unsere Kinder sorgen können:

- Er zeigt uns finanzielle Möglichkeiten, auf wir zuvor nie gekommen sind.
- Er führt uns in ein Lebensmittelgeschäft, in dem wir Lebensmittel günstig kaufen können.
- Er zeigt uns neue Arbeitsmöglichkeiten, wenn der bisherige Job nicht genug einbringt, um unsere Bedürfnisse zu erfüllen.
- Er sorgt dafür, dass wir von anderen beschenkt werden.
- Er schickt uns Schecks, mit denen wir nicht gerechnet haben.

Philip bekam einmal nach zehn Jahren Geld für einen Strafzettel zurück, und zwar aus einer Provinz ganz am anderen Ende von Kanada und genau rechtzeitig, damit wir mit dem Geld eine Rechnung bezahlen konnten! Gott kümmert sich um uns. Er greift in Raum und Zeit ein, um seinen Kindern zu helfen – und wenn er ein Wunder wirkt!

Reicher Segen aus dem Zehnten

Wir hatten oft erlebt, wie Gott eingriff, wenn wir den Zehnten gegeben hatten. Trotzdem dauerte es noch eine Weile, bis wir Gott wirklich vertrauten. So schwankte unsere finanzielle Situation im selben Rhythmus wie unser Vertrauen. Immer wenn wir aufhörten, den Zehnten zu spenden, wendete sich das Blatt.

Letztlich lernte ich dabei etwas sehr Wichtiges über den Zehnten. Mit seiner Hilfe fällt es uns leichter, innerlich von Wünschen Abstand zu nehmen, die sich nicht erfüllen lassen. Früher hätte ich niedergeschlagen vor meinem Plakat gesessen und mich schweren Herzens damit abgefunden, dass auch ich ohne so manche Dinge auskommen muss. Nachdem ich mir vorgenommen hatte, den Zehnten zu spenden, begannen sich auch meine Wünsche zu ändern. Er war das Tor zu Gottes Gnade, die wiederum mein Herz verändern konnte. Allein schaffte ich das nicht. Früher konnte ich gar nicht genug Bücher über Hausunterricht kaufen. Jetzt sehnte ich mich danach, mich von den zahlreichen Vorgaben dort freizumachen und die Dinge zu vereinfachen. Früher hielt ich im Haus alles für alt und hässlich. Nun fühlte ich mich dort wohl, war zufrieden und dankbar für alles, was wir hatten.

Mit dem Zehnten geben wir Gott, was ihm zusteht, und üben uns in Selbstbeherrschung. Er ist eine echte Gnadenquelle: Er hilft uns, damit zufrieden zu sein, dass unsere notwendigen Bedürfnisse gestillt sind, und darauf zu vertrauen, dass Gott uns noch ein wenig dazugibt – als Zeichen seiner Güte.

Gott gab Adam und Eva die Erde, damit für sie gesorgt ist – und schuf ihnen damit ein Paradies. Ebenso musste auch unser Zuhause einen doppelten Zweck erfüllen: Es musste praktisch und schön sein, zumindest in unseren Augen. Deshalb musste jedes Zimmer seinen Zweck erfüllen und mit allem ausgestattet sein, was dafür notwendig war. Ich begann mit einer „Zimmeranalyse". Mit Stift und Papier ging ich von Zimmer zu Zimmer und stellte mir dabei einige Fragen.

Was ist der Zweck dieses Zimmers und was ist für die Erfüllung dieses Zwecks erforderlich? Ich wollte, dass die Kinder in ihren Zimmern nicht nur schliefen und ihre Kleidung aufbewahrten, sondern sich dort aktiv beschäftigten, lasen, malten und spielten. Das alles notierte ich mir. Bei jeder einzelnen Beschäftigung führte ich auf, was die Kinder dafür benötigten. Sie brauchten zum Lesen einen Tisch und eine Lampe, Schubladen für Schreibutensilien wie Bleistifte, Papier, Buntstifte und Radiergummi und einen Kasten für Spielzeug. Natürlich durften in ihren Zimmern Betten und Kleiderschränke nicht fehlen.

Eine solche Analyse erstellte ich für jedes Zimmer im Haus. Es hatte keinen Sinn, die Schulbücher in der Küche aufzubewahren, wenn ich diese nicht als Unterrichtsraum nutzte. Meine Kochbücher brauchte ich in der Küche, nicht im Wohnzimmer. Deshalb hängte ich dort ein Regal dafür auf. Außerdem wollte ich, dass die Familie im Wohnzimmer betet. Also musste ich dort Platz für die Rosenkränze und Gebetbücher schaffen. Es gab keinen Grund, warum alle diese Gegenstände keinen festen Platz haben sollten, und zwar dort, wo sie am häufigsten benutzt wurden. Später stellte ich fest, dass diese Ordnung auch meinen Kindern half, denn sie wussten nun genau, wo sie ihre Sachen alle hin räumen mussten. Wenn nicht für alles ein logisch nachvollziehbarer Platz festgelegt war, konnten sie nicht Ordnung halten.

Weiterhin musste ich entscheiden, ob ich nicht besser bestimmte Dinge woandershin räumen sollte und wenn ja, welche. Gab es etwas, was nicht an seinem bisherigen Platz bleiben sollte? Seit ich für sie einen eigenen Platz geschaffen hatte, musste ich die Rollschuhe und meine Sommerkleider nicht mehr im Schlafzimmer aufbewahren. Da der Flur für Mäntel, Mützen, Handschuhe, Schuhe, Schlüssel und Taschen vorgesehen war, räumte ich die Blechdosen und das Spielzeug von dort weg, weil diese Dinge dort nicht hingehörten. Ich legte ein „Zwischenlager“ fest, wo ich Dinge vorübergehend ablegte, bis ich sie auf den für sie bestimmten Platz räumen konnte.

Ich schaute mir alles an und überprüfte, ob nicht etwas repariert werden müsste. Ich notierte mir alles auf einer Liste, die ich im Notizbuch aufbewahrte, und kennzeichnete dringende Aufgaben mit einem Sternchen daneben. Einige Posten stehen schon seit einem Jahr auf dieser Liste. Wenn etwas kaputtgeht, setze ich es darauf. Wenn ich unser Budget plane, schaue ich auf der Liste nach, um zu entscheiden, was nun zu erledigen ist. Diese Dinge muss ich mir dann nicht mehr merken, da ich sie mir ja schon notiert habe.

Außerdem machte ich Pläne zur Verschönerung des Hauses. Was konnte ich in welchem Zimmer ändern? Vieles, was ich geplant hatte, steht heute noch auf der Liste, aber vieles ist auch schon erledigt.

Wenn ich mit einem Zimmer fertig war, dachte ich noch darüber nach, wie ich es sauber halten konnte. Ich überlegte mir, welche kleineren Arbeiten dort zu erledigen waren. Ich schrieb mir genau auf, was in welchem Zimmer täglich, wöchentlich oder in einem längeren Zeitabstand, etwa jeden Sommer oder Winter, in Ordnung gebracht werden musste. Zu den täglichen Aufgaben gehörte es, in den Kinderzimmern die Betten zu machen und Kleidung, Spielzeug und Bücher aufzuräumen. Jede zweite Woche sollten die Schubladen aufgeräumt werden, Staub saugen, wischen und der Wechsel der Bettwäsche standen ebenfalls auf dem Plan. Zweimal im Jahr war großes Aufräumen angesagt: Alles wurde geputzt, Saisonkleidung aussortiert und ausgelagert, Decken und Gardinen gewaschen.

Es war wichtig festzulegen, wer welche Arbeiten erledigen sollte. Ich war nie der Meinung, dass die ganze Hausarbeit an der Mutter hängenbleiben sollte. Gute Manager erledigen schließlich auch nicht alles selbst, im Gegenteil: Sie delegieren Aufgaben an ihre Mitarbeiter und Kollegen, so wie es deren Fähigkeiten entspricht. Einmal sagte ein Freund zu mir: „Wenn die Kinder Skateboard und Radfahren lernen können, begreifen sie bestimmt auch, wie sie einen Staubsauger halten müssen." Die Kinder und der Ehepartner sollen aber nicht nur kleine Arbeiten übernehmen, um so „der Mutter zu helfen". Sie sind genau wie ich dazu berufen, Verwalter ihres Anteils an der Schöpfung zu sein.

Ich legte bei jeder einzelnen Aufgabe fest, wer sie erledigen sollte – täglich, wöchentlich oder in anderen Zeiträumen. Dabei habe ich für jeden etwas gefunden. Dann fertigte ich Tabellen mit den verschiedenen Aufgaben an und hängte sie an einen geeigneten Ort. Die

Tabellen mit den wöchentlich zu erledigenden Aufgaben hängte ich in der Küche auf. Auch jedes Kinderzimmer erhielt eine „Aufräumtabelle“.

Eine weitere Frage war: Wann können diese Arbeiten erledigt werden? Ich plante, dass wir nach dem Aufstehen und vor dem Schlafengehen die Zimmer aufräumten und vor und nach dem Essen kleinere Aufgaben in der Küche und in den Zimmern unten erledigten. Im Erdgeschoss räumten wir einmal pro Woche, jeden Freitag, auf. Anschließend folgte unser „Motivationsabend“ mit Musik, Hotdogs, Chips und Video. Oben räumten wir jeden zweiten Samstag auf, danach war dann ein freier Tag. Für Saisonarbeiten plante ich einige Wochen im Frühjahr und im Herbst ein. Gewaschen wurde zu beliebigen Zeiten vor und nach dem Frühstück, wenn die Kinder mich gerade nicht brauchten oder wenn ich das Abendessen zubereitete etc. Wenn ich einen Moment frei hatte, stellte ich die Waschmaschine an. Die Kinder räumten ihre Kleidung vor dem Mittagessen und dem Abendessen in die Zimmer. Ich erledigte das vor dem Schlafengehen.

Als noch weitere Arbeiten anfielen, die ich nicht eingeplant hatte, wie zum Beispiel die Katzen füttern und Müll herunterbringen, schrieb ich diese auf und legte für jede eine Zeit fest.

Ich setzte mich mit meinem Mann zusammen und wir überlegten, was im Haus und draußen – Rasen, Garage, Schuppen, Garten usw. – zu erledigen ist. Wir nahmen die entsprechenden Tätigkeiten in die Liste auf und legten die Reparatur-, Einkaufs- und Aufgabenlisten für später zurück.

Mit dem Plan anfangen

Am Anfang ist es das Wichtigste, das Haus in Ordnung zu bringen und regelmäßige Aufgaben zu erledigen. Es kann auch sinnvoll sein, dafür fremde Hilfe in Anspruch zu nehmen. Ich habe zahlreiche Bücher über die Organisation des Haushaltes gelesen und überall Anregungen gefunden. Wenn Sie Tipps finden, die Ihnen zusagen, helfen diese Ihnen auf alle Fälle weiter. Die Vorgehensweise, die ich eben beschrieben habe, kann ich empfehlen, weil sie relativ einfach ist.

Wenn Sie mit der anfänglichen Planung fertig sind und die Dinge soweit gut laufen, sollten Sie die Finanzen und das Budget in Ordnung bringen – falls Sie das nicht bereits getan haben. Dabei gibt es wiederum verschiedene Möglichkeiten ... Doch auch hier möchte ich für den Anfang eine einfache Lösung empfehlen.

Sprechen Sie sich zuerst mit Ihrem Ehepartner ab und arbeiten Sie möglichst gemeinsam an diesem Punkt. Wer von Ihnen beiden hat mehr Talent, die Finanzen zu verwalten? Würde es Ihnen helfen, jemanden zu engagieren, der dies für Sie erledigen kann?

Legen Sie einen Karteikasten oder einen Ordner an. Heften Sie alle wichtigen Belege ab und ordnen Sie sie alphabetisch. Schaffen Sie Platz für die Quittungen, die Sie nun ablegen werden. Legen Sie ein Notizbuch für Ihre Ausgaben an und ein weiteres für das wöchentliche, das zweiwöchentliche und das monatliche Budget. Legen Sie einen Tag fest, an dem Sie Ihre Buchhaltung erledigen und Ausgaben planen – einmal die Woche, alle zwei Wochen oder vielleicht monatlich.

Schauen Sie Ihre bisherigen Aufzeichnungen und Belege durch und erstellen Sie eine Übersicht zu folgenden Fragen:

Wie hoch ist unser regelmäßiges Einkommen?

Wie hoch ist unser Zehnter? Können wir sichergehen, dass wir damit unsere Pflicht erfüllen und Gottes Segen uns zuteil wird?

Wie hoch sind unsere regelmäßigen und notwendigen monatlichen Ausgaben und laufenden Kosten?

Denken Sie dabei an Hypotheken, die Miete, Versicherungen, Bankgebühren, Kosten für Gas und Strom, für Benzin, Autoreparaturen, für Telefon, Internet, Lebensmittel, Arzt- und Zahnarztrechnungen, Kleidung, jährlich anfallende Kosten (Autoversicherung, Müllabfuhr, Lizenzen, Steuern) usw.

Welche Schulden haben wir? Wem schulden wir was? Wie hoch sind die Raten?

Welche anderen laufenden Kosten haben wir? Wie viel geben wir monatlich oder jährlich für die Erhaltung des Hauses, Kleidung, Bildung usw. aus?

Können wir momentan etwas sparen? Wenn nicht, warum nicht? Können wir etwas dafür tun, dass wir regelmäßig sparen können? Wenn uns viel Geld übrig bleibt, können wir jemandem helfen, der nicht so viel Glück hat wie wir? Können wir Schulden vorzeitig zurückzahlen?

Arbeiten Sie auf der Grundlage dieser Fragen und Ihrer Berechnungen gemeinsam mit Ihrem Mann ein Monatsbudget aus, das den Zehnten und alle notwendigen Kosten einbezieht. Legen Sie die Tilgung Ihrer Schulden als Priorität fest. Kalkulieren Sie einen kleinen Betrag, den jeder frei ausgeben kann, als Taschengeld mit ein – das wirkt Frustrationen entgegen.

Weitere Schritte

Da die Aufgabe der Versorgung der Familie eine Menge Zeit kostet, wird es eine Weile dauern, bis alles miteinander in Einklang gebracht ist. Mit einem Jahr muss man rechnen, vielleicht sogar länger. Es ist nur wichtig, konsequent daran zu arbeiten und vor allem, erst einmal irgendwo anzufangen.

Über den Kern unserer Lebensregel können wir in der Gebetszeit und in der Freizeit nachdenken. Gott mochte uns helfen, da er weiß, wie sehr eine gründliche Ordnung uns hilft, Stress abzubauen. Er möchte, dass wir zufrieden und gesund sind!

Denken Sie darüber nach, in welchem Maße Ihnen bewusst ist, dass Sie die Aufgabe, die Familie zu versorgen, mit Gott teilen. Oder denken Sie, dass Sie das alles auf eigenen Schultern tragen müssen?

Wenn man Verantwortung für das Zuhause und die Finanzen trägt, fühlt man sich oft entmutigt oder erschöpft, sobald Probleme auftauchen. Da hilft es, mehr Vertrauen zu Gott zu entwickeln.

Was können Sie tun, um Ihre Mittel besser zu nutzen? Geben Sie viel Geld für überflüssige Dinge, Kleidung oder Strom aus? Gibt es Dinge, die Sie vielleicht selbst herstellen können? Wäre es sinnvoll, wenn Sie sich bei manchen Aufgaben helfen ließen, um für Anderes mehr Zeit zu haben?

Leiden Sie mehr an Ihren eigenen zu hohen Ansprüchen als an Knappheit? Was können Sie tun, um unerfüllbare Wünsche unter Kontrolle zu bekommen? Danken Sie Gott für die Dinge, die er Ihnen geschenkt hat? Wenn Sie jetzt nicht genug verdienen, können Sie dann Ihre Talente und Interessen nutzen, um dies zu ändern?

Mit der fünften Priorität – der Versorgung der Familie – haben wir die wichtigsten Punkte, die für die eheliche Berufung eine Rolle spielen, abgeschlossen. Am wichtigsten ist es zu erkennen, dass Gott auch der alltäglichsten Arbeit einen hohen Stellenwert zuerkennt und dass wir bei allem, was wir mit unserem Geld anfangen, wie Verwalter vorgehen sollen, die von Gott berufen sind.

Leicht gerät man in die Versuchung, dieser Priorität den Vorzug vor allen anderen zu geben. Doch dann steigert man sich leicht so sehr in die Hausarbeit und den Beruf hinein, dass man sich kaum mehr für die Menschen aus dem eigenen Umfeld interessiert. Das fünfte „P“ sorgt für eine geordnete Bühne, auf der sich unsere von

Liebe geprägte Beziehung zu Gott und anderen Menschen abspielen soll. Die Schauspieler sollen sich auf ihre Leistung konzentrieren und nicht von einer schmutzigen, unordentlichen Szenerie abgelenkt werden.

Wir müssen alle unsere Aufgaben in diesem Bereich vereinfachen, um ausreichend Zeit für eine liebevolle und ausgeglichene Beziehung zu Gott, dem Ehepartner und den Kindern zu haben.

Leserstimmen von Müttern

> „Wir haben keinen Platz, um Gemüse anzubauen, aber zum Glück ist das finanziell auch nicht notwendig."

> „Ich finde es toll, dass Holly so viel selbst macht. Ich habe für mich eine andere Lösung gefunden. Einmal in der Woche kommt eine Putzfrau, die in vier Stunden die Wohnung super putzt. Dadurch habe ich Zeit, von zuhause aus eine bezahlte Arbeit zu machen, die mehr Geld einbringt, als ich für das Putzen ausgebe, und diese Arbeit macht mir auch Freude."

> „Für mich ist es eine große Herausforderung, aber auch sehr hilfreich, dass ich mich ganz konkret auf das konzentriere, was ich gerade tue. Wenn ich meinen kleinen Nebenjob erledige, versuche ich mich nicht von Einkaufslisten ablenken zu lassen. So ist die Pflicht schneller und ordentlicher erledigt und ich kann mich später auf etwas anderes konzentrieren. Wenn ich dann Zeit für die Kinder habe, möchte ich auch wirklich für sie da sein."

> „In der Praxis ist es so schwer, die Priorität des Haushaltsführen hinter den Ehemann und die Kinder zu stellen. Wenn ich die Wäsche zusammenlege und die Kinder brauchen mich, fällt es mir schwer, für sie die Arbeit liegenzulassen."

> „In der Realität fällt es mir oft schwer, meine Hausarbeit wirklich als etwas Wertvolles zu sehen. Oft habe ich am Ende des Tages das Gefühl, nichts geleistet zu haben, vor allem wenn ich mich mit anderen Müttern vergleiche, die arbeiten gehen."

> „Mein Mann hat mich früher oft am Abend gefragt, was ich gemacht habe. Diese Frage hat mir immer großen Stress bereitet, weil ich sichtbare Leistungen aufzählen wollte und nicht immer nur erzählen wollte, was ich alles aufgeräumt habe. Erst als wir darüber sprachen, konnten wir aufklären, dass er nicht meine Leistungen überprüfen, sondern nur Anteil an meinem Leben haben wollte. Seitdem fragt er mich immer, wie es mir geht."

> „Sehr angesprochen hat mich der Satz, dass wir die Pflichten im Haushalt vereinfachen sollen. Oft hat man zu hohe Anforderungen an sich selbst und nimmt sich zu viel vor und ist dann frustriert, weil man die eigenen Ziele nicht erreicht hat. Ich versuche nun, auch mit weniger zufrieden zu sein. Ich muss nicht jedes Kleidungsstück bügeln, jede Woche die Betten neu beziehen und jeden Kuchen selber backen. Ich versuche, meine Pflichten gut zu erledigen, aber eine unaufgeräumte Wohnung soll kein Grund dafür sein, dass ich dann grantig bin und unfreundlich zu meiner Familie."

> „Das mit dem Zehnten wird in dem Buch sehr radikal gesehen. Wir haben auch die Erfahrung gemacht, dass Gott uns reich beschenkt, wenn wir großzügig sind. Wir berechnen jedoch nicht auf den Cent genau den Zehnten, sondern spenden einmal im Jahr anlassbedingt für ein großes Projekt."

Achtes Kapitel

Die Lebensregel erarbeiten

Die grundlegende Analyse ist damit abgeschlossen, und Sie haben dabei über die wichtigsten Punkte nachgedacht, die für Ihre Berufung eine Rolle spielen. Vielleicht haben Sie sich zu allen fünf Prioritäten Notizen gemacht. Möglicherweise haben Sie Ihre Planung auch schon abgeschlossen und müssen nur noch hier und da gelegentlich etwas nachbessern. Vielleicht ist der Plan jetzt noch vage, müssen die Aufgaben erst in die passende Reihenfolge gebracht werden.

Ich möchte Ihnen nun zeigen, wie ich vorgegangen bin, als ich meine Pläne erstellt habe. Vielleicht kann Sie das anregen, wenn Sie Ihre eigenen Tages-, Wochen- und Monatspläne erstellen. Natürlich sind in meinen Plänen nicht alle Aufgaben enthalten, an die Sie denken müssen. Ich hoffe dennoch, dass sie Ihnen am Anfang eine Hilfe sind.

Das ganze Prozedere erscheint vielleicht manchmal zu aufwendig, vor allem wenn Sie dieses Kapitel in einem Zug lesen. Am Ende steht Ihnen aber dann der komplette Plan vor Augen, und die entsprechenden Aufgaben sind auf Zetteln notiert, die im Haus verteilt ihren Platz gefunden haben. Das Thema wäre dann für Sie vorerst abgeschlossen, und weder Sie noch Ihre Kinder müssen den Plan ständig neu durchgehen, denn bald wird alles zur Gewohnheit. Die Tabellen und Pläne sollen Ihnen als Hilfsmittel dienen, damit Sie wissen, wann was zu tun ist, und alles zur Routine werden kann. Und nicht zuletzt geht es bei all dem auch darum, dass Sie näher zu Gott kommen können.

Erstellen des Tagesplans

Erarbeiten wir zunächst die Grundstruktur des Tagesplans (siehe Tabelle 1).

Erstellen Sie zunächst auf mehreren Blättern jeweils eine Tabelle. Jede Tabelle enthält so viele Spalten, wie Familienmitglieder bei Ihnen zuhause leben. In den Zeilen stehen Uhrzeiten und Zeitabschnitte von halben oder Viertelstunden, vom Aufstehen bis zum Schlafengehen. Tragen Sie in die entsprechenden Felder die „Aufstehzeit“ und „Schlafenszeit“ von Ihnen selbst und allen Familienmitgliedern ein.

Tragen Sie dann Ihre Gebetszeiten ein und vermerken Sie in den Spalten für die Kinder, was diese während Ihrer Gebetszeiten tun sollen. Wenn sie mit Ihnen zusammen beten sollen, tragen Sie das ebenfalls unter ihren Namen ein. Wenn Sie an den verschiedenen Wochentagen zur gleichen Uhrzeit unterschiedliche Dinge vorhaben, tragen Sie dies ein, z. B.: „Mo / Di / Fr Hl. Messe, Mi / Do / Sa Bibel.“ Tragen Sie in der Tabelle auch das Gebet in der Familie ein. Wenn die Kinder eigene Gebetszeiten haben, werden diese ebenso in die entsprechenden Felder eingetragen.

Weitere Zeitabschnitte sind den Essenszeiten reserviert. Tragen Sie Frühstück, Mittagessen, Abendessen und auch die Zwischenmahlzeiten in die entsprechenden Felder ein. Ich schreibe meist das Wort „Essen“ in großen Druckbuchstaben über eine ganze Zeile, denn wir essen alle gemeinsam.

Tragen Sie die Pausen oder die Zeiten, die die Kinder im Freien verbringen, für jedes Kind in die Tabelle ein. Wenn Sie außer Haus zur Arbeit gehen, tragen Sie auch die Fahrtzeit ein, die Sie für den Weg zur Arbeit benötigen oder wenn Sie die Kinder abholen, außerdem Kaffee- und Mittagspausen. Auch die Schlafenszeiten der kleineren Kinder gehören in die Tabelle. Außerdem können Sie in die Tabelle auch Dinge eintragen, die Sie regelmäßig zu einer bestimmten Zeit für Ihren Mann erledigen wollen.

Zeit für die alltäglichen kleinen Aufgaben einplanen

Als Nächstes können Sie die kleinen Aufgaben eintragen, die täglich erledigt werden müssen (siehe Tabelle 2).

Beginnen Sie mit der Körperpflege. Die entsprechenden Zeiten können Sie gleich in die entsprechenden Felder eintragen: „Morgendliche Pflichten – Körperpflege“ und „Abendliche Pflichten – Körperpflege“. Die persönlichen morgendlichen Pflichten können gleich nach dem Aufstehen oder erst nach dem Frühstück erledigt werden und in das entsprechende Feld eingetragen werden. Die abendlichen Aufgaben können bei den Erwachsenen dem Feld vor dem Schlafengehen zugeordnet werden. Die kleinen Kinder können ihre abendlichen Aufgaben gleich nach dem Abendessen erledigen. Tragen Sie diese Aufgaben für jedes Kind in die zugehörigen Felder ein.

Am einfachsten ist es, wenn Sie nun mit der Küche und den damit zusammenhängenden Aufgaben weitermachen. Sie können zum

Beispiel für bestimmte Aufgaben feste Zeiten festlegen (etwa vor oder nach dem Frühstück) oder diese auch den Umständen entsprechend verschieben. Sie werden bald herausfinden, was für Sie am günstigsten ist. Ich möchte nur eine einfache Möglichkeit für den Anfang präsentieren. So kann man jeder Mahlzeit Aufgaben zuordnen, die „davor“ oder „danach“ stattfinden.

Tabelle 1: Struktur des Tagesplans

	Mama	Anna	Nicki	Jessi	Luke	Virginia
6.30	Aufstehen	Schlafenszeit				
7.00	Morgengebet					
7.30		Aufstehen				
8.00	FRÜHSTÜCK					
8.30						
9.00	MORGENGEBET IN DER FAMILIE					
9.30						
10.00	Gebet	Pause im Freien				
10.30						
11.00						
11.30						
12.00	MITTAG					
12.30						
13.00	Mittagsgebet	Ruhe auf den Zimmern				
13.30						
14.00						
14.30						
15.00						
15.30	Kaffeepause	Pause im Freien				
16.00						
16.30						
17.00						
17.30	ABENDESSEN					

Fortsetzung Tabelle 1

18.00						
18.30						
19.00						
19.30	ABENDGEBET IN DER FAMILIE					
20.00					Schlafenszeit	Schlafenszeit
20.30				Schlafenszeit		
21.00			Schlafenszeit			
21.30		Schlafenszeit				
22.00	Abendgebet					
22.30	Schlafenszeit					

Tabelle 2: Zeiten für die täglichen Pflichten und Arbeiten

	Mama	Anna	Nicki	Jessi	Luke	Virginia
6.30	Aufstehen	Schlafenszeit				
7.00	Morgengebet					
7.30	Morgendliche Aufgaben: Körperpflege – Pflichten vor dem Frühstück					
8.00	FRÜHSTÜCK					
8.30	Pflichten nach dem Frühstück					
9.00	MORGENGEBET IN DER FAMILIE					
9.30						
10.00	Gebet	Pause im Freien				
10.30						
11.00						
11.30	Pflichten vor dem Mittagessen					
12.00	MITTAGESSEN					
12.30						
13.00	Mittagsgebet	Ruhe auf den Zimmern				
13.30						
14.00						
14.30						
15.00						
15.30	Kaffeepause	Pause im Freien				

Fortsetzung Tabelle 2

16.00						
16.30						
17.00	Pflichten vor dem Abendessen					
17.30	ABENDESSEN					
18.00	Pflichten nach dem Abendessen					
18.30						
19.00	Abendliche Pflichten – Körperpflege					
19.30	ABENDGEBET IN DER FAMILIE					
20.00		Spazierengehen			Schlafenszeit	Schlafenszeit
20.30		mit dem Hund	Freizeit	Schlafenszeit		
21.00		Freizeit	Schlafenszeit			
21.30	Abendliche Pflichten	Schlafenszeit				
22.00	Abendgebet					
22.30	Schlafenszeit					

Vielleicht wollen Sie noch weitere Zeiten für Aufgaben und Pflichten hinzufügen. Meine „abendlichen Pflichten“ habe ich in meinem persönlichen Tagesplan am späten Abend eingeplant. Hierzu zählen Dinge, die ich aufräumen oder für den nächsten Tag vorbereiten muss.

Tabelle für die Tageseinteilung

Die Aufstehzeit, die Schlafenszeit, das tägliche Gebet, die Zeiten für Körperpflege und Mahlzeiten, kleine Arbeiten und verschiedene andere Pflichten, die tagsüber erledigt werden müssen, haben Sie nun bereits eingetragen. Diese verschiedenen Kategorien können nun in einzelnen Tabellen detailliert ausgearbeitet werden. Jede Kategorie bekommt eine Tabelle, in der zunächst einmal alles grob eingetragen wird. Im Laufe der nächsten ein, zwei Wochen können Sie Ihre Tabellen verfeinern und alles ergänzen, was Sie am Anfang vergessen hatten. Danach können Sie eine endgültige Tabelle erstellen und diese eventuell in Folie einschweißen lassen.

Sie können mit einer Tabelle für die Gebetszeiten beginnen, dort tragen Sie die Gebetsformen, für die Sie sich entschieden haben, bei den entsprechenden Uhrzeiten ein (vgl. Tabelle 3A). Da Sie diese Tabelle regelmäßig benutzen, können Sie dort auch die Themen eintragen, mit denen Sie sich im kommenden Jahr beim Bibelstudium und in der Katechese auseinandersetzen möchten. Dann können Sie die Tabelle in die Bibel legen, damit Sie sie beim Gebet immer zur Hand haben.

Als nächstes folgen zwei Tabellen zu den Themen „Morgendliche Pflichten" und „Abendliche Pflichten" (vgl. Tabelle 3B). Gehen Sie im Notizbuch alle Aufgaben durch, die Sie und Ihre Kinder in diesen Zeiten erledigen müssen. Schreiben oder malen Sie für Ihre Kinder genau auf, was sie zu tun haben: „Körperpflege: Hände und Gesicht waschen, Zähne putzen und Haare kämmen, anziehen"; „Zimmer: Bett machen, Schlafanzug weglegen, Zimmer aufräumen".

Tabelle 3A: Gebetszeiten

Morgengebet (30 Minuten)	Stundengebet: Morgenlob (möglichst mit Philip) und vorformulierte Gebete, Morgenopfer und/oder Stille oder Tagebuchschreiben
Morgengebet in der Familie (15 Minuten)	Vorformulierte Gebete und Morgenopfer und Hymnen oder Geschichten über Heilige oder Katechismus oder Bibelgeschichten
Vormittagsgebet (15 Minuten)	Barmherzigkeitsrosenkranz oder Meditation mit der Heiligen Schrift oder Stundengebet
Mittagsgebet (1 Stunde)	Stundengebet: Psalmodie und Geistliche Lesung oder Betrachtung der Heiligen Schrift oder Stille oder Tagebuchschreiben
Nachmittägliche Kaffeepause	Nachmittagsgebet: Stundengebet
Abendgebet in der Familie (20 Minuten)	Rosenkranz oder Barmherzigkeitsrosenkranz oder kurze Gebete (z. B. Psalmen oder Glaubenszeugnisse)
Abendgebet (20 Minuten)	Stundengebet: Vesper (möglichst mit Philip)
Geistliche Lesung	Dieses Jahr: Werke von Teresa von Ávila und Hubert Zeller; Fr. Thomas Dubay: *Fire Within*
Themen für das Glaubensstudium	Dieses Jahr: *Altes Testament*; Sakramentale Dimension der Ehe; *Katechismus der Katholischen Kirche*
Verschiedenes	

Tabelle 3B: Morgendliche und Abendliche Pflichten

Morgendliche Pflichten und Aufgaben					
Mama	**Anna**	**Nicki**	**Jessi**	**Luke**	**Virginia**
	Hände und Gesicht waschen (Handtuch hinhängen) Zähne putzen und Haare kämmen (Zahnbürste weglegen; Zahnpasta verschließen) anziehen und Schlafanzug weglegen Zimmer schnell aufräumen: Bücher, Spielsachen, Kleidung, Abfall Bett machen				
	sich um Hund kümmern	Wäschekorb ins Erdgeschoss bringen und leer zurückstellen	Virginia bei den morgendlichen Pflichten helfen	Licht im Obergeschoss ausschalten, Geschirr nach unten bringen	Jessi gehorchen

Abendliche Pflichten und Aufgaben					
Mama	**Anna**	**Nicki**	**Jessi**	**Luke**	**Virginia**
Kaffeemaschine vorbereiten	baden oder duschen je nach Bedarf (Mama fragen)				
Erdgeschoss schnell aufräumen	Hände und Gesicht waschen (Handtuch aufhängen)				
Geschirrspüler ein-/ausräumen	Zähne putzen und Haare kämmen (Zahnbürste weglegen; Zahnpasta verschließen)				
Frühstückstisch vorbereiten, meine u. Philips Wäsche weglegen	Schlafanzug anziehen				
	schmutzige Wäsche in den Wäschekorb im Obergeschoss legen				
duschen (oder bis zum nächsten Morgen warten), Katzen füttern	gewaschene Wäsche in die richtigen Schränke räumen				
	Zimmer schnell aufräumen: Bücher, Spielsachen, Kleidung, Abfall				
Kalender u. Wochenplan alles kontrollieren, überlegen, was am nächsten Tag zu tun ist					

Betrachten Sie nun die Aufgaben, die nur bestimmte Familienmitglieder erledigen sollen, und teilen Sie die entsprechende Tabelle in Spalten mit Namen ein. Tragen Sie unter den Namen jeder Person die Aufgaben ein, die sie zu erledigen hat. Hierzu zählen auch Tätigkeiten, die nur von Zeit zu Zeit anfallen. Ich habe unter die einzelnen Namen die jeweiligen Aufgaben geschrieben, wie z. B. Wäsche nach unten bringen (Nicki), Lichter im Obergeschoss ausschalten (Luke), Geschirr aus den Zimmern nach unten bringen (Luke), Virginia bei der morgendlichen Körperpflege, dem Anziehen und Bettenmachen helfen (Jessica), Hund ausführen (Anna). Hängen Sie die Tabelle an einem geeigneten Ort auf (bei mir ist das z. B. der Flur im Obergeschoss) und füllen Sie dann analog auch die Tabelle für die abendlichen Pflichten aus.

Bei den abendlichen Pflichten habe ich einige kleinere Aufgaben eingetragen, die ich vor dem Schlafengehen erledige. Gewöhnlich benötige ich dafür ca. eine halbe Stunde.

Arbeiten Sie als Nächstes die Tabellen für die Pflichten vor und nach dem Essen aus (siehe Tabellen 4A, 4B und 4C). Beginnen Sie dabei mit einer groben Liste. Nehmen Sie für jede Mahlzeit ein Blatt, schreiben Sie in die Mitte in Großbuchstaben „Frühstück“, „Mittagessen“ oder „Abendessen“. Ober- und unterhalb können Sie die Aufgaben eintragen, die vor bzw. nach den jeweiligen Mahlzeiten erledigt werden müssen. Reservieren Sie für jedes Familienmitglied, das bei diesen Aufgaben beteiligt ist, eine Spalte.

Beginnen Sie mit den Pflichten, die direkt die Mahlzeiten betreffen. Welche Aufgaben sind vor dem Essen zu erledigen, welche danach

(Tisch decken, kochen, Tisch abräumen, Geschirr spülen)? Wer sollte was erledigen? Tragen Sie die Aufgaben unter den Namen bei der entsprechenden Uhrzeit ein.

Arbeiten Sie nun detaillierter aus, was genau in diesen Zeiträumen geschehen soll. Gibt es weitere Aufgaben, die täglich erledigt werden müssen und die man in diesem Zeitraum unterbringen könnte, wie z. B. Zimmer aufräumen, Vitamine einnehmen, Schuhe, Stiefel und Handschuhe aufräumen, Hund füttern etc.? Schauen Sie in Ihr Notizbuch, gehen Sie alle Aufgaben durch und verteilen Sie sie nach Fähigkeiten und Verfügbarkeit auf die Mitglieder Ihrer Familie.

Bemühen Sie sich, einen ausgewogenen Arbeitsplan für jedes Familienmitglied zu erstellen. Vielleicht fällt Ihnen auf, dass jemand nach dem Frühstück keine Zeit mehr für weitere Aufgaben hat, aber mittags oder abends nichts zu tun hat. Überlegen Sie sich, welche Aufgaben am besten zu welcher Zeit erledigt werden können, damit die Arbeit über den Tag gut verteilt wird.

Tragen Sie auch die Wäsche in die Tabelle ein. Ich trage die Aufgabe „Waschen" in meiner Spalte meist in die Zeit vor und nach dem Essen ein, aber auch zu anderen Uhrzeiten im Laufe des Tages. Da ich dafür regelmäßige Zeiten eingeplant habe, kann ich mir das besser merken. Für die Kinder plane ich ein, dass sie die Wäsche vor dem Abendessen in die Zimmer bringen.

Zu Beginn treten bei der Umsetzung des Plans in die Praxis sicher einige Schwierigkeiten auf. In den ersten Wochen können Sie daher die Tabellen verfeinern und nachbearbeiten, falls sich Veränderungen ergeben. Danach können Sie Kopien der Tabellen in Folie geschweißt in der Küche aufhängen. Am besten versuchen Sie, sich über einen Zeitraum von mindestens einem Jahr genau daran zu halten. Bald wird sich jeder daran gewöhnt haben und nicht mehr immer nachschauen müssen, was er tun soll.

Planung der weiteren Aufgaben

Wir haben schon Zeiten für das Gebet und die wichtigsten täglichen Aufgaben festgelegt, wie etwa Aufräumen, andere Tätigkeiten im Haushalt, Mahlzeiten. Dieser Plan soll Ihnen helfen, zufrieden und gut erholt zu sein, gut für Ihre Kinder zu sorgen und Ihre Wohnung, Ihre Kleiderschränke, aber auch Ihr geistliches Leben in Ordnung zu halten. Das ist wirklich schon eine tolle Leistung!

Tabelle 4A: Pflichten beim Frühstück

Mama	Anna	Nicki	Jessi	Luke	Virginia
beim Frühstück helfen wenn nötig, Tisch decken Geschirrspüler ausräumen waschen	Hund füttern Frühstück machen	Frühstück für sich selbst machen und Luke helfen	Vitamine an alle Kinder austeilen Frühstück für sich selbst und Virginia machen	Frühstück für sich selbst machen oder sich von Nicki helfen lassen	
GEBET VOR DEM FRÜHSTÜCK FRÜHSTÜCKEN					
waschen	Geschirr in die Spüle räumen				
Geschirrspüler einräumen Arbeitsplatte abwischen Schulvorbereitung aufräumen und Verschiedenes		Abfall rausbringen	Küche fegen	Tisch abwischen Blumen auf den Tisch stellen	Handtücher aufhängen

Tabelle 4B: Pflichten am Mittag

Mama	Anna	Nicki	Jessi	Luke	Virginia
Mittagessen zubereiten waschen Tisch decken	sich um den Hund kümmern beim Mittagessen helfen	Zimmer aufräumen Luke helfen	Wohnzimmer aufräumen	Flur aufräumen Handschuhe und Schuhe aufräumen	beim Tischdecken helfen
GEBET VOR DEM ESSEN MITTAGESSEN					
Kaffee kochen Geschirrspüler einräumen waschen Zähne putzen	Hund füttern sich mit Luke und Virginia beschäftigen Zähne putzen	Tisch abräumen Tisch abwischen Zähne putzen	Küche fegen Zähne putzen und Virginia dabei helfen	Hund füttern sich mit Luke und Virginia beschäftigen Zähne putzen	Handtücher aufräumen

Tabelle 4C: Pflichten am Abend

Mama	Anna	Nicki	Jessi	Luke	Virginia
waschen backen Geschirrspüler Abendessen zubereiten Tisch vorbereiten Telefonate	Wohnzimmer aufräumen Wäsche wegräumen	Klassenzimmer aufräumen Wäsche wegräumen	Flur aufräumen Wäsche wegräumen	Diele und Obergeschoss aufräumen	Handschuhe und Schuhe aufräumen
eigene Wäsche wegräumen					
GEBET VOR DEM ESSEN ABENDESSEN					
Erdgeschoss fegen	Küche aufräumen; Tisch abräumen u. abwischen; Geschirrspüler einräumen u. einschalten; fegen; Arbeitsplatten aufräumen u. abwischen; Handtücher; Stühle; Blumen				

Nun sind wir schon bei den Dingen angelangt, die ganz von Ihren persönlichen Umständen abhängen. Meine weiteren Planungen können Ihnen daher vielleicht nicht als Beispiel dienen. Wenn Sie sich bisher an meinem Plan orientiert haben, haben Sie festgestellt, dass sowohl zwischen den Mahlzeiten als auch abends große Zeitfenster entstanden sind. Wenn Sie für diese Zeiten bisher noch nichts eingeplant haben, können Sie nun entscheiden, wie Sie sie nutzen möchten.

Ich habe den Vormittag und einen Teil des Nachmittags für den Unterricht für die Kinder reserviert. Die dafür vorgesehenen Zeiten tragen in meinem Plan die Bezeichnung „Schule". Gleichzeitig verwende ich noch einen anderen Plan, der die Namen der Kinder enthält. Der Hauptplan enthält wiederkehrende Aufgaben und berücksichtigt alle Familienmitglieder – sodass etwa meine Kinder bestimmte Aufgaben erledigen können, während ich etwas anderes mache. Mein Unterrichtsplan ist flexibler. Er ist jeden Tag anders, damit er nicht zu monoton wird. Oft ändere ich ihn auch der Jahreszeit entsprechend ab oder weil uns gerade die Decke auf den Kopf fällt, was von Zeit zu Zeit durchaus passieren kann. Wichtig ist, dass wir von 9 Uhr morgens bis mittags Schule haben, unterbrochen nur von einer Pause im Freien und einer Gebetspause.

Nachmittags reserviere ich mir meist Zeit für weitere Arbeiten. Hierzu zählt alles Mögliche: Arbeiten im und am Haus, Aufgaben, die regelmäßig jede Woche erledigt werden müssen (zu denen ich gleich komme), bis hin zu Besuchen, Gartenarbeiten oder Backen. Wichtig ist für mich, dass ich jeden Nachmittag bestimmte Dinge erledige, die ich meist am Abend vorher oder in meinen Pausen plane.

Abends reserviere ich mir Zeit für einen Spaziergang – nicht immer halte ich mich tatsächlich daran. Außerdem plane ich Zeit für Hobbys, Erholung oder Freizeit mit den Kindern ein. Wenn die Kinder im Bett liegen, habe ich Zeit für meinen Ehemann, Studienprojekte, zum Nähen oder für etwas anderes, was ich in entspanntem und erholsamem Tempo tun kann.

Egal, was Sie in den übrigen verfügbaren Zeiten alles erledigen möchten – berufliche Tätigkeiten, Tätigkeiten außer Haus etc.: Lassen Sie möglichst alles zur Routine werden. Planen Sie genügend Zeit für die übrigen täglichen Pflichten ein und erledigen Sie sie zu den festgesetzten Zeiten (vgl. Tabelle 5: „Mein kompletter Tagesplan").

Wochen- und Jahresplan

Viele Aufgaben müssen nicht täglich, sondern nur wöchentlich oder alle zwei Wochen oder nur zu einer bestimmten Jahreszeit erledigt werden. Auch diese kann man auf einfache Weise organisieren.

Zuerst können Sie eine Tabelle mit der Bezeichnung „wöchentliche Aufgaben" aufsetzen, am besten für zwei Wochen oder auch für vier Wochen, sodass sie den Ablauf eines Monats widerspiegelt . Führen Sie darin alle Wochentage auf und unterteilten Sie jeden davon in „morgens", „mittags" und „abends" (siehe Tabelle 6A und 6 B). Tragen Sie nun in die Tabelle die Aufgaben ein, die nur einmal pro Woche, alle zwei Wochen oder monatlich erledigt werden. Gehen Sie Ihr Notizbuch durch, wählen Sie die Aufgaben aus und tragen Sie sie an den entsprechenden Wochentagen in das zugehörige Zeitfenster ein.

Beginnen Sie mit Ihren eigenen Bedürfnissen bzw. jenen Ihrer Familie. Hierzu zählen auch geistliche Bedürfnisse: Gebetsgruppen, Anbetungsstunden, die Heilige Messe, Beichte, Exerzitien, geistliche Begleitung, Katechese bzw. Religionsstunden. Tragen Sie nun Hobbys, Sport und andere Freizeitaktivitäten jeweils für sich und Ihre Kinder in die Tabelle ein: Malstunden, Schlittschuhlaufen, Schwimmen oder Turnen, Abende mit Freunden, Besuche bei der Oma. Reservieren Sie Zeiten für regelmäßige Aktivitäten mit Ihrem Mann, wie etwa Restaurantbesuche abends, sowie für Tätigkeiten, die Sie oder Ihr Mann regelmäßig vornehmen, z. B. für ein Ehrenamt. Fügen Sie weitere persönliche Aktivitäten hinzu, die nur ein Mal pro Woche oder seltener anfallen, wie zum Beispiel Maniküre oder Friseurbesuch.

Tabelle 5: Kompletter Tagesplan

<table>
<tr><th></th><th>Mama</th><th>Anna</th><th>Nicki</th><th>Jessi</th><th>Luke</th><th>Virginia</th></tr>
<tr><td>6.30</td><td>Aufstehen</td><td colspan="5" rowspan="2">Schlaf</td></tr>
<tr><td>7.00</td><td>Gebet / waschen</td></tr>
<tr><td>7.30</td><td colspan="6">Morgendliche Aufgaben: Körperpflege – Pflichten vor dem Frühstück</td></tr>
<tr><td>8.00</td><td colspan="6">FRÜHSTÜCK</td></tr>
<tr><td>8.30</td><td colspan="6">Pflichten nach dem Frühstück</td></tr>
<tr><td>9.00</td><td colspan="6">MORGENGEBET FAMILIENGEBET (Hl. Messe am Mo / Di / Fr)</td></tr>
<tr><td>9.30</td><td colspan="6">Schule</td></tr>
<tr><td>10.00</td><td>Gebet</td><td colspan="5">Pause im Freien (mit dem Hund)</td></tr>
<tr><td>10.30</td><td colspan="6" rowspan="2">Schule</td></tr>
<tr><td>11.00</td></tr>
<tr><td>11.30</td><td colspan="6">Pflichten vor dem Mittagessen</td></tr>
<tr><td>12.00</td><td colspan="6">MITTAGESSEN</td></tr>
<tr><td>12.30</td><td colspan="6">Pflichten nach dem Mittagessen</td></tr>
<tr><td>13.00</td><td>Gebet / waschen</td><td colspan="5">Ruhe auf den Zimmern</td></tr>
</table>

Fortsetzung Tabelle 5

13.30	Schule					
14.00						
14.30						
15.00						
15.30	Kaffee / waschen	**Pause im Freien (mit dem Hund)**				
16.00	Pflichten vor	**Die älteren Kinder spielen mit den jüngeren.**				
16.30	dem Abendessen					
17.00	Pflichten vor dem Abendessen					
17.30	ABENDESSEN					
18.00	Freizeit	**Pflichten nach dem Abendessen**				
18.30	Spaziergang,	**Freizeit**				
19.00	Entspannung, Spaß	**Abendliche Pflichten: Körperpflege**				
19.30	ABENDGEBET IN DER FAMILIE					
20.00	Zeit mit Philip	Hund	Freizeit	Freizeit	Schlafenszeit	Schlafenszeit
20.30		Freizeit	Schlafenszeit	Schlafenszeit		
21.00	Hobbys	Schlafenszeit				
21.30	Abendliche Pflichten					
22.00	Abendgebet	**Schlafenszeit**				
22.30	Schlafenszeit					

Tabelle 6A: Wochenplan (Woche 1)

	Sonntag	Montag	Dienstag	Mittwoch	Donnerstag	Freitag	Samstag
Morgen	Musik bei der Hl. Messe (9.00)	Anbetung (5.00) Hl. Messe (9.00)	Hl. Messe (9.00) Abfall rausbringen	Kühl- u. Tiefkühlschrank abtauen u. säubern		Hl. Messe (9.00) Recyclebaren Abfall rausbringen jede dritte Woche	Obergeschoss aufräumen Bettwäsche wechseln Zahnbürsten reinigen
Mittag	Maniküre: Kinder und ich			Woche A: meine Kinder zu Heidi Woche B: Heidis Kinder zu uns		Kinder besuchen die Tante Gänge u. Erledigungen	Kinder besuchen Oma Beichte der Kinder (1x pro Monat)

Fortsetzung Tabelle 6A

	Sonntag	Montag	Dienstag	Mittwoch	Donnerstag	Freitag	Samstag
Abend	Woche planen	Religions-unterricht: Vater u. Kinder (18.30)		Bibelstudium	Finanzen	Erdgeschoss aufräumen (16.00 od. 17.00) Anbetung (23.00)	Philip u. ich: Date!

Tabelle 6B: Wochenplan (Woche 2)

	Sonntag	Montag	Dienstag	Mittwoch	Donnerstag	Freitag	Samstag
Morgen	Musik bei der Hl. Messe (9.00)	Anbetung (5.00) Hl. Messe (9.00)	Hl. Messe (9.00) Kompost rausstellen		Zahltag!	Hl. Messe (9.00) Recyclebaren Abfall rausbringen jede dritte Woche	Mamas freier Tag
Mittag	Maniküre: Kinder und ich			Besuch bei Oma		Besuch von den Cousins	Mamas freier Tag Beichte Lebensmittel
Abend	Woche planen	Religions-unterricht: Philip u. Kinder (18.30)	Musik für die Messe einuben	Bibelstudium	Finanzen Lebensmittel jetzt oder Samstag	Erdgeschoss aufräumen (16.00 od. 17.00) Anbetung (23.00)	Philip u. ich: Date!

Sehen Sie sich die wöchentlichen und monatlichen Aufgaben an, die Sie bei der Zimmeranalyse notiert haben. Bestimmt finden sich dort folgende Aufgaben: wöchentlich aufräumen, den Abfall entsorgen, Bettwäsche und Handtücher waschen, Kühlschrank und Herd saubermachen usw. Ergänzen Sie noch weitere Aufgaben, wie zum Beispiel Finanzplanung, Rechnungen bezahlen, Rechnungsabschluss, Lebensmitteleinkauf, Behördengänge, Halbtagsjob etc., je nach Ihrer persönlichen Situation.

Überprüfen Sie, ob Sie in die Tabelle „Wöchentliche Pflichten" Aufgaben eingetragen haben, die eher zu den täglichen Pflichten gehören. Nun können Sie eine Tabelle für das ganze Jahr ausarbeiten. Unterteilen Sie sie in zwölf Spalten mit den Monaten (vgl. Tabelle 7). Tragen Sie in diese Spalten die Aktivitäten und Aufgaben ein, die nur saisonal anfallen. Gehen Sie Ihr Notizbuch danach durch und schreiben Sie die Aufgaben in die Tabelle. Vielleicht notieren Sie etwa Aufgaben wie „Garten bepflanzen" für Mai und Juni, „Unterricht planen" für Mai und August oder „Fenster putzen" für Mai und Oktober. Schauen Sie zu Beginn jedes Monats nach, was Sie in diesem Zeitraum planen und erledigen müssen und wofür Sie in den kommenden Wochen Zeit einplanen müssen.

Liste für die wöchentlichen Pflichten erstellen

Vielleicht denken Sie auch über die Verwendung einer Liste für wöchentliche Pflichten nach, in der detailliert die Aufgaben beschrieben sind, die zu den in der Wochentabelle vorgesehenen Zeiten erledigt werden müssen. Ich nehme pro Zimmer ein Blatt Papier und schreibe auf, was wöchentlich erledigt werden muss. Dann lege ich fest, wer für jedes einzelne Zimmer verantwortlich ist, mein Mann, die Kinder oder ich selbst (siehe Tabelle 8).

Tabelle 7: Saisonale Aktivitäten

Januar	**Februar**	**März**
Lehrerberatung Nähprojekte Plan für Januar bis Mai machen	Nähprojekte Fastenzeit mit dem Frühjahrsputz beginnen	Jessis Geburtstag Weitermachen mit Frühjahrsputz Einkommenssteuer
April	**Mai**	**Juni**
Annas Geburtstag Mamas Geburtstag Plan zur Gartenbepflanzung Plan für das nächste Jahr	Garten: Pflaumen, umsetzen Bettwäsche, Decken u. Gardinen waschen Insektengitter anbringen und Fenster putzen Sommerkleidung sortieren Einkaufsplan	Lehrerberatung Garten bepflanzen Einkaufsplan Unkraut jäten
Juli	**August**	**September**
Beerenobst: Marmelade u. Kompott Reparaturen am Haus Ferien Mit Einfrieren von Gartenfrüchten beginnen Unkraut jäten	Virginias Geburtstag Plan für September bis Dezember machen Haus für das neue Schuljahr vorbereiten	Nickis Geburtstag Lehrerberatung Obst u. Gemüse ernten und einfrieren
Oktober	**November**	**Dezember**
Hof aufräumen Herbstkleidung sortieren Wintervorräte anlegen	Weihnachtseinkäufe planen mit Weihnachtsgebäck beginnen Adventsvorbereitung	Lukes Geburtstag Philips Geburtstag Haus aufräumen vor Weihnachten

Damit mir auch die kleinen Kinder helfen können, markiere ich alles, was sie erledigen können, mit einem roten Kreis. Die entsprechenden Tabellen sind in Folie eingeschweißt und hängen in der Küche. Am Aufräumtag kommen die Kinder zu mir, ich lese ihnen die Aufgaben vor, die erledigt werden müssen, und teile ihnen eine Arbeit zu. (Besonders gerne putzen sie die Fenster mit dem Sprühreiniger!).

Unregelmässig anfallende Aufgaben

Je nach Jahreszeit und Alter der Kinder müssen in unregelmäßigem Abstand weitere Dinge erledigt werden, wie Arztbesuche, sportliche Aktivitäten oder geschäftliche Angelegenheiten. Um diese können Sie sich kümmern, wenn sie anfallen, Sie brauchen sie nicht in den Plan aufzunehmen. Tragen Sie dort nur ein, was regelmäßig erledigt werden muss.

Woran man sonst noch denken muss

Der Lebensplan soll eine Hilfe sein, damit Sie Ihre Berufung leichter verwirklichen können – es geht nicht darum, stur einen Plan zu erfüllen. Deshalb sollte man sich zu Beginn jedes Zeitabschnitts in Erinnerung rufen, dass dies alles nur eine Antwort auf Gottes Ruf ist, seinen Geist und sein Herz zu ihm erheben, ihm alles, was man tut, anbieten und ihn um seinen Segen für die geplanten Tätigkeiten bitten. Man kann auch ein Gebet aufschreiben und über den Plan hängen, das man beten kann, bevor man etwas Neues beginnt. Denn dies ist ein geeigneter Moment, um innezuhalten und diese Zeit Gott zu widmen.

Tabelle 8: Wöchentlich anfallende Aufgaben
Ich habe eine genaue Aufgabenliste ausgearbeitet, sodass jedes Kind selbständig arbeiten kann.

Muster: Wohnzimmer

1. Sofa wegrücken. Alles aufsammeln, was dahinter liegt, und dorthin bringen, wo es hingehört. Staubsaugen. Sofa zurückrücken.
2. Genauso mit allen Sofas, Sesseln und mit dem Fernsehständer verfahren.
3. Jedes Spielzeug, Buch, Abfall und was sonst noch auf dem Boden, den Sesseln oder Tischen liegt, aufheben und dorthin bringen, wo es hingehört.
4. Bezüge ausschütteln, Figuren, Vasen und Kerzen hochheben und unter ihnen Staub wischen.
5. Bücherregal aufräumen, Bücher sortieren. Staub wischen.
6. Staub auf dem Fernseher wischen. Videokassetten bzw. DVDs an ihren Platz legen.
7. Auf den Fensterbänken Staub wischen und Blumen gießen.
8. Wenn notwendig, alle Fenster und den Fernsehbildschirm putzen.
9. Staub unter meinem Tisch wischen. Die Bücher und alles andere aber dort liegen lassen. Das räume ich selber weg.
10. Zimmer saugen, vor allem in den Ecken und hinter den Türen.
11. Fußboden mit feuchtem Lappen wischen, dann mit sauberem Lappen nachwischen.
12. Mama fragen, was du sonst noch machen kannst.

Legen Sie alles an den dafür vorgesehenen Platz. Räumen Sie die Sachen weg, für die Sie noch keinen geeigneten Platz gefunden haben, und legen Sie sie für die Zwischenlagerung auf einen dafür vorgesehenen Platz. Benutzen Sie den Korb in der Ecke für Sachen, die nicht ins Haus gehören. Zeigen Sie Ihrer Familie, wo alles hingehört, und kontrollieren Sie nach ein bis zwei Wochen, ob alles am richtigen Platz ist.

Wenn Sie es nicht schaffen, am Anfang drei oder vier Tage wie eine Verrückte zu arbeiten, um schneller mit dem Lebensplan beginnen zu können, können Sie auch in einer Übergangszeit zuerst einmal Ordnung in Ihr Haus bringen – etwa samstags, immer wenn Sie freie Zeit haben oder an einem dafür festgelegten Nachmittag. Sie können auch eine Woche lang den Hausunterricht ausfallen lassen und sich von den Kindern helfen lassen. Denn ein ordentlich aufgeräumtes Haus ist die Voraussetzung dafür, dass Sie zukünftig nach dem Lebensplan vorgehen können.

Eine weitere Verwendungsmöglichkeit für das Notizbuch

Mit Hilfe Ihres Notizbuchs können Sie Ihr Leben dauerhaft vernünftig organisieren. Vielleicht haben Sie bereits einige Reparaturen notiert, die vorgenommen werden müssen. Dann können Sie sich auf Ihr Notizbuch stützen, wenn Sie Ihr Budget planen, und entscheiden, was dafür besorgt werden muss. Da Sie auch die Kreditraten alle verzeichnet haben, können Sie entscheiden, welche Schulden früher abbezahlt werden können.

Nach einiger Zeit werden Sie feststellen, dass Sie über bestimmte Lebensbereiche bisher noch nicht nachgedacht haben. Immer wenn Ihnen ein neues Thema in den Sinn kommt – wie zum Beispiel Weihnachtsgeschenke, Urlaubsideen, Ideen für liturgische Feiertage, neue Wissensgebiete oder Kleidungsbedarf – können Sie in Ihrem Lebensplan eine neue Seite dafür reservieren. Schreiben Sie alles auf und kommen Sie darauf zurück, wenn die Zeit dafür gekommen ist.

Den Lebensplan heiligen

Jedes Mal, wenn Sie eine neue Aufgabe beginnen, können Sie sie Gott aufopfern und ihn um seine Hilfe und seinen Segen dafür bitten. So wachsen Sie im Geist des Gehorsams gegenüber Gottes Willen. Wenn Sie eine Aufgabe beginnen, stellen Sie sich vor, Sie würden Gott direkt damit antworten – gerade so als würde er sie z. B. fragen: „Kannst du jetzt waschen?" Sie antworten ihm darauf: „Ja, das mache ich jetzt", und lachen ihn dabei an. So kommen Sie immer näher an das Herz des Lebensplans heran.

Leserstimmen von Müttern

> „Mir fällt es sehr schwer, mich an Uhrzeiten zu halten. Ich glaube, für mich hat es mehr Sinn, Pläne ohne Uhrzeiten zu schreiben – nur die Abfolge der Aufgaben. Aber vielleicht wird sich das ändern, wenn die Kinder beginnen in den Kindergarten und die Schule zu gehen."

> „Holly schreibt, dass die Pläne ein Hilfsmittel sind, Gott näher zu kommen. Wenn ich mich nicht an einen Plan halten kann, komme ich dann nicht Gott näher? Ist das Einhalten der Pläne eine Tugend, die ich trainieren muss? Ein Priester gab mir folgende Antwort: Das Ziel ist nicht der Plan, sondern die Nähe zu Gott. Wenn der Plan mein Leben in einer Weise organisiert, dass ich nicht um die Ordnung des Alltäglichen ringen muss, sondern meinen inneren Freiraum für Gott habe, dann bringt er mich zum Ziel. Wenn ich mir meinen Freiraum für Gott auch auf eine andere Weise schaffen kann, ist das auch gut."

> „Mein erster Gedanke war: Es ist toll, wenn man so etwas hat. Aber es muss sehr mühsam sein, den Plan zu erstellen. Und woher soll ich überhaupt die Zeit nehmen, meinen Plan zu erstellen? Aber andererseits, wenn so ein Plan mir wirklich hilft, mehr Zeit zu haben, dann wäre mir das die Mühe eigentlich schon wert."

> „Ich könnte gar nicht fixe Zeiten eintragen, da zum Beispiel mein Mann nicht immer zu einer fixen Zeit zum Mittagessen nach Hause kommt. Mir ist es wichtiger, dass wir als Familie gemeinsam zu Mittag essen, als dass meine Kinder einen geregelten Zeitplan haben."

> „Was mache ich, wenn meine Kinder bei dem Plan nicht mitspielen? Plane ich Zeit für Diskussionen mit ihnen ein?"

> „Ich weiß nicht, ob ich diesen minutengenauen Plan einhalten könnte. Es kommt doch immer etwas dazwischen."

> „Ja, so einen tollen Plan brauche ich, aber ich weiß, dass ich das nicht so schnell hinbekomme. Ich glaube, ich muss mit meinen beiden Kleinkindern nach und nach da hineinwachsen."

> „Meine erste Reaktion, als ich dieses Kapitel gelesen habe, war, dass mich das überfordert."

> „Ich tendiere immer dazu, zu wenig Zeit einzuplanen. Für mich war es z. B. ein großes Aha-Erlebnis, als ich gemerkt habe, dass ich für das Abendritual mit den

Kindern (baden, füttern, mit ihnen aufräumen, beten, ...) zwei Stunden brauche. Seit ich so viel Zeit dafür einplane, schaffe ich es, die Kinder um 19 Uhr im Bett zu haben."

> „Mir passiert es oft, dass ich kurz in Facebook oder meine Mails hineinschaue und dann dort länger hängen bleibe. Diese Zeit fehlt mir dann, und ich hätte sie viel sinnvoller nutzen können. Da wäre es wichtig, dass ich mir auch für ‚Computer' eine Zeit am Tag einplane, und aber nur dann auch vor dem Computer sitze."

> „Ich glaube, so ein Plan funktioniert nur, wenn man wirklich realistisch ist, wie viel man an einem Tag schaffen kann, vor allem wenn man sehr kleine Kinder hat. Sonst sieht man ständig nur schwarz auf weiß, was man nicht geschafft hat. Aber vielleicht hilft der Plan auch, zu ‚lernen', realistisch zu sein und zu sehen, was man an einem Tag erledigen kann?"

> „Also, ich möchte schon versuchen, so einen Plan zu beginnen, aber sicher nicht so detailliert."

Neuntes Kapitel

Entschieden sein

Als ich meinen Lebensplan erstellt habe, habe ich viel gelernt. Ich könnte Ihnen noch viel mehr darüber berichten. Auf alle Fälle möchte ich Ihnen raten, Ihren Lebensplan und Ihre Aufgaben zu vereinfachen und auf unnötige Dinge zu verzichten, die im Haus nur Platz beanspruchen und ständig von einem Ort zum anderen geräumt werden. Wenn Sie zu viel auf einmal im Kopf haben, können Sie Ihre Aufgaben nicht in Ruhe und konzentriert erledigen.

Wichtig ist ein ausgewogener Tagesablauf. Arbeiten Sie nicht zu viel, sondern gehen Sie bei allem maßvoll vor und achten Sie auf das richtige Verhältnis. Arbeiten Sie gründlich, machen Sie kleine Schritte und gehen Sie die Dinge, die Sie erledigen müssen, langsam an. Haben Sie Geduld mit sich selbst.

Entmutigung gilt allgemein als ein normales und beinahe natürliches Gefühl, doch im Grunde ist auch das eine Versuchung der Hölle. Das Ziel der Entmutigung ist es, dass Sie ein schlechtes Gewissen bekommen und deshalb Angst haben, sich dem Thron der Göttlichen Barmherzigkeit zu nähern. Wenn Sie diese Versuchung in sich spüren, ruhen Sie sich am besten einen Moment aus und legen Sie eine Kaffeepause ein, bis Sie wieder Kraft haben weiterzumachen.

Es geht nicht darum, sich ein System anzueignen

Ich könnte Ihnen noch viel erzählen, aber das würde Ihnen nicht weiterhelfen, wenn Sie Ihren Lebensplan erstellen oder ihn einzuhalten versuchen. Einen Lebensplan zu erstellen, bedeutet nämlich nicht nur, bestimmte Methoden zur Organisation des Haushalts zusammenzustellen, auch wenn das selbstverständlich hilfreich sein kann. Es geht um die Beantwortung der richtigen Fragen. Die Fragen, die für jedes „P" – wie Priorität – aufgelistet sind, können ein Ausgangspunkt sein.

Ich habe mich wiederholt bemüht, mir verschiedene Methoden von anderen Leuten anzueignen, aber bei mir funktionierten sie alle nicht. Es gab keine schnelle Lösung, die sofort Ordnung in mein Zuhause gebracht hätte. Daran wurde ich immer wieder erinnert. Es gab kein System, das mich automatisch zufrieden und heilig gemacht hätte.

Das Gelingen meines Lebensplans hing einzig und allein von mir selbst ab. Bei mir funktionierte nichts, bis ich mich irgendwann verzweifelt entschied, mich meiner Berufung zu stellen. Ich war von meinem Leben so frustriert, dass ich etwas verändern musste. Ich musste eine neue Richtung einschlagen. Erst später stellte ich fest, dass der Grund für meine Unzufriedenheit nicht etwa war, dass mein Leben zuhause so hoffnungslos wäre. Er lag woanders: Ich war total überlastet, weil ich oft nicht erledigen konnte, was ich hätte erledigen sollen.

In meiner Ehe gab es viele Schwierigkeiten. Ich musste persönliche Probleme lösen. Ich unterschätzte die Wichtigkeit der Kindererziehung und der Hausarbeit. Ich träumte ständig von etwas „Besserem". Ich merkte, dass ich für die Organisation des Haushalts zu wenig geschult war, obwohl ich in anderen Bereichen gut qualifiziert war. Der Hauptfehler, der mich daran hinderte, mehr an meiner Berufung zu arbeiten und sie zu verwirklichen, war aber meine Trägheit.

Die heimtückische Krankheit des Willens

Bevor ich mit der Erstellung meines Lebensplans begann, fiel mir die hervorragende Definition der Todsünde *Trägheit* in die Hände, die Father John Hardon vorlegt. Trägheit ist eine „Schwerfälligkeit der Seele oder die Langeweile, die einen angesichts der aufzuwendenden Mühe überfällt, die zur Verrichtung jeder guten Arbeit notwendig ist". Ich wusste, wie es mir ging, wenn ich keine Lust hatte, meine Hausarbeit zu erledigen. Ich kannte diese Langeweile sehr gut, die einfach daher kam, dass ich die ganze Zeit zuhause war.

„Gute Arbeit kann eine körperliche Arbeit sein, wie zum Beispiel das Gehen, oder eine geistige Aufgabe, wie zum Beispiel das Schreiben, oder eine geistliche Pflicht, wie das Gebet." Hierzu zählt es aber auch, wenn man den Boden wischt, für die Familie einen vernünftigen Finanzplan erstellt oder gemeinsam den Rosenkranz betet.

„Von der Trägheit nicht wegzudenken ist der Unwille, bei der Verrichtung von Pflichten Mühe aufzuwenden, weil dies Opfer und Anstrengung erfordert." Wie oft hörte ich mich sagen: „Ich will aber nicht! Dauert das jetzt ewig?"

„Die Sünde der Trägheit darf man nicht mit der Traurigkeit verwechseln, die hervorgerufen wird von Schwierigkeiten, die bei der Erfüllung einer Verpflichtung auftreten. Noch darf man sie mit dem Gefühl von Aversion verwechseln, das auftritt, wenn eine unangenehme Arbeit bevorsteht. Sie wird dann zur Sünde, wenn wir zulassen, dass sie unseren Willen beeinflusst, und infolgedessen unsere Aufgaben nicht oder schlechter erledigen als es ein verantwortungsbewusster Mensch getan hätte."

Wenn ich zu einer Aufgabe keine Lust habe, ist das noch keine große Sache; wenn ich jedoch meiner Unlust nachgebe, wird mein Verhalten bereits zur Sünde. Wenn ich mir angewöhnen würde, das Geschirr nach dem Mittagessen nicht abzuwaschen, frühmorgens das Bett nicht zu machen oder die Kinder, wenn sie sich schlecht benommen haben, nicht zu bestrafen, wenn diese Dinge sich also häufen würden, wäre ich wirklich nur noch von den Früchten meiner Trägheit umgeben.

„Trägheit kann sich auch als Abscheu gegenüber Gottes Eingebungen oder der Freundschaft mit Gott ausdrücken, wenn wir unsere Arbeit aufopfern sollen, damit die Gnade in uns wachsen kann", schreibt Fr. John Hardon. „Diese Art von Trägheit steht im direkten Gegensatz zur Liebes Gottes und ist einer der Hauptgründe dafür, warum manche Menschen nach möglicherweise jahrelangem tugendhaften Leben aufhören, sich um die Heiligkeit zu bemühen, oder sich gar ganz von Gott abwenden."

Ich dachte darüber nach, ob meine Unfähigkeit, die nötige Zeit zum Gebet zu finden, nicht eher eine Folge von Trägheit als von Arbeitsüberlastung war. Zum Lesen oder zum Fernsehen fand ich immer Zeit, aber mit dem Gebet klappte es irgendwie nicht.

Ich begann, bewusst zu verstehen, dass Trägheit tatsächlich eine Todsünde ist, da sie eine Krankheit des Willens ist. Sie ist ein geistiger Krebs, der sich still ausbreitet und dabei die ganze Vitalität des Geistes auffrisst, ohne dass der Patient es bemerkt. Wenn ich ihr bei meinen alltäglichen Arbeiten nachgab, ließ ich zu, dass sie immer tiefere Wurzeln schlagen konnte. Mir wurde bewusst, dass meine Trägheit sogar meine ewige Erlösung gefährden könnte. Ich wollte jedoch meine Seele nicht wegen eines Haufens schmutziger Wäsche verlieren!

So erkannte ich, dass es einen Zusammenhang zwischen dem Zustand meiner Seele und dem Zustand meines Haushaltes und meines Familienlebens gibt. Möglicherweise sollte ich die Schuld dafür, dass mir meine Berufung so ausweglos erschien, nicht bei meiner Berufung, sondern bei mir selbst suchen. Ich selbst war mein ärgster Feind.

Später fiel mir auf, dass ich mir dieses ganze Wissen über Trägheit in diesem Winter um die Jahrtausendwende herum angelesen hatte – in einer Zeit also, in der ich dachte, dass Jesus mir nicht so hilft, wie er es mir versprochen hatte. Aber er half mir doch. Während ich in der Heiligen Schrift las, deckte er einen sehr ernsten Riss in meiner Seele auf. Auf einmal empfand ich meinen Zustand und meine Situation als sehr ernst. Ich war also überführt – und etwas verzweifelt. Wie sollte ich nun einen Ausweg aus dieser Situation finden? Ich fühlte mich zu schwach dazu.

Eine Medizin gegen die Trägheit

Ich fühlte mich schwach, weil ich schwach war. Trägheit schwächt den Willen. Es gibt jedoch eine Medizin gegen Trägheit: etwas, was wir tun können, und etwas, was Gott für uns tut. Erstens: Gott will, dass wir wissen, dass wir schwach sind. Wenn wir dies nicht wissen, wird uns nie bewusst, dass wir den Erlöser brauchen. Die ganze Welt könnte von dieser kleinen Erkenntnis profitieren. Gott will jedoch nicht, dass wir uns mit unserer Schwachheit zufriedengeben oder sie als Ausrede benutzen und uns nicht mehr um Heiligkeit bemühen. Unsere Schwachheit mindert unsere Berufung nicht. Gott will, dass wir uns unsere Schwäche eingestehen und uns mit der Bitte um Hilfe an ihn wenden. Der alles liebende, allwissende, allgegenwärtige und allmächtige Gott der Gewitter und Vulkane, der Sonneneruptionen und Sternengalaxien will uns aus unserer irdischen Schwachheit heraushelfen! Aber wie?

Bei der Betrachtung der ersten Priorität haben wir festgestellt, dass uns Gott die Gnade der Sakramente schenkt, um unseren Willen zu stärken. Durch das Gebet und den häufigen Empfang der Sakramente, insbesondere der Eucharistie und des Sakraments der Versöhnung, schenkt uns Gott eine übernatürliche Kraft, die uns hilft, unsere menschlichen Begrenzungen und Schwächen zu überwinden.

Gott hat mir dabei geholfen, mir mit Hilfe meiner Lektüre über meine Neigung zur Trägheit klarzuwerden. Eines der wichtigsten Medikamente gegen Trägheit ist, dass wir unsere Überzeugung stärken. Wir sollen uns nicht von Dingen quälen lassen, die wir eigentlich als unwichtig ansehen. Wir müssen uns jedoch darüber im Klaren sein, dass unsere Arbeit und die Pflichten, die wir im Zusammenhang mit den fünf Prioritäten haben, sehr wichtig sind – so wichtig, dass unsere Erlösung auf ihrer konsequenten Erfüllung beruht.

Der zweite Schritt umfasst ein intensives, gezieltes Studium, damit wir unsere Berufung zu schätzen lernen.

Drittens müssen wir unseren Willen trainieren. Diesen Punkt haben wir bereits im Kapitel „Eigene Person“ kurz angeschnitten. Unseren Willen können wir ähnlich wie unsere Muskeln trainieren. Wir können ihn fester und ausdauernder machen. Immer wenn wir uns bewusst dafür entscheiden, Gottes Willen – z. B. durch eine gute Tat – so gut wie möglich zu erfüllen, stärken wir ihn und verhindern so, dass sich die Trägheit in unsere Seelen einschleicht. Dabei zählt jede alltägliche Kleinigkeit.

So können wir uns z. B. dafür entscheiden, im Haushalt alles zu erledigen, was wir gerade tun können, anstatt ständig durch das Haus zu laufen und zu jammern: „Das schaffe ich nicht.“ Wir können uns entscheiden, kein weiteres Stück Kuchen mehr zu essen, unsere Kinder zu umarmen etc. Wir können am Sonntag etwas mehr Geld in den Klingelbeutel legen als bisher. Der Kampf gegen Trägheit fängt mit solchen Kleinigkeiten an. Planen Sie, was Sie planen können, erledigen Sie es und machen Sie sich diese Vorgehensweise zur Gewohnheit. Beginnen Sie damit, während der morgendlichen Gebetszeit in der Heiligen Schrift zu lesen. Stellen Sie sich den

Wecker, stehen Sie auf und trinken Sie eine Tasse Kaffee. Setzen Sie sich dann hin und lesen Sie. Solange Sie keine bewusste Entscheidung treffen, wird sich in Ihrem Leben nichts ändern.

Sie müssen sich dafür entscheiden, Ihre Berufung bewusst und freiwillig ernsthaft zu leben. Nur diese Entscheidung versetzt Sie in die Lage, mit Ihrem Lebensplan beginnen zu können. Ich erinnere mich an einen Psychologieprofessor. Während meines Studiums erzählte er uns eine kleine Geschichte, die ich erst später begriff. Sie handelte von einer phantastischen neuen Friedenstablette, die gerade erfunden worden war. Wenn alle führenden Politiker und Staatsoberhäupter diese Tablette nähmen, könnten sofort alle internationalen Konflikte gelöst werden. Das schien eine wirkliche Antwort auf Kriege und Konflikte zu sein, hatte jedoch einen kleinen Haken: Man wusste nicht, wie man erreichen konnte, dass die Betreffenden die Tablette tatsächlich einnähmen.

Auch der Lebensplan erfüllt viele unserer Bedürfnisse und löst zahlreiche Probleme nur dann, wenn wir ihn in unserem Leben wirklich konsequent umsetzen. Wie sagte doch einmal die heilige Teresa von Ávila zu ihren Schwestern: „Was Gott von uns will, ist die Entscheidung unseres Willens."

Das Rübenproblem

Rüben sollten keine Wurmlöcher haben, wenn man sie verkaufen will. In Kanada erhalten Rüben ohne Wurmlöcher die Bezeichnung „A". Wenn ein Wurmloch zu sehen ist, kann man es mit einem Messer ausschneiden, darf dabei aber nicht zu viel Schale entfernen. Wenn die Löcher so groß sind, dass die Rübe ganz ausgeschnitten werden muss, wird sie als unverkäuflich weggeworfen. Wenn jedoch nur ein kleines Loch zu sehen ist und der Rest der Rübe von guter Qualität ist, kann man sie in die Kiste für die zum Verkauf bestimmten Rüben legen.

Philip ist auf einer Farm aufgewachsen und hat oft mit Aushilfsarbeitern zusammengearbeitet, die die Rüben vor dem Verpacken sortiert und ausgeschnitten haben. Manchmal bemerkte er, dass mehr Rüben als gewöhnlich aussortiert worden waren. Bei seinen Kontrollen fand er oft sehr gut verwendbare Rüben in der Kiste mit den aussortierten Rüben. Ihm fiel auf, dass die meisten Arbeiter gut arbeiteten und die Menge der aussortierten Rüben im Normbereich lag, wenn er ihnen vorher genaue Instruktionen gegeben hatte. Wenn er aber vergessen hatte, ihnen das Wichtigste gründlich zu erklären, erledigten viele der Arbeiter ihre Arbeit nicht zufriedenstellend. Doch da sie sich an das hielten, was ihnen erklärt worden war, konnte ihnen niemand Vorwürfe machen und sie hatten ein Recht auf Bezahlung, selbst wenn sie einen großen Teil der völlig tadellosen Rüben verschwendet hatten.

Das Problem war also, dass die Aushilfsarbeiter nicht in die richtige Arbeitsweise eingewiesen worden waren. Sie erledigten ihre Arbeit ohne persönliches Interesse und ohne dabei ihren Verstand einzusetzen. Wenn Sie mit der Erstellung Ihres Lebensplans beginnen, glauben Sie vielleicht, dass damit gleich alles glatt geht. Doch die Umsetzung des Lebensplans erfordert ein hohes Maß an Realismus.

Wenn wir den Lebensplan im Leben umsetzen wollen, sollen wir nicht nur unseren Willen, sondern auch den Verstand einschalten. In unserer Berufung zur Ehe gibt es nur wenige Probleme, die wir mit Hilfe von Gebet und Vernunft nicht bewältigen könnten. Sobald ich mit meinem Lebensplan begonnen hatte, schaltete sich Gott ein, zeigte mir den Weg, den ich einschlagen sollte, und gab mir dazu die nötige Gnade und den notwendigen Verstand. Ich musste bei der Umsetzung aber auch oft sehr intensiv nachdenken, häufig sogar so sehr, dass es mir vorkam, als bräuchte ich einen Doktortitel, um eine gute Hausfrau sein zu können.

Philips Erfahrungen auf der Farm zeigen, wie groß der Unterschied zwischen Hilfsarbeitern und dem Sohn des Besitzers ist. Wir Mütter sind keine angeworbenen Hilfsarbeiterinnen, denen nur gesagt wird, was sie zu tun haben, und die sich blind danach richten. Nein, wir sind erwachsene Töchter und Ehefrauen des Königs und müssen als solche handeln. Wir müssen zu unseren Pflichten stehen, unsere Berufung annehmen, die uns der himmlische Vater anvertraut hat, und aktiv seinen Willen erfüllen. Das bedeutet, dass wir uns genügend Zeit lassen müssen, wenn wir den Lebensplan erstellen, und uns gut überlegen müssen, welche Aufgabe wir wann angehen können. Dass die Dinge nicht alle sofort in Ordnung kommen, wenn wir uns entscheiden, sie zu ändern, bedeutet noch lange nicht, dass in unserem Leben etwas grundsätzlich nicht funktioniert. Wir sollten dann nur mehr über unsere Schritte und Ziele nachdenken. Es kann Jahre dauern, bis wir unseren Lebensplan zu unserer Zufriedenheit erstellt haben. Wie lange wir dafür brauchen, ist aber nicht entscheidend.

Mutter Teresa hat einmal gesagt: „Gott will aus uns keine erfolgreichen, sondern treue Menschen machen." Wichtig ist, dass wir uns wieder aufrappeln, wenn wir hingefallen sind, unseren Verstand einschalten, damit wir erkennen, was Gott von uns fordert, und es dann erneut versuchen.

Fahr hinaus auf den See

Petrus verbrachte die ganze Nacht mit Fischen, hatte jedoch nichts gefangen. In den Hafen kehrte er wahrscheinlich sehr müde, schlecht gelaunt und niedergeschlagen zurück. Jesus trug ihm jedoch auf, noch einmal mit dem Boot hinauszufahren und die Netze auszuwerfen. Wir könnten jetzt denken: Das ist Blödsinn. Unmöglich. Hoffnungslos und unnötig. All diese Worte können uns auch dann durch den Kopf gehen, wenn wir vielleicht nach zahlreichen Verfehlungen versuchen, unser Leben wieder neu zu ordnen. Doch Jesus fordert von uns das Gleiche wie von Petrus: „Fahr hinaus auf den See! Dort werft eure Netze zum Fang aus!" *(Lk 5, 4)*. Petrus gehorchte und fing dann so viele Fische, dass die Netze zu zerreißen drohten.

Wenn wir uns entmutigen lassen, können wir unseren Lebensplan nicht erstellen oder umsetzen. Jesus will aber, dass wir unsere Berufung erfüllen. Er belohnt unser treues Bemühen. Wenn wir es nicht versuchen, werden wir nie ein Boot voller Fische haben. Wenn wir auf Hindernisse stoßen, sollen wir Gott unser Vertrauen schenken und wie Petrus antworten: „Meister, wir haben die ganze Nacht gearbeitet und nichts gefangen. Doch wenn du es sagst, werde ich die Netze auswerfen." *(Lk 5, 5)*

Leserstimmen von Müttern

> „Meine erste Reaktion war: Ja, genau! Das ist ermutigend. Schön, dass sie betont, dass man Geduld haben muss mit sich selbst und mit dem Lebensplan und dass es nicht schnell gehen kann. Gut, dass sie auf die ‚Fallen' aufmerksam macht: Frustration und Mutlosigkeit; als Christ muss man immer wieder aufstehen. Gut, dass sie die Trägheit so direkt anspricht, aber Achtung: Ich sehe die Gefahr, dass das falsch verstanden werden könnte. Nicht die schmutzige Wäsche gefährdet mein Seelenheil, sondern dass ich mich ständig dagegen entscheide, zu tun, was Gott von mir will. Bei jeder Mutter wird es Zeiten geben, wo die schmutzige Wäsche liegen bleibt. Und bei mancher vielleicht sogar immer ... Vorsicht vor dem Leistungsdenken: Nur wenn ich einen supertollen Haushalt habe, kann ich heilig werden. Und auch umgekehrt: Wenn ich alles ‚richtig' mache, und alles sauber ist, dann ist Gott mit mir zufrieden – auch das wäre die falsche Herzenshaltung."

> „Endlich sieht man, dass Holly normal ist! Eigentlich hatte ich die ganze Zeit das Gefühl, dass das nichts für mich ist. Nachdem ich das jetzt gelesen habe, denke ich, dass der Plan doch für mich möglich sein könnte. Hat mir gefallen, dass sie zugibt, dass es ihr nicht immer gut gegangen ist. Wenn sie sagt: ‚Setzt euch einfach mal hin und trinkt einen Kaffee', denke ich: ‚So könnte das gehen.' Ich bin mir bewusst, dass es viel Kraft kosten wird. Aber der Plan ist sicherlich eine Hilfe."

> „Holly spricht mir da aus der Seele. Ich hab auch schon oft die Erfahrung gemacht, dass ich viel zu viele Dinge besitze und diese Dinge mir die Zeit rauben. Ich muss sie ständig wegräumen, sie sind in meinem Kopf, ich muss mir überlegen, wie ich sie ‚erhalte' und wie und wo ich sie aufbewahre. Und eigentlich brauche ich viele Dinge davon gar nicht zum Leben. Und es ist eine Erleichterung, wenn ich es geschafft habe, mich davon zu trennen und Dinge wegzugeben. Trotzdem passiert es mir immer wieder, dass ich ‚zuviel' anhäufe, und jetzt habe ich mir wieder vorgenommen, alles Unnötige wegzugeben!"

> „Ich bin froh, dass Holly erwähnt, dass man bei der Erstellung des Plans geduldig sein muss und dass man eine große Portion Realismus braucht. Ich glaube, alles geht einfach nicht, schon gar nicht, wenn man gerade kleine Kinder hat. Das zu akzeptieren, fällt mir nicht immer leicht. Der Lebensplan hilft mir einerseits, mich besser zu organisieren und dadurch auch mehr erledigen zu können. Ich denke, er hilft mir aber auch zu erkennen, welche Aktivitäten und Aufgaben ich eben nicht machen kann/muss, oder zumindest momentan nicht, solange die Kinder noch klein sind."

> „Die Trägheit ist oft sehr versteckt. Ich tue nie nichts, aber ich tue oft nicht das, was ich tun sollte."

> „Ja, mir fällt es auch sehr schwer, den Tag gut zu beginnen. Oft passiert es mir, dass ich meine Kinder anziehen möchte und nur schnell ins Internet gehe, um zu schauen, wie das Wetter ist. Kaum ist jedoch der Computer angeschaltet, bin ich sehr schnell auf Facebook und Co und eine Stunde später merke ich, dass ich ja eigentlich die Kinder anziehen wollte …"

> „Die Erkenntnis, dass Trägheit eine Todsünde ist, weil da das Böse schleichend von meinem Willen Besitz nimmt, hat mich sehr beeindruckt."

> „Es tut gut zu lesen, dass man den Kampf gegen die Trägheit in vielen kleinen Entscheidungen kämpfen kann, sodass man in der Treue wachsen kann, denn wie Mutter Teresa sagt, möchte Gott treue Menschen, nicht erfolgreiche. Auch dass es Jahre dauern kann, bis der Plan fertig ist, hilft mir sehr, ich muss ja doch nicht morgen schon perfekt sein."

> „Meine erste Reaktion auf das neunte Kapitel war: Puh, das wird mich einiges an Anstrengung kosten, denn wenn ich ehrlich bin, habe ich diese Berufung mit allen Konsequenzen frei gewählt und bin zu mehr berufen, als dass ich es gemütlich habe. Ich war dankbar für diese direkten Worte, das war wichtig, um mich wachzurütteln."

> „Wenn ich eine Arbeit ungern verrichte, zum Beispiel die Küche am Abend aufzuräumen, dann hilft mir manchmal der Gedanke, dass es nicht nur darum geht, dass nachher alles ordentlich und sauber ist, sondern ich bemühe mich, auf das Ziel zu schauen: heilig zu werden. Und so versuche ich die Arbeit aus Liebe zu Jesus und zu meiner Familie zu tun. Leider gelingt mir das aber nur sehr selten."

> „Mein erster Gedanke war, dass ich ja gar nicht faul bin. Ich mache und mache und bin eher frustriert, wenn ich mein erhofftes Pensum nicht geschafft habe. Dann habe ich aber verstanden, dass Holly vielmehr die Bereitschaft meint, mit der ich mich meiner Lebensaufgabe als Ehefrau und Mutter stelle. Es reicht nicht, alle täglichen Pflichten abgearbeitet zu haben, sondern es kommt auf die Einstellung an, mit der ich es getan habe, und ob ich bereit bin und mich bemühe, es besser zu machen."

Zehntes Kapitel

Das Herzstück des Lebensplans

Rückblickend bin ich der Meinung, dass mein Lebensplan für einen Anfänger recht straff war. Ich teilte mir den Tag so ein, dass ich meine Berufung leben konnte. Das regelmäßige persönliche Gebet wie auch das Familiengebet hatte ich eingeplant, ebenso die Mahlzeiten, die Hausarbeit und die Wäsche und im Wesentlichen auch den Hausunterricht für die Kinder. Auch tägliche Spaziergänge, Klavierspiel und die sonntägliche Maniküre standen auf dem Programm. Nachmittags arbeitete ich im Haus und im Garten usw. Die Abende waren ausschließlich für Philip reserviert.

Doch in den ersten Wochen und Monaten gab es Momente, in denen ich dachte, dass ich den Plan nicht durchhalten könnte. Wahrscheinlich hatte ich mit zu vielen Dingen auf einmal begonnen. Vielleicht hätte ich die einzelnen Punkte schrittweise einführen sollen. So sehnte ich mich dringend nach einer Veränderung. Ich hatte das Gefühl, tatsächlich hart arbeiten zu müssen.

Nach den ersten fünf Tagen fühlte ich mich irgendwie komisch. Der ganze Tagesablauf war zu stark strukturiert und ich freute mich auf meinen freien „Muttertag“. Doch selbst dieser änderte nichts an der Spannung in meiner Seele. Am darauffolgenden Montag und Dienstag schaffte ich es nicht mehr, meinen Plan einzuhalten. Ich fühlte mich wie in einem Gefängnis. Ich kam mir vor, als ob ich mein eigenes Ich leugnete, indem ich versuchte, es in einen kleinen Rahmen hineinzupressen. Wenn ich meinen Plan aber nicht einhielt, fühlte ich mich noch elender! Ich hätte es nicht weiter ertragen, wieder von dieser riesigen Menge an Pflichten überlastet zu werden.

Also machte ich am Mittwoch mit dem Plan wieder weiter. Eines Tages betete ich in der Küche, während ich das Mittagessen kochte: „Lieber Jesus, du musst etwas tun!“ Ich musste mich richtig dazu überwinden, in der Küche zu bleiben, statt mich mit einer Tasse Kaffee und einem guten Buch irgendwo hinzusetzen. Morgens wenn ich aufstand, musste ich all meine Kräfte zusammennehmen und wieder Mut fassen – und das alles nur, damit ich Betten machen und das Frühstück zubereiten konnte, und zwar so, wie ich es geplant hatte.

Ich musste immer wieder von Neuem akzeptieren, dass Gott wollte, dass ich diese Dinge erledigte – wie auch Jesus im Garten Getsemani den Willen des Vaters angenommen hatte. Ich glaubte nicht daran, dass ich diesen Kampf würde durchhalten können, weil ich den Druck der Trägheit in mir spürte. Ich musste mich nach allen Kräften bemühen, meinen Lebensplan einzuhalten. Wieder tauchte der Überdruss auf und drohte mich zu verschlucken. Mir wurde bewusst, dass ich mehr Gnaden brauchte.

In dem Buch „The Spiritual Life“ (deutsch: „Grundriss der aszetischen und mystischen Theologie“) von Adolph Tanquerey fand ich ein kleines Zitat, das ich mir aufschrieb und in der Küche über die Arbeitsplatte hängte:

„Was die Tugenden angeht, ist offensichtlich, dass sie gepflegt werden müssen, vor allem die, die den Lebensstil betreffen … bis hin zur heiligen Hingabe in Gottes Hände; wenn wir das mutig angehen, wird unser Seelenzustand zu einer Goldgrube mit großem Nutzen.“

Immer wenn ich keine Lust hatte, überschüttete ich den Himmel mit meinen flehenden Bitten um Hilfe, las aber auch immer wieder dieses kleine Zitat, um weiter durchhalten zu können.

Zuletzt besuchte ich meinen geistlichen Begleiter und bat ihn, mir bei meinem Gehorsam zu helfen. Ich zeigte ihm eine Kopie meines Lebensplans. Er sah ihn durch und meinte, dass er vernünftig aussehe. Das war wichtig für mich, denn ich wollte nicht, dass mein Wille durch die Versuchung, zu übertreiben, geschwächt wird. Er sagte mir auch, wenn ich wolle, könne ich mich unter seiner Leitung und im Gehorsam ihm gegenüber und gegenüber meiner Berufung an den Plan halten.

Meine Einwilligung in dieses Angebot brachte eine echte Veränderung mit sich! Die heilige Teresa von Ávila hatte recht: Gehorsam bringt Kraft. Ich fühlte mich voller Kraft. Auf einmal wurde mein Leben bunt, brachte immer neue Aufregungen und Herausforderungen mit sich und bekam einen Sinn. Ich setzte nun Tag für Tag meinen Lebensplan weiter um und kam nach und nach darauf, wie ich die vielen kleinen Aufgaben darin einbauen konnte, die bisher noch fehlten. Alles hatte seine Ordnung. Mein Leben wurde dadurch wesentlich weniger anstrengend. Die Kinder waren vernünftig beschäftigt, ihre Zeit war gut ausgefüllt. Ich schaffte meine Arbeit und hatte ein regelmäßiges Gebetsleben. Ich war zumindest vorübergehend zufrieden und gut gelaunt, doch wie es Gott so an sich hat, führte er mich mit der Zeit noch weiter in die Tiefe.

Zum Herzstück des Lebensplans gelangen

Als ich damit begonnen hatte, meinen Lebensplan zu erstellen, interessierte mich in der Tiefe meines Herzens dabei nur mein eigener Vorteil: Ich wollte Ordnung in mein Leben bringen und meinen Frust abbauen. Eines Tages jedoch, einige Monate nachdem ich mit der Umsetzung des Lebensplans begonnen hatte, wachte ich auf und war frustriert. Die Langeweile wollte und wollte nicht vergehen. Ich hatte gedacht, dass alle Probleme gelöst und alle Hindernisse überwunden wären, wenn ich den Lebensplan erstellt hätte und ihn einhielte. Schließlich gab es nichts mehr, worüber ich mir den Kopf zerbrechen müsste. Ich hatte mich bereits für fast vollkommen gehalten.

Nun schoss mir plötzlich durch den Kopf: „So sieht also jetzt mein ganzes Leben aus? Soll ich den Rest meines Lebens so langweilig verbringen?“ Ich wusste jedoch, dass ich die Erfüllung meines Lebensplans nicht einfach aufgeben und zu etwas Anderem übergehen konnte, weil ich meine Berufung ständig leben musste und meine Familie und mein Zuhause hier waren.

Als ich eines Tages in der Küche stand, dachte ich: „Vielleicht könnte ich alle kleinen Dinge in meinem Leben aus Liebe zu Gott tun. Vielleicht könnte ich beginnen, ihm alles aufzuopfern. Dies würde meiner Seele bestimmt helfen.“ So begann ich damit.

Gleich am ersten Tag wurde mir mit Schrecken bewusst, mit welcher Regelmäßigkeit ich Dinge nicht für Gott getan hatte. Immer, wenn ich sagte: „Jesus, das und das tue ich aus Liebe zu dir“, kam mir das komisch und fremd vor. Mir wurde bewusst, dass ich daran arbeiten musste. Ich musste beginnen, alles aus Liebe zu tun. Ich fing damit an, die Strampelhöschen aus Liebe zu Jesus zusammenzulegen. Ich wischte den Tisch ab, als ob Jesus zum Abendessen kommen sollte. Ich umarmte die Kinder, als ob es Jesus selbst wäre. Und ich begann, alles, was mir widerfuhr, so zu akzeptieren, als ob es aus den Händen meines geliebten Gottes käme. Ich fing an, mich in meinem Leben ihm und seinem Willen unterzuordnen.

Dann geschah das Schönste: Gott trat tatsächlich in mein Leben ein! Er zeigte sich in den außergewöhnlichsten Momenten: Ich legte Wäsche zusammen und war von seiner Anwesenheit überwältigt. Ich jätete Unkraut im Garten und er erfüllte meine Seele mit tiefer Ruhe und Stille. Ich kämpfte mit schmutzigem Geschirr und erfuhr dabei eine tiefere Vereinigung mit ihm als jemals zuvor beim Gebet. Ich kniete vor dem Allerheiligsten Altarsakrament und fühlte eine große Anziehungskraft, die mein ganzes Herz zu Jesus hinzog.

Ich nahm wieder Tanquereys Buch in die Hand und entdeckte darin etwas, was mein Herz mit wachsender Dankbarkeit zu Gott erfüllte: die Kontemplation. Jedoch nicht die schweigende Kontemplation eines Mönchs, sondern eine für Mütter maßgeschneiderte Kontemplation:

„Da der Wille ganz auf Gott ausgerichtet ist, können unsere anderen Anlagen und Fähigkeiten Gott dienen. Dies tun sie dann auch mit viel stärkerer Kraft. Wenn wir einen Willensakt setzen und unsere täglichen Pflichten erfüllen, lieben wir Gott mit inniger Liebe. Dies ist die Einheit von Aktivität und Kontemplation, die Verbindung von Martas Dienst und Marias Liebe."

Ich lernte, dass Kontemplation eine Art Gebet ist, bei der Gott unseren Willen in Besitz nimmt und ihn mit Ruhe und Kraft erfüllt. Gott hat mir so die Kraft gegeben, um die ich verzweifelt gebetet hatte.

Diese Form der Kontemplation wird als aktive Kontemplation bezeichnet. Meiner Meinung nach hat Gott sie speziell dazu erschaffen, dass auch unentwegt beschäftigte Mütter diese Gnade erfahren können. Alle meine bisherigen Zweifel, ob man in der Ehe wirklich zu Gott kommen und heilig werden könnte, waren weggefegt. Denn vor mir tat sich die Hoffnung auf, dass ich Gott in der Ehe wirklich näherkommen könnte.

Sich der Kontemplation öffnen

Gott ruft uns zur Kontemplation, weil er sich uns schenken und sich mit uns vereinen möchte. Diese Art des Gebets ist ein Geschenk Gottes und damit nichts, was wir aus eigener Kraft heraus fertigbringen. Wir können Gott nicht beeinflussen und dazu „zwingen", uns besondere Gnaden zu schenken, auch wenn wir „sehr gut" waren. Weder können wir seine mystische Anwesenheit anordnen, noch können wir das Geschenk der Kontemplation von ihm einfordern: Es ist ein freies Geschenk Gottes an uns. Er allein bestimmt, ob und zu welcher Zeit wir es erhalten.

Stellen Sie sich vor, dass Sie nach einem langen anstrengenden Aufstieg an den Rand eines Abgrunds kommen. Plötzlich ist dort kein Weg mehr. Vor Ihnen breitet sich nur ein weiter Ozean aus. Sie sind verwirrt. Es hat Sie viel Mühe gekostet, auf diesen Berg zu steigen, um zu Gott zu gelangen, und doch sind Sie in eine Sackgasse geraten. Dann blicken Sie hoch und werden sich bewusst, dass Ihr Ziel nicht in dieser Welt liegt, sondern woanders: auf dem Mond! Sie begreifen die Nutzlosigkeit aller Ihrer Bemühungen und merken, dass Sie zum Stillstand gebracht worden sind. Aus eigenen Kräften haben Sie keine Möglichkeit, zum Mond zu gelangen. Dort kommen Sie nur hin, wenn ein Raumschiff landet und Sie mitnimmt.

Mit dem kontemplativen Gebet ist es ähnlich. Trotz unserer Bemühungen können wir eine mystische Verbindung mit Gott nicht aus eigenen Kräften und durch unsere Tugenden erreichen. Nein, Gott selbst muss eingreifen und uns mit seiner Macht zu sich ziehen.

Aus diesem Grund betrachtete die heilige Teresa von Ávila das kontemplative Gebet als ein übernatürliches Gebet. Sie schreibt: „Ich bezeichne es deshalb als übernatürlich, weil es weder durch Fleiß noch durch Arbeit erreicht werden kann, und es auch nicht davon abhängt, wie viel Mühe wir für dieses Ziel aufgewendet haben. Aber öffnen können wir uns tatsächlich, und das ist zweifelsohne wunderbar."[19] Auch wenn wir uns Kontemplation nicht erarbeiten können, können wir uns doch für sie öffnen.

Wie geht das? Da die Kontemplation ein Gebet ist, das sich im

[19] Zitiert nach Tanquerey, The Spiritual Life, S. 650 (Übersetzung KM).

Inneren des Herzens abspielt, muss unsere Antwort an Gott aus dem Herzen kommen. Wir müssen uns ihm unterordnen und seinen Willen vorbehaltslos annehmen. Mit Maria sollen wir beten: „Siehe, ich bin die Magd des Herrn, mir geschehe nach deinem Wort". Wir sollen uns bemühen, Gott zu lieben und zu erfreuen, indem wir unseren Lebensplan als Mutter leben, unsere Berufung als Gottes Willen akzeptieren und uns bemühen, sie vollkommen zu leben, und zwar einfach deshalb, weil Gott es von uns will und weil wir ihn lieben. Dies ist der Weg, auf dem wir uns für die Kontemplation öffnen können.

Die heilige Faustina sagte: „Einmal offenbarte Jesus mir, wie sehr ihn eine Seele erfreut, die den Lebensplan genau einhält. Diese Seele erhält eine größere Belohnung für die Einhaltung des Lebensplans als für Buße und große Abtötung. Abtötung wird belohnt, erfolgt aber außerhalb des Lebensplans und hat keinen höheren Rang."

Die heilige Teresa von Ávila sagte einmal: „Meine Töchter, ihr müsst begreifen, echte Vollkommenheit beruht auf der Liebe zu Gott und zum Nächsten … Alles dies ist in unserem Lebensplan inbegriffen … und hat keinen anderen Zweck als den, dass wir die Gebote Gottes mit höchster Konsequenz einhalten."

Gott lieben

Wenn wir unseren Lebensplan ergeben in Gottes Willen leben, ist dies ein Beweis für unsere Liebe zu Gott. Nur erfordert diese Ergebenheit mehr als nur einen einzigen Beweis für unseren guten Willen. Sie muss sich zu einer Herzenshaltung entwickeln. Gott ist nicht damit zufrieden, dass wir unseren Lebensplan rein äußerlich einhalten. Er will auch unsere Herzen gewinnen. Mit der Zeit sollte sich unser Gehorsam zu Gott in jene Liebe verwandeln, die für eine vertrauensvolle Beziehung mit ihm notwendig ist. Ich habe einmal gehört, dass der „Kleine Weg" der heiligen Theresia von Lisieux aus einem sehr einfachen Versprechen bestand: sich in Jesus zu verlieben und sich zu bemühen, ihn zu erfreuen.

Wie können wir als viel beschäftigte Mütter dies alles praktizieren? Wir können damit beginnen, alles, was wir tun, Gott als Beweis unserer Liebe aufzuopfern und ihm zu sagen: „Jesus, ich tue dies, weil ich dich liebe." Alle Aufgaben, die er uns anvertraut, wollen wir mit höchster Sorgfalt und größtem Interesse erledigen.

Nach und nach können wir so lernen, uns voll und ganz auf jeden Moment unseres Lebens zu konzentrieren. Wir sollen uns immer ins Gedächtnis rufen, dass alles, was wir tun, uns helfen kann, uns Gott anzunähern. Wenn wir uns bewusst machen, dass Gott im gegenwärtigen Augenblick und nicht in der Zukunft oder in der Vergangenheit wirkt, können wir seinem Flüstern gegenüber offen und aufmerksam sein und alles, was mit uns passiert, aus den liebenden Händen unseres himmlischen Vaters zu unserem Wohl annehmen. Diese Haltung des Herzens brauchen wir, um Gott im Rahmen des Lebensplans lieben zu können.

Obwohl Kontemplation ein Geschenk ist, „zieht eine Liebe die andere Liebe an", schreibt die heilige Teresa von Ávila. Unsere Großzügigkeit Gott gegenüber zieht seine Großzügigkeit uns gegenüber an. Sie wird von niemandem übertroffen. Die Absicht, bewusst und aus Liebe zu Gott seinen Willen zu erfüllen, wird auch als Reinheit des Herzens bezeichnet. Darin besteht der Weg zur Kontemplation. Die sechste Seligpreisung lautet: „Selig, die ein reines Herz haben; denn sie werden Gott schauen" *(Math. 5, 8)*. Wenn wir ein reines Herz haben, folgen wir tatsächlich Christus nach, der dem Willen des Vaters bis zum Tod am Kreuz gehorsam war.

Die heilige Faustina sagt: „Nur eine Sache ist notwendig, um Gott zu erfreuen: auch die kleinste Sache aus Liebe zu ihm zu tun – aus Liebe und nur aus Liebe."

Das Herzstück des Lebensplans ist die Kontemplation

Als ich noch keinen Lebensplan erstellt hatte und ständig nur darüber nachdachte, wie ich mein Haus in Ordnung bringen könnte, war kein Platz mehr für andere Gedanken. Als ich mein Leben nur nach meinen Wünschen und momentanen Sehnsüchten ausrichtete, hatte ich im Herzen keinen Platz für Gott. Ein Leben in Unordnung führt jedoch zur „Zerstreuung" und hindert uns daran, in uns zu gehen und auf Gott zu hören, der in uns spricht.

Erst als ich mich strikt an meinen Lebensplan hielt und anfing, dabei Langeweile zu spüren, konnte ich meine Seele und mein Herz endlich für Gott öffnen. Ich wurde ihm gegenüber aufmerksam und konnte bewusst alles aus Liebe zu ihm tun. Auf einmal fühlte ich seine tiefe Anwesenheit, die wiederum in mir eine neue Liebe zur Familie entzündete. Der Lebensplan hilft uns, uns zu sammeln und tiefe Stille und Ruhe für unsere Seele zu finden. Wenn wir uns von Sorgen befreien, werden wir friedliebender und zufriedener und öffnen unsere Herzen für Gott. Dadurch finden wir häufiger Gelegenheit zu einem vertieften Gespräch mit ihm. Ich denke, dass dies ein Bestandteil des Rufs von Johannes dem Täufer ist, der uns auffordert, unsere Berge von Sorgen und Ängsten zu verkleinern, unsere Täler der unentwegten Beschäftigung auszufüllen und so dem Herrn die Straßen zu ebnen *(Math. 3, 3)*.

Oft habe ich gehört, dass alles, was wir tun, Gebet ist. Das ist wirklich so, aber nur dann, wenn wir uns dessen bewusst sind. Das werden wir, wenn unser Leben in Ordnung und frei von unnötigen Sorgen ist. Dom Chautard schreibt in „The Soul of the Apostolate" (deutsch: „Innerlichkeit – die Seele allen Apostolats"): „Lasst die folgende Überzeugung tief auf eure Seele wirken: Die Seele kann ohne Plan und ohne den festen Willen, ihn ständig einzuhalten, kein geistliches Leben führen." Aus diesem Grund scheint der Lebensplan eine notwendige Voraussetzung für die Kontemplation in unserem täglichen Leben zu sein. Und Kontemplation ist eine Erfahrung mit Gott selbst.

Segen aus unserer Reinigung

Als ich ein kleines Mädchen war, lag ich lange im Krankenhaus. Eines Tages brachte mir meine Mutter ein Poster für mein Krankenzimmer mit, auf dem geschrieben stand: „Hab Geduld mit mir. Gott ist mit mir noch nicht fertig."

Dieser Text war für mich prophetisch. Ich denke, dass er für alle Menschen gilt. Gott wird mit uns nie fertig sein. Ich dachte, dass ich schon beinahe vollkommen bin, aber Gott ließ mich nicht in Ruhe. Er begann mit der Reinigung meines Inneren, indem er mich herausforderte, zu kämpfen, um meinen Willen dem seinen anzupassen und mein Herz dem seinen zuzuwenden. Wenn wir uns bemühen, Gott zu lieben, besucht er uns und schenkt uns Freude, Ruhe und Trost, um uns seine Freude zu zeigen. Er hilft uns, den Weg mit ihm zu gehen. Er schenkt uns aber auch die Gnade der trockenen Erkenntnis, dass er immer noch mehr an uns arbeiten muss. Er will die Wurzeln der Sünde und des Lasters aus unserem Herzen reißen, damit er selbst in uns wohnen kann.

In der Kontemplation erleben wir die Anwesenheit Gottes als reinigende Wirkung der Gnade in unseren Herzen. Gott handelt zu unterschiedlichen Zeiten unterschiedlich. Er kommt, um in uns das Feuer der Liebe und der Reinigung zu entfachen.

Und was die Trockenheit betrifft: Man kann durch einen unvergleichlichen geistlichen Schmerz gehen, dies jedoch mit einer so großen Liebe tun, dass man diesen Schmerz zu umarmen vermag. Die heilige Teresa von Ávila erzählte oft von der „Liebeswunde“, die sie als angenehmen und so wertvollen Schmerz empfand, dass sie gar nicht wollte, dass er jemals aufhört.

Der heilige Johannes vom Kreuz bezeichnet es als finstere Nacht der Sinne, wenn Gott unser Innerstes durchdringt und unsere Herzen auf die Vereinigung mit sich vorbereitet. Jede Anwesenheit Gottes in unseren Herzen reinigt uns und verleiht uns gleichzeitig die Gnade, diese Reinigung auszuhalten. Gott dehnt und vergrößert unsere steinernen Herzen und macht sie zu Herzen aus Fleisch. Das tut weh. Im Moment der Reinigung wird jedoch der Schmerz mit Liebe umhüllt, durchdrungen und gestärkt. Die Liebe brennt als Feuer in uns und schenkt uns eine tiefe und lebendige vertrauliche Beziehung zu Gott.

Wenn wir also diesen Schmerz erfahren und eine schwache Stimme uns in Versuchung führt, diesen Weg der Reinigung abzubrechen, fragen wir uns mit dem heiligen Petrus: „Herr, zu wem sollten wir gehen?" *(Joh. 6, 68)*. Beten wir mit der Jungfrau Maria: „Ich bin die Magd des Herrn; mir geschehe, wie du es gesagt hast" *(Luk 1, 38)*. Und: „Herr gib mir ein bereitwilliges Herz und einen fügsamen Geist."

Das Joch Christi tragen

Unser Leiden können wir mit dem Leiden Christi verbinden, um in dem irdischen Leben zu ergänzen, „was an den Leiden Christi noch fehlt", wie der heilige Paulus im Brief an die Kolosser schreibt *(Kol 1, 24)*.

Es gehört zu unserer Berufung, Christus nachzuahmen, sodass wir alles empfangen, was aus den Händen des liebenden Gottes kommt, und es dem Vater in Verbindung mit Christi Leiden aufopfern. Wir, die wir den mystischen Leib Christi bilden, können an seinem erlösenden Leiden für die Umkehr und Rettung der Welt teilhaben. Wir können all unsere kleinen und großen Kämpfe, Prüfungen und Qualen auf dem Weg unserer Berufung und unserer Reinigung mit Jesus dem Vater aufopfern, um damit denjenigen zu helfen, die sich nicht selbst helfen können.

Die Entscheidung liegt bei uns

Das Leben als Christ ist nicht leicht. Ich weiß, dass es mir manchmal furchtbar vorkam. Was kann ich von einem Erlöser erwarten, der sagt: „Wer mein Jünger sein will, der verleugne sich selbst, nehme sein Kreuz auf sich und folge mir nach“ *(Matth 16, 24)*? Es ist nie angenehm, über das Leiden nachzudenken. Mir ist jedoch klar, dass das Leiden sowieso kommen wird. Also kann ich mich auch jetzt schon damit auseinandersetzen.

Im Lebensplan geht es jedoch nicht nur um Leid. Es geht um einen ausgewogenen Lebensstil, um die liebende Beziehung zu Gott und das Vertrauen zu ihm. Nachdem ich etwa ein Jahr lang intensiv nach meinem Lebensplan gelebt hatte, stellte ich zum ersten Mal fest, dass ich meine Aufgaben und meine Berufung leichter erfüllen konnte. Es fiel mir nicht mehr so schwer, meine Pflichten zu erfüllen. Nach zwei Jahren merkte ich, dass ich, ohne es zu merken, innerlich vollkommen ruhig geworden war. Ich durchlebte nicht mehr den ständigen Wechsel zwischen elenden und glücklichen Momenten. Ich stehe morgens auf und bin bereit, den Tag ohne, so wie früher, zu zögern und ohne sonstige Schwierigkeiten zu beginnen. Im Haus ist alles in Ordnung. Beim Hausunterricht für meine Kinder habe ich

Fortschritte gemacht. Das alles geht jetzt schon seit vier Jahren gut. Ich fand sogar Zeit, dieses Buch zu schreiben, ohne deswegen andere Pflichten zu vernachlässigen – und das, obwohl ich in letzter Zeit mehr Arbeit als sonst hatte.

Am wichtigsten ist für mich jedoch, dass ich Gott und meine Familie habe. Ich kann sie wirklich von Herzen lieben und ihnen dienen. Inzwischen weiß ich, dass in meinem Leben die Beziehung zu Gott und zu meinen Mitmenschen am wichtigsten ist. Ich kann nur sagen, dass sich vor mir eine ganz neue Welt aufgetan hat, die ich vorher nicht gekannt hatte – und sie gefällt mir. Nicht, dass alles bereits vollkommen wäre, aber es ist gut.

Trotz aller Kämpfe merke ich, dass Gott mir einen sehr großen Dienst erwiesen hat. Immer, wenn er mich besucht, fühle ich mich gestärkt. Immer wenn er mich reinigt, werde ich diesen ganzen Abfall los, der auf meiner Seele lastet. Jetzt fühle ich mich frei, sodass ich Gott, meinen Mann und meine Kinder lieben und meine Aufgaben erfüllen kann, ohne dass es mich in irgendeiner Weise belastet.

Ich wünsche Ihnen die gleiche Freiheit, die ich erleben darf. Denken Sie darüber nach, ob auch Sie dazu berufen sind, nach einem eigenen Lebensplan zu leben, und beten Sie intensiv um Klarheit in dieser Frage. Denken Sie aber nicht nur darüber nach, ob Sie ein aufgeräumtes Zuhause haben möchten. Eine solche Motivation hält nicht lange vor. Befassen Sie sich nicht mit allen Ihren Fehlern und

Schwächen auf einmal. Denn dann haben Sie keinen Mut mehr, einen solchen Weg überhaupt zu beginnen. Gott will aber, dass Sie damit beginnen, und gibt Ihnen auch die erforderliche Kraft dazu.

Sind Sie verzweifelt? Sehnen Sie sich nach mehr Ordnung in Ihrem Leben? Möchten Sie eine bessere Ehefrau und Mutter werden? Suchen Sie eine tiefere Beziehung zu Gott?

Vielleicht fordert Sie Gott dazu auf, sich in den Zeiten des Verfalls von Ehe und Familie ihm und Ihrer Familie zu verpflichten und dadurch Ihren Teil zur Erneuerung der Welt beizutragen. Möge Gott Sie dabei begleiten.

Nachtrag

Die geistliche Grundlage der Lebensregel

Wie wir bereits im zweiten Kapitel festgestellt haben, ist die geistliche Seite der Lebensregel wichtiger als alle konkreten praktischen Pläne. Diese umfasst ihre grundlegende Philosophie und ihre Ziele. Ohne Unterstützung durch einen geistlichen Begleiter wird uns unser Lebensplan eher verwirren und nur sehr schwer einzuhalten sein.

Ich habe mir die geistliche Grundlage meiner Lebensregel schrittweise erarbeitet und sie zu Papier gebracht, und ich empfehle Ihnen, das Gleiche zu tun. Sie behandelt die Frage, wie man seine Berufung auf der Basis der fünf „P-Prioritäten" verwirklichen soll. Es geht dabei um alles, wozu Gott einen beruft: die wichtigsten Tugenden, einmalige Umstände, konkrete Ziele, Überzeugungen, emotionale und geistige Verfasstheit.

Die geistliche Grundlage soll ein Orientierungspunkt, ein Begleiter und ein Ziel sein, an dem wir arbeiten – nicht etwas, was wir bereits perfekt beherrschen. Schwester Faustina hat in ihrem Tagebuch vermerkt, wie oft sie gegen ihre Lebensregel verstoßen hat. Wenn sich also sogar eine Heilige bemühen muss, sollten auch wir nicht erwarten, dass wir unsere Berufung von Anfang an vollkommen leben. Die geistliche Grundlage des Lebensplans soll als Ermunterung, nicht als Abschreckung dienen.

Wenn wir uns die geistliche Grundlage unseres Lebensplans erarbeiten, hilft es uns, regelmäßig zu prüfen, wie wir uns insgesamt an unseren Lebensplan halten. Für viele Ordensangehörige ist es normal, dass sie ihre Treue zu den Ordensregeln jeden Monat überprüfen. Diese Prüfung ist Bestandteil eines umfassenden Programms geistlicher Gesundheit. Ich überprüfe z. B. jeden Herbst genau, wie ich meinen Lebensplan eingehalten habe. Wenn ich Dinge finde, die mich verwirren, oder ich merke, dass ich keine Energie habe, befasse ich mich erneut mit der geistlichen Grundlage meines Lebensplans. Das hilft mir, mein oftmals zwiespältiges Herz auf den richtigen Weg zu bringen, und erinnert mich daran, was ich in dieser Welt zu tun habe.

Nach einigen Monaten erkennen Sie dann immer deutlicher, wozu Gott Sie als Christin, Frau, Ehefrau und Mutter beruft. Auf dieser Erkenntnis wird dann die geistliche Grundlage Ihres Lebensplans basieren.

Nachstehend finden Sie die geistliche Grundlage meines Lebensplans. Sie können sie als Vorlage für Ihre eigene verwenden.

Geistliche Grundlage der Lebensregel für Mütter

Im Bemühen um christliche Vollkommenheit im Rahmen der Berufung zur Ehe wiederhole ich mit der seligen Jungfrau Maria: „Ich bin die Magd des Herrn; mir geschehe, wie du es gesagt hast."

Indem ich alles analysiere, was ich tue, bemühe ich mich, mich auf das Ziel meiner Berufung zu konzentrieren und nach dem Herzstück meines Lebensplans zu leben:

Gottes Wille

Gottes Willen werde ich in meinem Leben dadurch erfüllen, dass ich die Pflichten, die mit meiner Berufung verbunden sind, treu ausübe. Diese umfassen:

- meine Pflichten, wie sie die fünf Prioritäten widerspiegeln, mit dem Vorsatz, sie im täglichen Leben umzusetzen;
- Erstellen und Umsetzen eines grundlegenden Plans, anhand dessen ich meine grundlegenden Pflichten erfüllen und die Zeit effektiv nutzen kann;
- Weglassen bzw. Reduzieren unnötiger äußerer Aktivitäten und Dienste, wenn sie mich daran hindern, meine Pflichten in Ruhe und konzentriert zu erfüllen.

Gottes Liebe

Ich werde alles aus Liebe zu Gott tun, anstatt eigene Motive und Neigungen zu verfolgen. Folgende Ziele setze ich mir:

- Ich führe mir vor Augen, dass mein Lebensplan vernünftig ist, da er den Willen Gottes für mich widerspiegelt. Damit akzeptiere ich die von mir geplanten Aufgaben vorbehaltlos.
- Ich beginne, jede Aufgabe rein aus Liebe zu Gott zu erfüllen und ihm die Erfüllung aufzuopfern.
- Weil ich jede Aufgabe rein aus Liebe zu Gott erfülle, der mich begleitet, führe ich sie konsequent mit größter Sorgfalt, größtem Interesse und größtem Feingefühl so aus, wie es von mir erwartet wird.
- Ich konzentriere mich ganz auf den gegenwärtigen Augenblick und die Aufgabe, die genau in diesem Moment erledigt

werden muss. Mir ist bewusst, dass Gott alles, was in mir geschieht, zulässt, um mich näher an ihn heranzuführen.

- Ich bin offen und sensibel für die Eingebungen des Heiligen Geistes und erwarte, dass er jederzeit zu mir spricht. Ich übe mich darin, Dinge anzunehmen, geduldig und dankbar zu sein, in Freuden und in Prüfungen.

Nächstenliebe

Ich bemühe mich, meinen Nächsten mit tatkräftiger Liebe zu lieben, besonders meinen Ehemann und meine Kinder. In jedem Menschen suche ich Christus, der in ihm lebt. Für alle meine Taten, Worte und Gedanken gilt der Grundsatz „mit Christus, für Christus und zu Christus". Dabei verfolge ich folgende Ziele:

- Ich stelle mich meiner Familie ganz zur Verfügung. Um mich ihr gebührend widmen zu können, höre ich auf, unnötige „Aufgaben" zu erfüllen. Ich achte aufmerksam auf ihre Bedürfnisse und richte mein Herz und meinen Verstand darauf aus.
- Ich bin gegenüber dem Menschen, mit dem ich gerade zusammen bin, aufmerksam, und hinterlasse in ihm den Eindruck, dass er der einzige Mensch auf der Welt ist, der mir im betreffenden Moment wichtig ist.
- Ich akzeptiere die Persönlichkeit und die Interessen jedes Menschen und fördere sie. Ich suche in jedem Menschen das Gute.
- Ich lebe alle Prioritäten meines Lebensstandes in vernünftigem Maß.

- Ich bemühe mich, das zu tun, was für andere gut ist, und in ihnen nur das Beste zu entdecken.
- Ich bemühe mich, standfest, aber zugleich auch gerecht, sensibel, froh, liebevoll, zärtlich und barmherzig zu sein.

Entscheidende Gesichtspunkte meines Lebensplans für Mütter

Ich erreiche Ordnung in meinem Leben, weil nur ein geordnetes Leben es mir ermöglicht, dass sich mein Herz auf Gott konzentriert. Im Herzen bietet Gott mir dann Raum, ihn zu betrachten.

Ich bemühe mich um Schlichtheit in meinem Leben, damit mein Herz, mein Leben, Denken und mein Zuhause nicht von Dingen erfüllt sind, die mich davon abbringen, Gottes Willen zu erfüllen:

- *Schlichtheit des Besitzes:* Ich überprüfe meinen Besitz regelmäßig und befreie mich im Geiste der Bescheidenheit von überflüssigen und unnötigen Dingen.
- *Schlichtheit der Aktivitäten:* Ich streiche unnötige Aktivitäten, die mich nur anstrengen und an der Erfüllung wichtiger Aufgaben hindern. Ich konzentriere mich auf die wichtigsten Aufgaben und auf deren Umsetzung.
- *Schlichtheit in den Tugenden:* Ich setze mir nicht mehr das Ziel, bestimmte Tugenden unbedingt zu erreichen, sondern frage danach, was Gott von mir will und erfülle dies aus Liebe zu ihm.

Ich übe mich in allen Lebensbereichen in Mäßigung, indem ich alles, was ich tue, ausgewogen und nicht übertrieben tue.

Ich achte in allem was ich tue, sorgfältig auf alle Details, damit ich alles gut und aufmerksam ausführen kann. Zugleich meide ich Perfektionismus, denn er entspricht nur meinen eigenen Launen, aber nicht Gottes Plan.

Ich bin bei der Umsetzung meines Lebensplans flexibel. Die darin vorgegebenen Zeiten sind eine Hilfe bei den Dingen, die ungefähr erledigt werden müssen. Auch wenn ich die Prinzipien des Lebensplans fest einhalten muss, muss ich eine gewisse Flexibilität zulassen, die sich an den Bedürfnissen meiner Familie orientiert und nicht aus reiner Bequemlichkeit oder Unlustgefühlen entsteht.

Die fünf „P-Prioritäten"

Ich bemühe mich, den fünf „P" in meinem Leben gerecht zu werden und die geistliche Grundlage jeder einzelnen Priorität zu erfüllen. Dies umfasst:

- Ich verbringe jeden Tag immer wieder Zeit mit Gott. Einerseits plane ich feste Gebetszeiten ein, andererseits suche ich die Anwesenheit Gottes aber auch in jedem einzelnen Moment des Tages, um in der Lage zu sein, mein Herz auf ihn zu richten. Ich nutze regelmäßig die vielfältigen Gnaden und Hilfsmittel, die uns die Kirche anbietet, um Kraft für meinen Weg zu haben und geistliche Reinheit zu erlangen. Hierzu zählen die Sakramente, regelmäßige Exerzitien, Anbetung, geistliche Begleitung, Einkehrtage, Katechese und Gebetsgruppen (falls die Möglichkeit dazu besteht). Ich opfere Gott und der Mutter Gottes mich selbst und meine

Freuden, Leiden und Verdienste auf, damit sie je nach ihrem Willen verwendet werden.

- Ich nehme mir Zeit für die Gewissenserforschung und tue alles, um meine Gesundheit zu erhalten. Ich verpflichte mich zur regelmäßigen Überprüfung meiner Motive und Gründe: Warum bin ich so, wie ich bin? Ich entschließe mich, meine offensichtlichsten Fehler und Schwächen zu überwinden. Ich bemühe mich mit Hilfe meines Verstandes um innere Ordnung. Ich achte auf meine Gedanken und versuche, in jeder Situation Gutes zu tun. Ich bete, damit Gottes Gnade mein Herz heilt, verwandelt und es mit seiner Liebe füllt.
- Ich liebe meinen Ehemann mit tatkräftiger Liebe. Durch die besondere Gnade, die das Sakrament der Ehe zweifelsohne ist, sehe ich es als meine Aufgabe an, sein Wohl über alle meine egoistischen Sehnsüchte und Launen zu stellen, ihn zu ermuntern, zu unterstützen und zu lieben. Ich helfe ihm, so gut ich es vermag.
- Ich sehe die Erziehung meiner Kinder als Aufgabe an, die mir Gott anvertraut hat, und liebe sie mit tatkräftiger Liebe.
- Ich bin ihnen gegenüber liebevoll und großzügig, ermuntere sie mit meinen Worten und pflege einen liebevollen Umgangston. Mit allem, was ich sage und tue, zeige ich ihnen, wie stolz ich auf ihre guten Seiten bin.
- Ich erfülle ihre körperlichen Bedürfnisse sorgfältig, indem ich ihnen ein angemessenes und geordnetes Zuhause, eine gute Ernährung, die richtige körperliche Hygiene und Gelegenheit zu sportlicher Betätigung gewährleiste.

- Ich kümmere mich intensiv um ihre Entfaltung in den Bereichen Religion und Moral, indem ich die Verantwortung für ihre Bildung übernehme. Ich gebe ihnen Gelegenheit zu regelmäßigem Gebet, ermögliche ihnen den regelmäßigen Empfang der Sakramente und lege durch mein Vorbild und meine Worte Zeugnis für den Glauben ab.
- Konsequent kümmere ich mich um die Formung ihrer Persönlichkeit, indem ich ihnen eine ordentliche akademische Bildung ermögliche, sie bei der Entfaltung ihrer persönlichen Gaben und Talente unterstütze und aufmerksam auf alle Lebensbereiche achte, vor allem auf ihre Nutzung von Medien und den Umgang mit Freunden.
- Ich benutze den Besitz und die Mittel, die mir Gott anvertraut hat, so, dass ich die materiellen, geistigen und geistlichen Bedürfnisse meiner Familie damit ausreichend befriedigen kann. Danach kümmere ich mich, soweit möglich, um die Bedürfnisse der Menschen, die nicht so viel Glück hatten wie ich. Ich stelle alles in den Dienst Gottes und der Menschen. Ich bemühe mich, mich von allem überflüssigen Besitz und allen überflüssigen Bedürfnissen loszusagen.

Treue zum Lebensplan

Damit ich die Pflichten, die ich im Zusammenhang mit meiner Berufung habe, adäquat erfüllen kann, überdenke ich meinen Lebensplan jedes Jahr und passe ihn immer wieder den aktuellen Bedürfnissen meiner wachsenden oder kleiner werdenden Familie an. Ich setze ihn im Gehorsam gegenüber dem Willen Gottes und den Anforderungen meiner Berufung um. Wenn ich es für sinnvoll halte, lege ich ihn meinem geistlichen Begleiter vor, um einen größeren Nutzen daraus zu ziehen und durch den Gehorsam ihm gegenüber Segen zu erlangen.

Leserstimmen von Müttern

> „Bei diesem Kapitel ist mir so richtig bewußt geworden, dass der Plan nicht ‚nur' eine Einteilung ist, um meinen Haushalt gut in Ordnung zu bringen, sondern eine Lebensform, und dass der erste Zweck des Lebensplans nicht ist, mehr Ordnung in mein Leben zu bringen, sondern den Willen Gottes zu erfüllen. Und ich glaube, deshalb kann ich meinen Plan gar nicht alleine erstellen, sondern muss es mit Gott gemeinsam machen und ihm diesen Plan hinlegen."

> „‚Die Absicht, bewusst und aus Liebe zu Gott seinen Willen zu erfüllen, wird auch als Reinheit des Herzens bezeichnet.' Dieser Satz hat mich sehr zum Nachdenken gebracht. Diese Definition von Reinheit des Herzens habe ich so noch nicht gehört."

> „Dieses Kapitel hat mir etwas Angst gemacht. Bis jetzt habe ich den Lebensplan als etwas gesehen, das mir das Leben einfacher macht, das mein Leben schöner macht. Jetzt schreibt Holly, wie schwierig die Umsetzung für sie war, wie sehr sie kämpfen musste. Es ist gut, das im Vorhinein zu wissen."

> „Dieses Kapitel war für mich der Schlüssel für das ganze Buch. Mir ist bewusst geworden, dass der Sinn des Planes nicht primär die Ordnung ist, sondern es darum geht, alle Aufgaben, ja selbst den kleinsten Handgriff, ‚gut zu tun'."

> „Sehr schön finde ich den Gedanken, den Haushalt so zu führen, als ob Jesus zu Besuch kommen würde."

> „Auch ich versuche, manchmal Pflichen aus Liebe zu Jesus zu tun und später merke ich, dass es mir nur sehr, sehr selten gelungen ist. Hollys Erzählungen in diesem Kapitel motivieren mich, mich mehr darum zu bemühen."

> „Wenn man das Buch ernst nimmt, ist es auch eine gute Gelegenheit, in der Demut zu wachsen – ich weiß dass ich noch sehr weit weg bin vom Ziel. Aber je mehr ich auf Gottes Hilfe angewiesen bin, umso mehr kann ich in dem Vertrauen wachsen, dass er mir helfen wird."

Literaturverzeichnis

Attwater, Donald, ed., *A Catholic Dictionary*. New York: The Macmillan Company, 1943.

Catechism of the Catholic Church, Libreria Editrice Vaticana. St. Paul, Minnesota: The Wanderer Press, 1994.

Chautard, Dom Jean-Baptiste, O.C.S.O., *The Soul of the Apostolate*. Trappist, Kentucky: Abbey of Gethsemani, Inc., 1946.

Johannes von Chrysostomos, *On Living Simply: The Golden Voice of John Chrysostom*. Compiled by Robert Van de Weyer. Liguori, Missouri: Liguori/Triumph Publications, 1996.

Cullinane, Eugene, *Don Stefano Comes to Combermere: The Marian Movements Meet*. Combermere, Ontario: Madonna House, 1984.

De Hovre, Rev. Franz, Ph.D., *Catholicism in Education*. Translated by Rev. Edward B. Jordan, MA, St.D. New York: Benziger Brothers, 1934.

Dunney, Joseph A., *The Parish School*. New York: Macmillan Co., 1921.

Gjergji, Lush, *Mother Teresa: Her Life, Her Works*. Hyde Park, New York: New City Press, 1991.

Hardon, John A., S.J., *Pocket Catholic Dictionary*, New York: Doubleday Image Books, 1985.
-: *The Catholic Catechism*. Garden City, New York: Doubleday and Company, Inc., 1975.

Johannes vom Kreuz (John of the Cross): *Dark Night oft he Soul* in *The Collected Works of St. John of the Cross*. Translated by Kieran Kavanaugh, OCD and Otilio Rodriguez, OCD. Washington, D.C.: ICS Publications (Institute of Carmelite Studies), 1979.

Johannes Paul II., *Salvifici Doloris (On the Christian Meaning of Human suffering)*. 11 February 1984. Vatican translation. Boston: Daughters of St. Paul.

Kowalska, St. Faustina, *Divine Mercy in My Soul*. Stockbridge, Massachusetts: Marian Press, 1987, 1990.

Landon, Joseph FGS, *The Principles and Practice of Teaching and Classroom Management*. London: Edinburgh University Press, 1902.

Maxwell, Steve and Teri. Managers of Their Homes: A Practical Guide to Daily Scheduling for Christian Home-School Families. Leavenworth, Kansas: Communication Concepts, Inc., 1998, 1999.

Paul VI., *Evangelii Nuntiandi (Evangelization in the Modern World)*. 8. December 1975. In Austin Flannery OP, ed., Vatican Council II: More Post Conciliar Documents. Northport, New York: Costello Publishing Co., 1982.

Pius XI., *Christian Education of Youth*. Washington, D.C.: National Catholic Welfare Conference, 1930.

Sheen, Msgr. Rev. Fulton, *Love, Marriage and Children from the Life Is Worth Living series*. New York: Dell Publishing Co., Inc., 1957.

Tanquerey, Rev. Adolphe, SS, DD, *The Spiritual Life: A Treatise on Ascetical and Mystical Theology*. Translated by Rev. Herman Branderis, SS, DD. Tournai, Belgium: Society of St. John the Evangelist, Desclée and Co. Publishers, c. 1930.

Teresa von *Ávila, Autobiography* in *The Life of Teresa of Jesus: The Autobiography of Teresa of Avila*. Translated and edited by E. Allison Peers. New York: Doubleday Image Books, 1991.
–: *The Interior Castle* in *The Collected Works of St. Teresa of Avila*, Volume 2., Translated by Kieran Kavanaugh, OCD and Otilio Rodriguez, OCD. Washington, D.C.: ICS Publications (Institue of Carmelite Studies), 1980.

Spontanität ist nicht alles

Tipps für gestresste Hausfrauen

„Holly ist keine dieser ‚frommen' Damen, die herabschauen auf die armen zerrauften Mütter, die zwischen dem Wechseln von Windeln, dem Aufgaben Verbessern und dem Nachtmahl Vorbereiten nicht dazukommen, einen Blick in die Bibel zu werfen oder die uralten Spinnweben zu entfernen. Das tägliche Chaos - das kennt sie... Zwischen Bergen von Schmutzwäsche und weit verstreuten Spielsachen bricht sie zusammen... Da erinnert sie sich an die weisen Worte eines Priesters, dem sie Jahre zuvor begegnet war. Er hatte ihr die fünf vorrangigen Rollen einer Ehefrau genannt, die fünf M: Meditation (Zeit für Gott), Mich (Zeit für sich selbst), Mann (Zeit für den Gatten), Mutter (Zeit für die Kinder und Material (Haus und Finanzen)... Davon inspiriert entwirft sie nun ihre Lebensregel. Sie teilt ihren Kinder mit, was, wann und wo jeder daheim zu tun habe. Sie erstellt Listen und hängt sie an die Wände. Sie delegiert: einer deckt den Tisch, einer kehrt auf, einer räumt die Fäustlinge ein. So wird das Haus präsentabel, die Kinder streiten weniger. Sie kommt mehr zum Beten. Weil Gott Vorrang hat, erfüllt Er sie im Übermaß.

Ihr Buch, A mother's Rule of Life, behandelt jedes der fünf M ausführlich… Die Ehrlichkeit ihres Berichts und die praktischen Tipps haben schon 30.000 Leserinnen inspiriert. Diese häusliche Mystik - inspiriert von dem ansteckenden Wunsch, dem Herrn Freude zu bereiten ohne dabei Ehemann und Kinder zu vernachlässigen - hat vielen Müttern, die sich als Gefangene ihrer Aufgaben gesehen hatten, wieder Mut und Freude vermittelt."

Vision 2000 Nr. 2/2010
Armelle Signargout
Auszug aus L´Homme Nouveau
www.vision2000.at